民族发展中的苏格兰哲学

启真馆 出品

启蒙运动研究译丛

民族发展中的苏格兰哲学

[澳] 亨利 · 洛瑞 著

SCOTTISH PHILOSOPHY IN ITS NATIONAL DEVELOPMENT

管月飞 译

总　　序

欧洲人的精神世界在脱离了希腊化的时代之后，进入了中世纪长达千余年的沉睡，直到被启蒙运动彻底唤醒。

启蒙本质上是人类在思想认识领域中进行的一场自我革命，按照康德的著名定义：启蒙就是人类脱离自己所加之于自己的不成熟状态。而不成熟状态就是不经别人引导，就对运用自己的理智无能为力。启蒙之所以必要，是因为人类在大多数情况下都会陷入若不经别人的引导就缺乏勇气与决心去运用自己理智的蒙昧状态。没有启蒙就不可能有自我清明的人生状态，也就不可能有真正的个人的幸福；没有经过启蒙的公民，也就不可能有合乎人类根本目的的社会生活；没有启蒙思想推动的科学发现，就无法应用、评估和改进我们的各项制度和技术，并使之造福人类社会。一言以蔽之，18世纪前后发生的启蒙运动改变了人类社会的基本面目，造就了今天的世界。

启蒙运动最伟大的意义在于它强有力地推动了人类的自我认识，确立了人的中心地位以及人类应有的自信与尊严。与此前曾经发生过的各种人类解放运动不同，18世纪的启蒙运动以其特有的方式牢固地确立了世界——自然的世界、人的世界、精神的世界的可认识性的观念，指出了人类摆脱自我蒙昧状态的方法和方向。启蒙时代的人们，无论是理性主义倾向的思想家或情感主义倾向的思想家，无论他们之间的分歧和差异如何深刻，如何看上去多么不可调和，都截然不同于以往。他们具有对人类自我认识能力及其限度的高度自觉和自信，甚至怀疑主义和不可知论也可看做是总体上和谐的启蒙大合唱的一个必要的声部。我以为，这也正是启蒙留给后人最宝贵的财富。人类近两个世纪的进步都是这个财富不断呈现的产物。因此，无论从何种意义上说，今天的人类皆可说是18世纪启蒙运动的孩子。

启蒙运动降下它巨大的帷幕至今已有近两个世纪的时间，人们对待它的态度似乎处在截然不同的两极。在当今世界的某些地方，或者是，启蒙思想作为一种似乎完成和实现了的观念不再能够引起大家热切的关注。学术界对它的研究止于思想史的需要，它与现实之间的关系仿佛已不再存在。或者甚至，反启蒙成为一种新的学术时尚。而在另外一些场合，随处可见的现象依然是，人类的精神处于基本蒙昧状态，迷信、偏见、原始观念团团包围着人们的心灵；思想解放、社会变革的必要性迫在眉睫，可希望依然渺茫。

新文化运动以来，中国又经过了近一个世纪，以鲁迅先生为代表的一代知识分子对中国人的国民性所进行的反思与批评迄今也有快一个世纪了。在这伴随着急剧社会变革的百年之中，中国人的精神世界是否发生了根本性的转型，答案未必是完全肯定的。就康德意义上的启蒙而言，今天中国人的深层精神结构，与欧洲中世纪的情形相去不远。整个中国的社会变革基本上仍然是外生变量的结果，中国人的心灵、精神和心理世界还停留在前启蒙阶段。启蒙对于中国人而言还是一项未完成的自我革命。令人担忧的是，国人并未对此有充分的自觉。毋宁说，由于中国经济在最近几十年里的巨大成功，助长了中国人的一种未经反思和批判的、盲目的文化优越感。这种优越感遮蔽了启蒙这一重要任务之于中国的迫切性。拿破仑当年曾经说过，中国是一头睡狮，一旦醒来将震惊世界，此话也许说对了一半。它的另一半应该是：能够唤醒中国这头睡狮的除了启蒙，没有其他！

推动中国人的启蒙，乃是新时期知识分子作为群体得以安身立命的事业，也应该是他们展示历史责任感的伟大事业。做好这件事情的前提，无疑地，在于知识分子应完成自身的启蒙。

伟大的启蒙运动涉及人类生活的几乎全部领域，涉及的国家也众多。在长达一个世纪的时间里，思想和学术的论争此起彼伏，理论创新层出不穷。那个如火如荼的年代发生的一切对于中国这样正迎接着新的启蒙时代的国家，对于我们这些需要启蒙的人而言都是弥足珍贵的历史记忆。唤醒这个记忆，使其成为一面镜子，用来照鉴我们的事业，这是有必要的。

有鉴于此，我们志同道合的一帮学界朋友策划了几套关于启蒙的书籍，包括三个系列，即："启蒙运动经典译丛"、"启蒙运动研究译丛"和"启蒙运动论丛"。"启蒙运动经典译丛"旨在译介18世纪前后启蒙运动重要思想家的经典作品，其重点一是长期以来被中国学术界忽视的重要思想家的作品，不少是首次以中文本形式问世，二是因研究深入而重新翻译的新中文版。这套译丛自启动以来已有多种作品问世，在学界也引起了一定的积极反响。"启蒙运动研究译丛"则主要译介当代西方学术界研究启蒙运动的重要著作，正分批出版。"启蒙运动论丛"重点展示中国学者研究启蒙运动的学术成果，目前正在组织之中。

但愿，这三套丛书不仅能为国内知识界和思想界提供有关启蒙运动的新知识、新材料和新视角，还能推动中国学界的启蒙运动研究。同时，也许更重要的，能为中国自身的启蒙实践，为知识分子参与推动中国启蒙的行动提供重要的借鉴和启发。

罗卫东

2010年秋

序　言

这本著作原本打算构成由圣安德鲁斯大学的奈特教授（Professor Knight）计划的论民族发展中的哲学系列之一。虽然关于这个系列的想法被放弃了，但是我希望，不需要什么借口来说明这一卷的出版。事实上，苏格兰哲学值得作为一个民族的发展来对待。每一种哲学都是其时代精神的表达；苏格兰的精神生活清晰地反映在它的理智哲学和道德哲学中。苏格兰诞生了诸多杰出人士，如约翰·诺克斯（John Knox）和罗伯特·伯恩斯（Robert Burns），也产生了大卫·休谟（David Hume）、托马斯·里德（Thomas Reid）和威廉·汉密尔顿爵士（Sir William Hamilton）；其怀疑主义哲学和常识哲学，虽然受到其他国家思想的影响，但却是从自己民族的历史和性格中汲取了特别的养料。

如果我没有弄错的话，按照最近的思想对苏格兰的哲学进程作一个简要的和有联系的陈述仍有余地。一种哲学在我们远离它的时候经常能更明白地显示其特征；因此，它的历史需要不时地被重写。已故的麦考什博士（Dr. M'Cosh）的著作《苏格兰哲学》（*The Scottish Philosophy*），出版于1875年，是一本有价值的关于事实的总汇，但作为一种批判的记录，它已显得非常不能令人满意。人们更加重视对出现在近些年来的更伟大的苏格兰思想家们的个别研究，以及最近可以见之于各种著作中的苏格兰哲学的参考资料。哲学已经进入了一个新阶段，正是因为这个理由我们现在能够更加清楚地识别苏格兰哲学的主要特征，以及评价它留给年轻一代的遗产。

没有任何学习哲学的人可以忽视过去；但也不能指望他能够细

读他那个时代所有著名人物的著作，或者由他们引致的讨论。有许多这样的人，他们并不奢望成为哲学中的专家，而只是对思想史有一种理智的兴趣。对于这些读者来说，希望这一卷能够有所助益。

墨尔本大学，1901 年

目　录

1

导论

通常被称为苏格兰哲学的民族发展开始于18世纪初。实际上，在一个更早的时期，苏格兰思想家们的名字和名声就已经传遍欧洲了。这个领域的混乱状况对于学问或者思辨都是不利的；但是，在教会的领导下，这些曾对苏格兰的形成作出过贡献的坚强民族却与在政治混乱和战争行为中一样，在思想和研究中逐渐找到了释放他们能量的地方。从14世纪以来，苏格兰人就是经院主义哲学的聪明学生和熟练老师。当布鲁斯提出苏格兰独立的标准时，约翰·邓·司科特（John Duns Scotus）——所谓的土生土长的苏格兰人（parce qu'il étoit natif d'Ecosse）——却在巴黎大学主张那些导致司科特主义者和托马斯主义者之间长期争执的论题。其他的苏格兰人都追随这位敏锐的博士，维护他们的国家在欧洲大学中的荣誉，因此获得了特别
钟情哲学的名声。按照托马斯·厄克特爵士（Sir Thomas Urquhart） 1
的观点，在他们中只要有一个语言学的导师，就有超过四十个哲学教授；尽管有些夸张，但是不可怀疑的是，那些民族的天才们尤其适合哲学和神学。

建立于15世纪的圣安德鲁斯大学、格拉斯哥大学和阿伯丁大学把经院主义的逻辑、形而上学和伦理学的系统化学说引入到苏格兰。苏格兰学者的增加——对他们来说，他们自己的祖国对此需求不足——导致了越来越多的人移民到欧洲大陆的更为宽阔的领域。但是，国外的苏格兰哲学家的故事属于欧洲的文学界；因此，如果从他们的起源追溯到他们在宗教改革时期的短暂衰微，同样会使我们超出我们的主题。在他们每一个人于这个时期内经验过的活动和成功这一简短的生涯中，但这一时期内，他们的每个人都短暂地活跃和成功

过，没有任何具有独特民族性的东西得到发展。像其他所有由罗马教会建立的大学一样，这些大学，正如伯顿（Burton）所说，“并不属于一个省，或者国家，而是属于基督教世界”。

苏格兰宗教改革在本质上是一场在诺克斯（Knox）和其他新教领导人领导之下的大众运动。加尔文主义的神学信条变成了共同的财产，那些沉思的心灵都在从事着神学掩盖下的哲学问题。但是，在和罗马天主教以及高级教士（prelacy）的冲突中，哲学几乎没有严
2 格意义上的成长空间。在那些改革过的大学里——在16世纪末时爱丁堡大学也加入进来——亚里士多德仍然占据着主导地位。文艺复兴的推动力使人们在人文主义研究中有了更广泛性的热情——柏拉图和亚里士多德在苏格兰第一次以希腊文原文被阅读，并且掺有莱姆斯（Ramus）的辩证法。这种更高级学问的复兴在不小的程度上要归因于安德鲁·梅尔维勒（Andrew Melville），他在莱姆斯的指导之下学习哲学，并于1574年成为格拉斯哥大学的校长，后来又成为圣安德鲁斯大学圣玛丽学院的院长。这些机构——此前一直处于最低谷——获得了很高的名声，吸引了来自欧洲大陆各个地方的学生。但是以此方式开始的这类工作被教会和政府的动乱所打断。直到对经院主义的反抗完全实现，以及内部动荡的暴力活动减少，一种民族的哲学才在苏格兰产生。随着大学的扩张，人们的心灵向着英国和欧洲大陆的各种科学敞开，而在哲学中，格劳秀斯、普芬道夫和洛克则代替了亚里士多德。1688年的光荣革命，使苏格兰重获和平，而伴随着和平到来的则是物质进步和理智进步的机会。基督教长老会重新建立起来。在国教中，在过去的传统中，苏格兰保留了其独
3 有的特征。在宽容的新时代里，教会不再能够干预思想和生活的每一个细节，而且还出现了一种对曾经在与斯图亚特王朝斗争中被煽动成熊熊火焰的狂热的反对。所以苏格兰的长老制（Presbyterianism）持一种其他土地上改革过的教会才有的那种更为温和的精神。因此，在温和派（the moderates）和福音派（the evangelicals）之间存在着一道分界线，建立的暂时妥协（modus vivendi）支持温和派以保持平衡，至少不会对哲学的自由和独立不利。《合并法案》在民族的历史上结束了一个时期，是新出发点的标志。在它的影响下，农业和艺术开始繁荣，科学进步，文学和哲学开始进入了全盛时代。

虽然苏格兰哲学是一个民族的发展，但它却带有已经被培根、 3
牛顿和洛克规定了的那些方法的印记。培根的目标是使人们的心灵
从各个学派的权威学说转移到对自然的耐心质问上，并且**规定从事
实的观察到它们所例证的法则**这个转变借以适度实现的规则。牛顿
的发现表明，通过一种强有力的理智，结合归纳和演绎，就可能拥
有很大的威力。在试图确定人类知识的起源和范围时，洛克把他的
注意力转向了事实以及心灵的法则。这些思想家们所播下的种子落
在苏格兰这块善于接受的土壤上。苏格兰哲学承认《新工具》
(*Novum Organum*）中所要求的仔细观察这一方法。它也感受到了牛 4
顿物理学的冲击。大卫·格里高利（David Gregory）在《自然哲学的
数学原理》出版后不久就在爱丁堡大学传授它，而笛卡尔的漩涡学
说（doctrine of vortices）很久以前已经在牛顿本人所在的剑桥大学被
摈弃了。苏格兰哲学追随洛克，试图把哲学建立在关于人性的心理
学研究上。依据这种精神，哈奇森设法获得“关于人性，及其各种
不同的能力和倾向的公正的知识”。休谟的《人性论》(*Treatise of
Human Nature*）在其扉页上被描述为“把推理的实验方法引入到道德
主题中来的一种尝试”。在导言中他说：“因为人的科学是其他科学
的唯一坚实的基础，所以我们所能给予这种科学自身的唯一坚实基
础就必须建立在经验和观察之上。”里德特别谈到牛顿的发现，他极
力主张由于自然的知识可以仅仅通过观察和实验获得，因此我们必
定希望通过相似的手段来发现心灵的能力和原则。按照斯图尔特的
观点，确定事件的联结（conjunction of events）是哲学的最大任务；
在哲学中，正如在物理学中一样，“自然所确立的法则只有通过对事
实的考察才能加以研究；在这两种情形中，这些法则的知识导致了
一种对无限多现象的解释”。布朗把心灵哲学——除了其伦理的应用
外——说成是一种“精神生理学”（mental physiology)，通过它，心灵
所呈现的变化被观察、归类和解释。汉密尔顿抱怨说，虽然苏格拉 5
底把哲学从天上带下来，但是英国人却把她降格到了厨房。他把严
格的哲学定义为心灵的科学。对人类心灵的研究因此**被看作是**哲学
家的任务，导致科学获得巨大成功的方法被认为同样适用于哲学。

现在，人们通常区分经验心理学，或精神现象的科学，以及作为研究第一原则的更为严格意义上的哲学。人们一般同意，心理学

的讨论应该尽可能地与哲学的那些遥远问题（ulterior problems）区分开来。因此，按照自然科学的精神，心理学家的任务是对心灵的事实进行观察、分析和归纳，确定它们的序列以及共存的法则，进一步研究——在生理心理学（physiological psychology）或心理生理学（psychological physiology）的各个部门中——各种精神现象与有机体及其环境的关系。把宇宙沉思为一个整体，研究知识的根本原则，以及研究存在——这种任务就留给了严格意义上的哲学或形而上学。然而，这种区分在从哈奇森到汉密尔顿的苏格兰哲学的进程中并没有被承认。由于把哲学**看作是**对人类心灵的研究，它就把属于心理学的事实问题与那些和知识的第一原则有关的以及和存在有关的哲学问题混在了一起。按照世界必定被解释的方式，内省和观察
6 的方法似乎不仅足以揭示心灵的事实和一致性，而且也足以展现知识或信念的那些基本材料。苏格兰思想家们**在已经被命名的这个时期里所提供的哲学的定义**适用于心理学，而不是对人类知识的起源、确定性和范围的研究，他们打算把二者都包括在内。

虽然规定了一种心理学的方法以及用心理学的术语来定义哲学，但是这些思想家们最为珍视的目标却是哲学的，而不是心理学的。他们试图获得知识的根本原则，或者可以为我们所知的宇宙的根本原则。按照支配性哲学的观点，休谟的怀疑主义是对知识的批判，这种批判决定了随后的思辨的进程，无论是在苏格兰还是在德国。常识哲学（the philosophy of common sense），正如它的名称所暗示的那样，试图建立可以被承认为真理标准的常识原则或基本信念。所以，在整个过程中，苏格兰哲学家们努力地筹划实在的最深刻的基础，只要这些能够被揭示给人。他们的兴趣尤其在于思辨的三个伟大目标——人的灵魂、物质世界以及上帝。

在把苏格兰哲学看作是一个民族的发展时，应该注意的正是他们思想的这个方面。我并不想使人怀疑他们的著作在严格的心理
7 学意义上的价值。把苏格兰心理学仅仅**看作是**内省的或规范性的，在有些人那里已经成为一种时尚，他们甚至还嘲笑它的这种假定的荒谬（supposed absurdity），即把心灵的那些官能变成各别的存在体（separate entities）。在我看来，苏格兰思想家们的心理学虽然不完善和不成熟，但仍然是新近的心理学的合适先驱，它提出了关于动

物理智和人类理智的整个进程的问题，以及精神事实与它们的物理 5
状况的关系问题。他们正确地坚持认为，**如果**没有了内省或自我观察，精神科学就是不可能的；因此需要不时地反对这样一些人的言论，他们告诉我们说心灵可以仅仅通过其身体的状况或外在的表现来研究，或者严格的科学方法可以开始于对低等动物的研究。对他人的观察以及心理学实验室中的工作绝不可能代替他们所必然包含的自我知识。同时，我们甚至在更早时期的苏格兰心理学中发现了大量对内省的各种记录。人们认识到对他人的心灵进行观察的价值，包括儿童、疯子、各个不同种族的人，以及低等动物。精神事实和生理学事实之间的关联得到了承认，虽然在拒绝哈特利的“震动”（vibratiuncles）和颅相学（phrenology）的粗糙时又表达了一种明智的谨慎。所谓的官能（faculties）或能力（powers）是心灵活动的独立来源这种观念被明确地加以否认。写作于 19 世纪中叶前的心理学家们并不知道进化（evolution）这个主导观念，但总的来说，人们会
奇怪地发现他们的著作极少包含反对如今的最新学说的东西。然 8
而，我们在这里关心的不是心理学史，而是哲学史。所以，只有在它和他们的哲学思辨无法摆脱地纠缠在一起时，我才会提到苏格兰思想家们的心理学。

今天，苏格兰哲学一方面由于德国更深刻思辨的影响而受到怀疑，另一方面则由于经验主义和进化学说借以携手的理论而受到怀疑。也许，我们能够更加公正地看待它，以及理解它在思想史上应得的地位。在说英语的地方，它的结论仍然有影响力，虽然里德的哲学或汉密尔顿的哲学可能不再表现为新近思辨形式的对手。不可忘记的是，虽然在德国康德的批判哲学部分地起源于对休谟的反动，但是在法国，精神哲学（spiritualistic philosophy）的复兴却是因为里德及其后继者们的著作。因此，无论它的缺点是什么，苏格兰哲学都因它给予现代思想的推动力而值得纪念。如果一个苏格兰人带着自豪与满足之情向那些由于抽象思想而维护了“古王国”名声的人致敬，以及向那些从他们的个人品格中留下关于纯粹而高尚生
活的人致敬，那么他是可以被原谅的。 9

2

弗兰西斯·哈奇森（1694—1746）

非常奇怪的是，苏格兰哲学的历史开始于一个爱尔兰人。虽然弗兰西斯·哈奇森（Francis Hutcheson）出生于爱尔兰，但是从血缘上，从教育上，以及从他作为道德哲学教授在格拉斯哥大学工作的16年上，他都和苏格兰关系密切。他的祖父，亚历山大·哈奇森（Alexander Hutcheson），从艾尔郡（Ayrshire）迁到乌尔斯特（Ulster），并且成为唐郡（County Down）圣菲尔德长老会的牧师。他的父亲，约翰·哈奇森（John Hutcheson），是阿马区（Armagh）长老会牧师。哈奇森出生于1694年8月8日；他的传记作者，里奇曼博士（Dr. Leechman）告诉我们，从早年起，他就表现出优秀的能力，对知识热烈的渴望，以及非凡的热情和无私的秉性。在圣菲尔德读完小学教育之后，他被送到启利里格（Killyleagh）的一个学园学习，在那里他除了被教以经典著作之外还有经院主义哲学的纲要。1711
10 年，他成为格拉斯哥大学的一名学生；在这里，在格什姆·卡米克尔（Gershom Carmichael）的指导之下，他的思想转向了伦理学和自然神学。影响他的教师还有罗伯特·西姆逊（Robert Simson），后来他被哈奇森称为“世界上最好的几何学家”，以及希腊文教授亚历山大·邓洛普（Alexander Dunlop）。在取得文学学士学位后，他又在约翰·辛普森（John Simpson）的指导下学习了三年神学。当时，以及后来的许多年里，辛普森教授一直被怀疑持有异端思想，因此最终被苏格兰教会大会停职。哈奇森被说服赞同自由主义的或宗教开明的观点，而反对盛行于苏格兰西部以及爱尔兰的长老会的严厉的教义。据说，曾经有一次，在代替他父亲主持宗教仪式时，他招致了长者们的不快，他们抱怨说，他没有说到任何有关拣选（election）、

遗弃（reprobation）、原罪（original sin）和信仰（faith）这些好的、古 7
老的、令人安慰的教义，而是说什么仁爱的上帝以及异教徒的可能得救。1711 年，他曾就当时著名的“论上帝的存在及其属性”（Discourse concerning the Being and Attributes of God）与萨缪尔·克拉克博士（Dr. Samuel Clarke）通过信。他一直相信，处理这些论题的真正方法不是通过虚假的证明，而是通过可能的推理，他对不同种类证明的研究使他把道德建立在人性的事实之上，而不是像克拉克所作的那样，建立在事物的抽象关系上。

就在他正要成为爱尔兰北部一名牧师的时候，有人邀请他在都柏林开设一家私人学校。他接受了这个邀请，并且在新岗位上表现 11
得很好。同时，他也结识了那些对哲学研究感兴趣的人，包括一些熟悉莎夫茨伯利哲学的人。1725 年，他出版了**《论美与德性观念的根源》**（*An Inquiry into the Original of our Ideas of Beauty and Virtue*）。虽然《研究》是匿名出版的，但作者的名字已经为人们所知，因此哈奇森的社交圈受到了那些热爱文学或学问的人的追捧。在这些人中就有卡特雷特勋爵（Lord Carteret），郡首席治安长官（Lord Lieutenant），以及金大主教（Archbishop King）——《邪恶的起源》（*De Origine Mali*）一书的作者。通过阻止那些可能加之于持不同意见者们的迫害——因为他们没有得到基督教会权威的许可而从事教学，大主教对他以朋友相待。《研究》当时便大获成功，在献给卡特雷特勋爵的另一版中，该书的作者承认了自己的名字。1728 年，《论激情和感情的本质和表现，以及对道德感的阐明》（*An Essay on the Nature and Conduct of the Passions, with illustrations upon the Moral Sense*）出版。作为一个哲学家，哈奇森的名声主要依靠这两本著作。

1729 年年末，在格什姆·卡米克尔去世时，他被任命为格拉斯哥大学的道德哲学教授。卡米克尔至少有资格位列苏格兰哲学的先驱者之一。1694 年，他在观众的争议声中赢得这所大学的评议员（regent）位置。评议员的职责就是要带着他的学生通过学术研究的所有课程。这种体系倾向于保证个人能注意到每一个学生，并且使教师可以对他的学生们有着强有力的影响。另一方面，它防止了特殊化 12
以及受压抑的创造性。直到 1727 年，教授制度才在格拉斯哥大学完全建立起来，卡米克尔被任命为道德哲学教授。就他对牛顿物理学的接受而言，就他既熟悉古典哲学和经院主义哲学、也熟悉当代哲学而言，以及就他自己思想的特征而言，他标志着一个过渡期。他的《逻辑导论》对由波特－罗伊尔逻辑（Logic of Port Royal）所进行的研究采取了广阔的视角。由于编辑了普芬道夫（Puffendorf）的《论人和公民的义务》（*De Officio Hominis et Civis*），他被哈奇森称赞为“这本书的最好的评论者”。他在不止一个领域中试图将他的推理建立在对人性的事实和原则的分析之上，因此被汉密尔顿认为是“苏格兰哲学学派（Scottish school of philosophy）的真正创建者”。

哈奇森对从学校的乏味工作中解脱出来感到由衷的高兴，1730年10月，他满怀热情地开始履行他的新职责。他的名声早已鹊起，英格兰和爱尔兰的学生们都被吸引到他的班级中来。起初，按照流行的惯例，他用拉丁语进行授课，但是不久他就抛弃了这种惯例而用通俗的方言说话。“他是一个面容英俊具有魅力的人，”亚历山大·卡莱尔博士（Dr. Alexander Carlyle）写道——他曾经作为一名学生听过他的讲课。“他上课不用笔记，而且在教室里走来走去。由于他的演讲技巧很好，他的嗓音和举止又令人感到愉快，所以他能一
13 直保持着听众们的注意力。当那个主题使他要解释和加强道德的德行和义务时，他则表现出热烈和极具说服力的雄辩，这种雄辩让人无法抵抗。”道德哲学的理论教学服从他唤醒对德性的热情这个要求；因此他的雄辩的传统以及他给听众们留下的印象在他的著作受到忽视的时候依然能继续留存于苏格兰。除了在周日讲授伦理学、自然神学、法理学、政府理论（theory of government）以及同他的学生一道阅读伦理学经典著作之外，他还在每个星期天的晚上公开讲解基督教的真理和卓越，他的观点，正如他的传记作者告诉我们的，是“来自于新约的原始记录，而不是现代经院主义体系的宗派信条”。然而，这并不能满足那些狂热主义者们，他被指控为传授错误和危险的学说：首先，道德善的标准是促进他人的幸福；其次，我们可以没有或者先于关于上帝的知识而拥有善和恶的知识。这些指控增加了他在学生们中间的名望。哈奇森不喜欢激烈的神学争论，他的整个倾向是赞成自由的研究以及公民和宗教的自由。因为希望促进“在宗教事务中更为温和的和仁慈的情感”，他热诚地支持

对他的朋友里奇曼博士的神学教授职位的任命。卡莱尔把里奇曼的 9
外貌描述为“在祈祷和斋戒时才有的苦行者的尊容”。他的公开宣布的目标就是，像他说过的那样，要“让苏格兰的神学面目一新”。哈
奇森对他的同事们以及学生们的精神状态感到高兴。1745 年，他婉 14
拒了爱丁堡大学提供给他的道德哲学教授职位，第二年，在一场短病之后，一个有活力的和忙碌的生命走到了终点。里奇曼博士将他的仪表描述为：“高于中等身材，行为举止不拘小节而且从容不迫。他的肤色浅而健康，五官匀称。他的面容和表情透露出他的见识、气质、和蔼和快乐的心。”

除了已经提到的著作外，哈奇森的主要作品还包括：《道德哲学导论》(*An Introduction to Moral Philosophy*)，这本书 1742 年以拉丁语出版，1747 年被翻译过来；《形而上学纲要》(*Synopsis Metaphysicae Ontologiam et Pneumatologiam Complectens*)，出版于 1742 年；《道德哲学体系》(*A System of Moral Philosophy*)，在他去世后由他唯一幸存的儿子出版。①

在《论美和德性观念的根源》第一版的扉页中，哈奇森公开表明是在为莎夫茨伯利伯爵的那些原则作解释和辩护，以及根据古代道德学家们的情感来确立道德的善和恶的观念。哈奇森的确在很大程度上受惠于莎夫茨伯利。像莎夫茨伯利一样，哈奇森把对美的反
思和对道德的反思结合了起来；像他一样，他认为美和善会直接为 15
内感觉所赞同；也像他一样，他在仁爱中发现了道德的标准，并且努力表明社会善的目的与个体的快乐是一致的。但是，他绝不是莎夫茨伯利的盲目模仿者。从一开始，他就受惠于那些更早的思想家们，而莎夫茨伯利也是得自于他们；甚至在他的最初的讨论上也存在着差异，他的后期思想则显示了其他影响的印记。

《研究》分为两个专题，第一个“关于美、秩序，等等”，第二个“关于道德的善和恶”。从他的序言和卷首语中，很明显，哈奇森是个快乐主义者。他问，人如何才能成为幸福的，以及何者是最

① 里奇曼的《哈奇森生平》是作为《道德哲学体系》的序言出版的。对这位哲学家的生平和性格的最全面、最新近的解释见之于 W. R. 斯科特博士的《弗兰西斯·哈奇森：其生平、教学以及在哲学史上的地位》，剑桥大学出版社，1900 年。斯科特博士对哈奇森思想的连续阶段作了详尽的考察。

大的和最持久的快乐。他认为，证明德性将保证行为者的幸福这一点具有首要的意义。通过外感觉而获得的对物质对象的知觉可能会引起快乐或痛苦；但是还存在其他的对象，这些对象必然地使我们感到愉快或者不快。因此，快乐产生于对规则性、秩序或和谐之美的知觉，产生于对道德感情、行为或品质的沉思。哈奇森因而就扩大了感觉的意义。对美的形式或观念感到愉快的能力，他称之为内感觉（internal sense）；对德性感到愉快的能力，他则称之为道德感（moral sense）。就行为的有利和不利进行推理是没有必要的。正如心灵直接地和被动地意识到视觉或听觉一样，它也立即被美或德
16 性的在场所吸引。它接受这些观念的能力，以及从它们中获得的直接的快乐在每一种情形中都是我们本性的终极原则。在他的《论激情》中，哈奇森还允许其他一些内感觉进入他的目录；而在《道德哲学体系》中，他则提到了同情感、荣誉感、尊严和庄重感，以区别于道德赞同。

哈奇森享有作为论述美这一主题的最早的现代哲学家之一的美誉。美，在他对这个词的宽泛使用上，不仅可以见之于自然和艺术中，而且也可以见之于定理中，普遍真理中，一般的原因中，以及行为的原则中。它和知觉它的心灵有关系；如果没有任何具有美感的心灵来沉思那些对象的话，那么它们就不会是美的。他区分了绝对美（absolute beauty）或源初美（original beauty）——对这种美，心灵无需将之与任何别的东西相比较就能在对象中知觉得到，以及比较美（comparative beauty）或相对美（relative beauty）。那么，激起美的观念的性质以及美的事物所给予的快乐是什么？就源初美而言，他回答说，它是多样性中的统一性（uniformity amidst variety）。一致性相等，多样性增加美；多样性相等，美则随一致性而增加。“在我们称作美的这个世界的每一个部分，在几乎无限多的多样性中都存在着惊人的一致性。”他表明，在天体的运动中是这样，在地球上的各个地方，在动植物的结构中，在几何原理的美中，以及在艺术作品
17 中都是这样。在所有这些情形中，快乐虽然是由多样性中的统一性所唤起，但是那些从未反思过其基础的人也都能感觉得到。至于相对美或比较美，他的回答则有点不同。在这里，我们的美感是“建立在原物和摹本之间的一致性，或者某种统一性的基础上”。在艺术作品

中，我们既有绝对美的例子，也有相对美的例子；但是，他认为美感只可能被相似性（likeness）所唤起。为了获得这种比较美，原物中可以无需任何的美。在提醒我们注意他那个时代的美学缺陷的一句话里，他说，“因此，图画中老年的丑陋、风景中原始的岩石或山峦，如果表现得好，也会拥有丰富的美，虽然可能不如原物之绝对美那么伟大”。他把我们对明喻和隐喻的喜爱也归之于相似的来源。除了功利（utility）外，他在艺术作品和其创作者的意图的联系中也看出美来，因为部分要服从于整体。

哈奇森断言，美感在人身上是普遍的；它在不同的个体之间可能会有差异，它也可能被联想或精神能力的成长——它能使我们理解更复杂的细节——所改变，但是经验证明，只有在洞察到一致性时人们才能感觉到美。当多样性中的一致性这个条件得到满足时，我们的内感觉就是一个接受美的观念的“被动能力”。丑不过是美的缺
席，它所遭受的唯一实际的痛苦产生于失望。哈奇森热情地把美感 18
的满足说成是自然的、实在的和令人快乐的。因为这些，他认为，我们通常渴望财富和权力，而财富的一大用处就是为我们提供这些快乐。但是，他看不出在规则的形式、行为或原理与它们所激起的美感之间有任何必然的联系。对他来说，这种联系似乎是任意的，应归于创造了我们的各种感觉的至上的行为者（Supreme Agent）的选择。然而，我们可以追溯其终极因；因为在有多样性的一致性时明显存在着对我们的益处，因此这适合于慷慨的造物主将无私的快乐“和对那些对象——有限的心灵可以不分散一丝的注意力而铭刻和保留它们的观念——的沉思联系起来；和那些行为联系起来；和那些最能扩大我们心灵的那些原理联系起来”。

哈奇森理论的长处之一就是对我们的美感的无私性（disinterestedness）的陈述，以及对于美必不可少的多样性中的统一性的陈述。在近来的心理学教科书中，这些已经变成老生常谈了。不考虑功利这一点，他对适应中的美的洞察也富有成果。他令人信服地表明，美的快乐并不产生于对利益的期待，习惯和教育——无论它们怎么改变和扩大我们对美的享受——都预设了“对象中的一种知觉的自然能力，或者说美感”。多样性中的统一性原则也为希腊思想所熟知。在
其对美和对善的相似渴望中，它寻找着对称与和谐。这一点，连同 19

对艺术的模仿特性的强调一起无疑被哈奇森从古代的伟大作家们那里接受了下来，他承认自己受惠于他们。类似地，莎夫茨伯利也把美说成是“和谐的与合比例的”。哈奇森抓住这个观念，阐明它，并且使它变得非常显著，以至于它不可能被淹没在现代思想之流中。然而，必须承认的是，他并不高兴把这个观念应用于艺术。当他承认在对实在的纯粹模仿中的美时，他引入了一个原注，不可能完全置于他的多样性中的统一这个原则之下。值得一提的是，正如亚里士多德在他之前说过的那样，我们可能以精确的影像为乐，虽然它们得自于其中的实在对我们来说可能是痛苦的，但是并不能由此得出结论说，美的知觉产生于这个摹本和原物的纯粹一致。实在主义的表象可能会激发对**那位**艺术家的聪明的惊讶和崇敬，但是如果要让我们崇拜其为美，那么需要的就不止是这一点了。如果左拉（Zola）是一个艺术家，这并不是由于他的实在论——这经常让人感到厌恶，而是因为他不仅仅是一个实在论者。很明显，这个观点提出了艺术中的实在论和观念论这个大问题。在他的遗著中，哈奇森在某种程度上背离了他的最初陈述。在美感与和谐感这个一般的标题之下，他列举了下面这些作为快乐的独特来源：（1）来自于多样性中
20 的统一性的美；（2）模仿；（3）音乐的和谐及表达；（4）设计，或对适合于某个目的的手段的洞察。对于这些“想象的快乐”，他又补充了“产生于新颖和壮丽的愉快的知觉”。

哈奇森把我们对美的知觉还原为感觉作用（sensation）或感情（feeling），这已经受到了公正的批评。正如库辛（Cousin）评论的那样，这掩盖了判断这个要素，而且还可以加上一点，即它使得美的情感和激起它的情感之间的联系变得完全无法解释。如果我们对美的知觉可以还原为快乐的感情，那么它们就不能对普遍的有效性声称任何权利，因此美学判断的规则或标准就必定是不可能的。按照这种观点，美将会是相对的，不仅对于知觉的心灵来说如此，而且对于每一个个体来说也是如此，于是哈奇森所说的使那些从未听过更好音乐的乡下人感到愉快的差的音乐，就必须被认为和那些最纯粹的和最高贵的艺术作品同样的美。但是我们在哈奇森身上可以察觉到他试图超越美的相对这一观点的逐渐增长的趋向。当他说，我们可以发现一种更为复杂的和谐或美时，他实际上承认了我们可

以超出喜欢或不喜欢这种纯粹个人的立场。他更加重视多样性中的统一性这个客观标准，而不太重视快乐的不同要素和主观要素。首先，他把快乐的感情**看作是**取代理性的运用，以及不能够通过最精确的知识获得增加。但是随着他继续下去，他承认，他认为对美感至关重要的一致性可能会更多、更全面地向那个爱追问的心灵（in- *21*
quiring mind）揭示自身。正如他注意到的那样，各种新的美通过关于秩序和适应的知识而向我们打开。正是在他论美的论文中，哈奇森从世界的秩序与和谐推论出原因中的设计和智慧。

在他论道德善和道德恶的专题中，哈奇森着手证明“有些行为对人有直接的善”。通过道德感，我们在对他人的善良行为的沉思中感到快乐，并且决定去爱这个行为者，而没有想过任何对我们自己的更远的利益；而在我们自己做了这样的行为时，我们会感到更多的快乐。道德感因此被描述为一种快乐的能力，但是他主张，我们并不是被“这种感觉的快乐”，或者，如他在后来的版本中所称的那样，“这种快乐的自我赞同”刺激着去追求德行的。我们对道德卓越的知觉不同于自爱（self love），或任何对个人利益的期待。当一种行为“作为产生于爱、谦逊、感激、同情、对他人的善的学习以及对他们的幸福感到高兴”而被呈现给我们时，除了私人的利益，我们还感觉到自身之中的快乐。如果我们的赞同仅仅是被自私（self-interest）所决定的话，那么我们应该赞成更强的一方，或者我们期待能够从中获得某种个人利益的那些方面。但是情况并不是这样。我
们对德行的知觉不会被收买。正如自然的造物主已经给予了我们各 *22*
种外感觉和美感一样，“他也给了我们一种道德感以指导我们的行为，并且给予我们更高尚的快乐，所以，虽然我们只是为了他人的善，我们却在无意中促进了我们自己的最大的个人的善”。道德感被设计用来控制我们所有的能力，因此在我们意识到能力自身的时候，我们就会立即意识到它的支配性本质。

按照哈奇森的观点，仁爱（benevolence）是道德赞同的唯一对象。行为只有在出自于对他人的善良意志（good will）以及对他们的幸福的学习时才会得到赞同。他认为，审慎（prudence）如果只是为了个人的利益而被运用的话，就决不会被认为是一种德性。仁爱是无私利的，虽然自爱和仁爱可以结合起来刺激人们去行动。他反对

这种观点，即我们可以为了个人的快乐而产生仁爱的感情；不管伴
随着快乐与否，对我们来说它们都是自然的，没有任何感情或欲望
可以由意志直接产生。一个更为可信的理论是，虽然我们很自然地
期望他人的幸福，但是我们这样做只是作为达到我们自己的幸福的
手段。他诉诸人类的经验和反思。我们经常在看到他人幸福时而感
到快乐，但是在我们追求他们的幸福时，我们可能并没有要得到这
种快乐的意图。同情在本质上是痛苦的；如果我们唯一的愿望是将
自己从痛苦中解脱出来，并且获得快乐，那么我们就可以逃离或者
23 将我们的思想从一个处于困境的人身上移开，以作为排除痛苦的最
容易的手段。在死亡那一刻，我们仍旧期望着身边的那些幸福，虽
然我们将不会再受到它的影响。无私的期望为我们对待儿童和朋友
的自然感情所证实，为我们对国家的爱所证实；我们对上帝的感激
也可以是无私的。为什么，他问道，我们可以没有终极的期待而不
是对个体快乐的欲求？的确，我们可以为了从中得到的个人的快乐
而培养仁爱的感情；但是这预设了我们已经能够获得这种我们想要
激起的感情。道德哲学家的任务是要表明，仁爱倾向于仁爱者的幸
福，而不是表明对个人利益的期待能够产生仁爱。

后来功利主义的这句口号见之于哈奇森的《研究》：“能够实现
最大多数人的最大幸福的行为，就是最好的行为。”他认为，当一个
行为对人类的幸福或“自然的善”的影响得到一致赞同时，道德的
问题就立即解决了。然而，与其说他强调行为的实际后果，倒不如
说他强调的是行为者的意向（intention）。德性在于那些会导致仁爱
行为的友善的感情，没有意向的结果不能使一个行为变成道德上的
善。道德行为的目的（aim）是“我们影响所及的所有理性行为者的
最大和最广的幸福”。当一个人为了使自己更能服务于上帝或者为人
24 类做好事而促进他自己的善时，他的行为就是善的。进一步说，作
为理性体系的一部分，他可以是他自己仁爱的对象。仁爱的天性，
无论怎么强烈，都必须受到行为之趋向于公共善和维持体系的限
制。对个体的仁慈（kindness）有时候弊大于利；它只有在和所有
人的幸福一致时才会得到赞同。仁爱的这种标准，就为理性所控
制，并且在哈奇森思想的发展过程中变得越来越明显。在《研究》
的后来版本中，他说，作为德性的内在源泉，仁爱可能包括三种。

它们是：(1)“针对可以拥有幸福或痛苦的所有存在者的一种平静的、广泛的感情，或善良意志”；(2)“针对某个更小的体系或个体的灵魂的平静的、慎重的感情”，例如在爱国主义、友谊以及父母之情中；(3)“关于爱（love)、怜悯（pity)、同情（sympathy）和恭贺（congratulation）这几种特殊的感情”。这些当中第一种最好，第二种比第三种更好，但是在不和其他几种相对立时，第三种也会得到赞同。因此，最完美的德性就是一种“针对所有有感觉的自然物（sensitive natures）的普遍的、平静的善良意志”。 15

在《论激情和感情的本质和表现，以及对道德感的阐明》中，普遍的、平静的善良意志这个标准被明确地采用了。他追随巴特勒，不仅承认自爱和仁爱的存在，而且还承认各种特殊欲望的存在，它们每一个都终结于自身的满足，虽然它们倾向于自我的幸福，或他人的幸福，或二者一起。由于将我们本性的这种构造辩解 25
为在设计上是令人称赞的，他相信人类的幸福取决于公共感情和私人感情之间的平衡。这似乎会自然地导向巴特勒的结论，即良心会在它们适当的程度上赞同这两者。但是，哈奇森仍然认为平静的、广泛的仁爱是由道德感以及我们最完美的本性所赞同的唯一对象。这种普遍的仁爱应该为反思和原则所增强，由此要胜过各种特殊的感情。哈奇森因此已经远离了他一开始把道德感作为对和错的直接标准的表述。我们的道德决定，如果它们是可靠的，就要求运用理性。无论如何，它使我们能够判断什么将有助于达到有感觉的存在者的最大幸福。同时，他详细地比较了快乐和痛苦，考虑它们的强烈程度和持续时间，而后主张，即使从自爱的观点出发，道德的快乐也要超过所有其他的快乐。在部分程度上，他将他的论证建立在道德赞同的快乐和社会感情之上；但是，他也诉诸那些有德行的人的判断（verdict)，只有这些人能够做出评判，因为他们已经体验过不同种类的快乐，而那些恶人要么和这些有德行的人一致，要么由于无知而不能形成正确的判断。在他的这部分论证中，他很容易使自己遭到在相似的情形中用来反对密尔的批评，即他已经拉拢了其陪审团。在《道德哲学体系》中，他极为详细地主张，我们本性的最高幸福必定存在于促进在我们能力之中的最普遍的幸福。 26

他用人们对幸福以及促进幸福的最有效的手段所持的不同观点

来解释道德的分歧。道德感决定了每一个都赞同仁爱，但是人们经常错在计算后果上。另外一个原因可以见之于那些狭窄的体系中，例如，当一个国家或教派鄙视所有其他的国家和教派时。再者，我们可能会形成关于神的意志或法则的错误的观点，或者采信我们对于行为的道德善恶的观点。因此，德行的原则保持不变，而其应用却有很大的不同。他还试图从道德感和仁爱的标准中得出权利学说。做任何事、拥有任何东西或者要求任何东西的权利或更大或更小，正如公共善的倾向或更大或更小一样。“完美的权利”对于公共善来说必不可少，所以对它们的普遍侵犯会使人生变得无法容忍；因此，我们有生命权和获得劳动果实的权利，有要求合同的权利，以及为了公共的或无害的个体的善（innocent private good）来指导自己的行为而不是将它们交由他人指导。“不完美的权利”倾向于增加一个社会中的幸福，但不是绝对地、必然地避免痛苦；这些是穷人要求富人的慈善的权利。道德感，哈奇森说，是上帝的善的最强有力的证据之一。我们必须设想上帝不是贫困的，而是幸福的；因为
27 **他**能使**自己**满意；我们还必须认为**他**是仁爱的，因为理性存在者的最好的和最幸福的状态就在于仁爱，没有任何东西更应得完美之名。

哈奇森的道德理论暴露了他努力加以解释的那些互相矛盾的部分，他试图调和，却徒劳无益。如果道德感仅仅是在沉思某些行为时而产生的“感觉的快乐”，那么它就无权声称普遍性。正如哈奇森有时候承认的那样，它可能会随着不同的人而改变，因此就其本身而言不能够成为对错的标准。它所给予的快乐只能是众多的快乐之一；它可能会更持久；它可能是更强的那一个，也可能不是；但是，作为纯粹的主观感情，它不可能拥有对我们的生命的正当的权威。然而，和巴特勒一样，哈奇森断言了道德感或道德官能（moral faculty）——就像他偶尔称呼的那样——的正当的至高无上性。快乐的感情因此被转化为一种赞同道德卓越的权威的判断。另外，虽然道德感被描述为一种应该指导和控制我们的所有行为的能力，哈奇森还是抛弃了这种观念，即个体的快乐可以成为德行的刺激物，他说，它必定产生于一种来自利益或自爱的完全不同的行为原则。因此，他的直接快乐的检验就失败了。就像他在对美的分析中一样，

他被迫寻找一种客观的标准。而正如我们看到的那样，他在仁爱中找到了这个标准。

由于热心于仁爱，他将此描述为道德赞同的唯一对象。然而，他的人生方案既包括对自己的义务，也包括对上帝的义务。如何才能把这些置于被定义为无私地期望他人幸福的仁爱之下呢？似乎只 28
有通过一种幻想，即认为对至上的存在者的爱和感激可以置于仁爱的支配之下，因为哈奇森说，“我们的行为不可能给**他**带来任何利益或者对**他**造成任何伤害”。当仁爱被如此广泛地使用以至于包括宗教在内时，它已经改变了其特征。为了一致性，哈奇森就要把追求自我的幸福仅仅作为达到他人幸福的手段。当他进一步告诉我们，每个个体都有可能成为他自己的仁爱的对象时，他仅仅是在扩展这个词的意义。他的“普遍的、平静的仁爱”最后变成了对维持和完善宇宙系统的期望，其中，我们的个人幸福和所有其他有感觉的存在者的幸福紧密连在一起。

这种平静的善良意志远非建立在直接的感情之上，而是需要运用理性来计算我们的行为后果。在这一点上，哈奇森有很多地方让我们想起后来的功利主义理论，他是这个理论的先驱。然而，还有一些与众不同的特征值得注意。他并没有尝试这种不可能的壮举，即把每个个体只期望他自己的幸福这种学说与他的最大多数人的最大幸福准则结合起来。他没有试图通过任何联想的炼金术（alchemy of association）来从自私中得出仁爱，但是认为，无私的感情——尽管它们经常有不足之处——是人类的原始财富之一。他不是指向所做事情的实际后果，而是指向作为道德赞同对象的我们的行为的精神 29
和意向。然而，在为生命的行为创制普遍规则时，他考虑了一个善良的人会被期待预知的后果。他将行为区分为“形式上善的”（formally good），或者说，出自善良的感情，以及“内容上善的”（materially good），或者说，在实际上倾向于整个系统的利益，其中每一个构成它的一部分。这个区分预见了密尔就行为者的价值（worth of the agent）和行为的道德性（morality of the action）所作的相似的区分。他以此方式打开了经常被讨论的与后来功利主义相联系的那些问题。这里先不加入如此广泛的争议，或许要说的是，哈奇森对最大幸福原则的困难有一种非常不完善的观念。一般来说，他关于正义的推导以及关于个人权利的推导依赖于这个陈述，即这些权利趋向于公共善；但是，他的最大幸福公式在本质上并不承认个体拥有平等的权利，而且如果每一个人都应该有权获得相等份额的幸福，那么正义的目的也得不到实现。一个更为根本的问题是，幸福——他将之定义为“任何一种快乐的感觉，或者这些感觉的持续状态”——是否要被**当作**是目的。有一些章节，尤其是在后期的著作中，显示出一种超越快乐主义局限的倾向。但是他从未决然地采取这一步骤，因此，哈奇森的道德哲学使施莱尔马赫（Schleiermacher）的评论显得更为可信，即“莎夫茨伯利的英格兰学派谈的都是德行，而实际
30 上却让位给了快乐”。虽然他是亚里士多德的学生，但是他却从未完全理解那位伟大的思想家的这一观点，即不是单独快乐的变量，而是这个官能——快乐是它的伴随物——的全部的、和谐的运用才是行为的目的。

作为他那个时代这种学说的样板，哈奇森的《形而上学概要》尤其有趣。他追随传统的教学方法，以至于将他的主题划分为本体论和灵物学（pneumatology）。在该书第一部分论及存在时，他采取了流行的理论，即我们所有的知识，不管是通过感觉还是通过意识，都是来自于观念，虽然我们由于天性被迫将其中的一些认作是外部事物的影像（images）或表象（representations）。他拒绝生来就为心灵所知的自明之理这个意义上的先天观念，但是承认自明的和不变的真理的存在。在这里，他提到了逻辑法则以及实体和属性的相互蕴含，存在的观念被描述为我们所有观念中最简单和最抽象的。很大程度上，他是在以经验主义的方式从事着可以在实在的主要方面中作出的那些区分。他认为实体——不管是精神实体，还是物质实体——的本质是不为我们所知的，虽然我们可以形成关于它的作为属性的基质的某种模糊的观念。在第二部分中，他将人类心灵的官能划分为理智（intellect）和意志（will）。他追随洛克区分物质的第一性质和第二性质，这种区分我们将会发现在苏格兰哲学史上一再反
31 复地出现。虽然他仍然主张，我们不可能知道事物的终极本质，但是他认为，灵魂是一个思维的存在者，在严格的意义上说是不同于身体的，因为不同的性质显示的是不同的实体。他把自我的统一性和简单性与作为由不同的部分组成的整体的身体进行对比。从灵魂

的简单性出发，他断言它不是像身体那样产生的，也不像它那样通过分解而消亡。它死后的持续依靠上帝的意志。我们拥有一个可能的希望，即灵魂会在身体死后仍然存在，因为所有的人都渴望不朽，而且一个正义和仁爱的上帝对世界的管理似乎也需要这一点。他认为，这一点是不可信的，即如果它是徒劳的和无价值的，上帝就应该赋予人这个欲望。在第三部分中，他抛弃了对上帝存在的笛卡尔式证明，而详细论述了设计论证明。在他的整个著作中，他对人性的构造以及宇宙的构造采取了最明智的观点。上帝的观念从设计的各种证据那里自然地产生于心灵之中，因此道德官能断言上帝支持德行和普遍幸福的事业。根据上帝的仁爱，他主张——不顾这种循环论证——世界是用最佳的可能方式构造的，他带着宽容的乐观主义暗示道，一些恶可能是与获得至善的手段有联系，所以即使**全能者**也不能废弃它们。

“永远不能被忘记的哈奇森（the never-to-be-forgotten Hutcheson）”，正如亚当·斯密称呼他的那样，现在已经淡去，他的那些书在大不列颠以及欧洲大陆曾经被广泛地阅读，如今也很少有人问津了。但是他对后来思想的重要影响却是不可忽视的。苏格兰哲学从哈奇森 *32*
及其导师们那里继承了其心理学方法。虽然从表面上看隶属于洛克的经验主义，但是他断言美和德性的知觉是终极的和源始的，这至少是第一原则研究的先兆，而这后来也成为苏格兰学派的典型特征。至少在有一节中，他轻蔑地把洛克对先天观念的攻击说成是不过等于这一点，即在先于经验的我们的存在的开端处，我们没有任何观念或判断；在这里，就像在他对自明的和永恒的真理的断言时一样，他突然打开了关于知识的终极原则以及行为的终极原则这个问题。在亚当·斯密的心中，他的关于伦理学的演讲，更不用说关于政治经济学的演讲了，都落在了丰饶的土壤中。正如雷先生（Mr. Rae）注意到的那样，在任何一个法国重农主义者（the French physiocrats）就这个主题写下一行字的前20年，哈奇森就已经在讲授产业自由（industrial liberty）的学说了。哈奇森在课堂上向亚当·斯密讲述的关于经济主题的初步观念“包含了处于萌芽之中——非常积极而又充分的萌芽之中——的关于自由、劳动和价值的这些学说，他的整个体系后来就是建立在它们之上的”。在很大程度上，正是由于哈奇

森学说的精神，更伟大的文化和宽容才遍及西方的各个知识领域，
虽然其中一些热诚可能仍然是陈旧的教条主义学说的特征。从那时
起，在苏格兰，对批评学和美学的关注，虽然结果远非让人满意，
33 但还是可以直接追溯到他。他传给其继承者们的是对于文化、启蒙
以及对公民自由和宗教自由的热情；在这些方面，以及在他将之用
于自己伦理学理论原则的仁爱中，他都显示出18世纪思想中最温和
34 的一面。

3

安德鲁·巴克特（1686—1750）

巴克特与随后的苏格兰哲学联系相对较弱，但是作为阐明在18世纪初盛行于苏格兰和其他各处的倾向，以及把新物理学和形而上学思辨联系起来的人，他还是值得注意的。

安德鲁·巴克特（Andrew Baxter）是一个阿伯丁商人的儿子，出生于1686年或1687年，曾在国王学院（King's College）学习。大学毕业时，他选择了私人教师（private tutor）这一职业，在那时，它意味着既要教学也包括旅行。终其一生，他是一个勤奋的学生，但是也爱交际和乐于交谈；并且，他拥有关于古代和当代的思想方面的广泛知识。他把自己描述为一个将事情弄清楚来满足自己的迟钝的人（slow person），但是，也许正是由于这个缘故，他最适合于把它们传达给像他这号人。1733年，他出版了他最为人知的著作《人类心灵的本质
研究》(*An Enquiry into the Nature of the Human Soul*)，并赢得了“非物 35
质性巴克特”（Immateriality Baxter）的昵称。1741年，他与作为他学生的布兰太尔勋爵（Lord Blantyre）和拉莫泽尔的海先生（Mr. Hay of Drummelzier）一道去了乌特勒支（Utretch），并且还偶尔拜访了欧洲大陆的其他地方。一些年后他因身体原因又回到苏格兰，他和家人在东洛锡安（East Lothian）的威廷汉（Whittingham）度过了余生，1750年4月去世。除了《研究》之外，他还写了《幼年时期的宇宙论》(*Matho, seu Cosmotheoria Puerilis*)，给他的学生们使用；《研究》的附录在他死后不久出版；《为证明灵魂不朽的理性的证据》（*The Evidence of Reason in Proof of the Immortality of theSoul*）直到30年后才出版。

《人类心灵的本质研究》中的主要思想是物质的不活动性（inert-

ness)、物质和心灵的二元论，以及对给物质宇宙施加运动和在人身上保持心身统一的至上的和非物质的原则的需要。他对这些论题的沉思与笛卡尔、偶因主义者对它们的沉思，以及与莱布尼茨和克拉克之间的一些争论点都有密切的联系。他把灵魂定义为活动的和有知觉的实体，而把物质**看作是**死的和无活动能力的（inert）。物质实体拥有在它们的静止或运动状态中拒绝任何变化的性质。但是，这种惰性（vis inertiae）只是一种否定的能力；直到物质被作用时它才会起作用；虽然物质是通过运动作用于物质，但是它仅仅是因为它的不活动性才这样的。以此方式剥夺了物质的所有主动能力后，他的方法就是要证明灵魂的不朽、上帝的存在以及一个特殊的和无尽
36 的神意的必然性。引力和斥力，或者其他的运动倾向必定都是由于从外面作用于物质世界的推动力所导致，因此必定归于一个非物质的原因。根据可见运动的那些事实的证据，他不能同意笛卡尔理论，即物质宇宙中的运动的数量是恒定的或不可改变的；相反，他断言，对立的力量倾向于平衡，因此，会持续地受到阻碍。① 一个非物质的推动者必定出现在物质宇宙的每一个部分，再产生那些损失掉的运动。因此，必定存在着“物质宇宙中的恒常的和普遍的神意，可以扩展至最微小的事物”。下落物体的运动的增加、弹力的反弹、粒子的聚合力以及可能会继续按照直线向前运动的那些行星的椭圆形轨道，于是都得到了解释。由于不活动和偶然性，物质必定是由一个非物质的存在者所创造的，他连续不断地对之施加运动；因此上帝不仅是第一推动者，而且还是唯一的推动者。当我们的身
37 体为了回应意志而运动时，这个运动是由两个非物质的存在者的同时发生而导致的，即进行意志活动的有限个体，以及以恒常的和一定的方式与他的创造物的意志相配合的第一因、普遍因。最伟大的哲学家也不能解释他的手指的运动而不求助于神的能力的直接使用。对一个神的证明因此建立在这个命题的基础上即，作为不可入

① 这个问题在克拉克与莱布尼兹的通信中曾被提起过。克拉克主张，作为物质的不活动性的后果，世界中的运动数量自然地会减少。而莱布尼兹虽然承认运动的数量并不总是保持相同，但是认为不存在任何主动力量的消失。当两个物体以这样一种方式碰撞而丧失了其可见的运动时，这些力没有被消灭，而是被传递到部分中去了：Ce n'est pas les perdre，mais c'est faire comme font ceux qui changent la grosse monnoye en petite。

的和广延的实体，物质必然抗拒对它的当下的静止或运动状态的一切改变。在这种关于宇宙的观点中包含着“没有意志就没有任何一种活动是可以设想的”。

关于不朽的论证建立在这个陈述的基础上，即灵魂是一个单纯的或非复合的实体。“没有任何实体或存在者会有毁灭的自然倾向”被认为是自明的。因此，灵魂不可能被消灭，除了维系所有事物存在的那个无限能力的行为。人们会注意到，不朽不是被描述为一个必然的真理，而是完全依赖于神的意志。然而，这个论证为各种考虑所加强：神的完美要求人有来生；我们理性的快乐和欲望的本质表明，我们注定会有无止尽的存在。否则，人们承认，就不会如此强调灵魂实体的单纯性与不可分性。

根据物质事物是死的、不活动的实体的定义，很容易得出结论：灵魂不是来自于物质。虽然我们把灵魂设想为一个拥有“内在的、未知结构的实体”，但是除了它的活动性和知觉性这些属性外，38
它是不可理解的。据认为，感觉对于知觉来说不是必然的，虽然由于造物主的意志总是和它结合在一起。以更完美的方式去知觉是可能的；当灵魂无拘无束时，它可能会直接知觉到对象，而不是通过感觉的暗箱（camera obscura）。心灵和身体的结合，无论是当我们睡眠还是当我们醒来，都是由于神的原因的永不停止的活动。关于精神活动和神经状态之间的密切关联，巴克特比他的前人们或同时代人了解得更少。因此，他声称，梦和幻觉的现象只能为各种独立的精神活动所解释。他的论证得到了许多古代作家们记录的梦的众多参考材料的加强，又和他的物质被动性学说联系在一起。在梦里，各种感觉的平常的通道就关闭了；感觉器官不再为任何物质的原因所作用；心灵不会产生那些它既没有设计也没有运用意志的梦，而只是对呈现给它的各种表象作出反应。然而，这些表象必定有某个原因；结论就是，它们是由非物质的行为者（immaterial agents）所引起的，它们“对感官施加新的和外在的印象”。和物质相区别的活的存在者作用于我们的身体，就像作用于一个工具上一样，引起了我们的睡眠中的视觉。巴克特高兴地认为，我们的周围因此都是理智的存在者，我们用和现代“唯灵论者”甚至在他最狂野的梦中可以要求的一样多的精灵在梦中和幻觉中围绕着心灵。39

在巴克特的二元论以及关于上帝存在的论证，和贝克莱的理论之间存在着巨大的差异，贝克莱的理论将所有的物质事物都还原为观念的存在，主张神的心灵的必然性，通过神的这些观念得以产生于我们。巴克特因此被引导着开始考虑贝克莱的观念主义。不幸的是，他的批评为常人的错误所削弱，即认为贝克莱否认物质的存在和感觉的证据；因此，导致他把贝克莱的观念主义非常荒唐地说成是“一种不雅的戏谑”(an ungenteel sort of a banter)。他自己的信念是，通过我们的感觉，我们知觉到不同于我们感觉的对象，并且就是它们的原因。没有心灵，我们的知觉不可能存在；但是它们的对象可能存在，而且确实存在。物质的存在仅仅是通过它产生的结果，或是在我们身上激起的知觉才为我们所知的；因此，根据这些主张它不存在是荒谬的。不可入性、形状、不可分性被称作是属性，必须被归之于它们存在于其中的实体。他认为，我们关于这些属性的知识不仅是独立于知觉的心灵之外的物质世界的可能性的充分保证，也是其实际存在的保证。这是一种有见地的自然实在论理论的要义，但也仅仅是要义而已。

巴克特的沉思的根本缺陷在于他首先任意地限制了物质的属性，然后又发现自己面对着他的不完全的物理知识不能加以解释的
40 现象，因此他引进一个机械中的神（deus ex machina，即解围的人）来解释它们。按照他的观点，世界是一个机械装置，其运动起初是被加之于它的，但是此后就一直倾向于停止运动，于是就需要第一推动者的人为干预。因此，试图把有神论建立在一个错误的物理学理论之上注定了是要失败的。他的支持不朽的论证虽然审慎地反对了物质主义的假设，即灵魂必然随着身体而消亡，但也依赖于同样无根据的假设，这就是，作为“一”和不可分者，灵魂必定会必然地继续存在下去，除非被神力（Divine Power）的特殊行为所消灭。很难说，巴克特影响了后来苏格兰哲学的进程。但是，苏格兰哲学和他都同样持心灵和作为独立实体的物质的二元论这个信念，我们也会在里德以及追随者身上发现这一学说，即我们不可能无需
41 理智和意志而设想主动能力的使用。

4

大卫·休谟（1711—1776）

到了大卫·休谟（David Hume），我们有了第一位重要的思想家，他在所有其后的思辨上都留下了记号，无论是直接的还是间接的。任何学哲学的人都不可能忽视他的《人性论》或《人类理智研究》。他的生平——在他的《自传》以及在希尔·伯顿的《大卫·休谟的生平》（*Life of David Hume*）中有所叙述——有一种特别的兴趣。

1711 年 4 月 26 日，大卫·休谟出生于爱丁堡，他是约瑟夫·休谟（Joseph Hume）——伯威克郡（Berwickshire），奈因威尔斯（Ninewells）的一个小地产主——的第二个儿子。他的父亲据说是一个“多才多艺的人”（a man of parts），他是律师协会的成员，但是并没有实践他的专业，而是更喜欢过一种乡绅的退隐生活。他的母亲是大卫·费尔肯纳爵士（Sir David Falconer）的女儿，正义学院（College of Justice）的校长。奈因威尔斯的房子——休谟在这里度过了他的童年时代以及后来的许多年——位于一块风景如画的斜坡上，这个斜坡从瓦特德河的河岸耸起，并且可以眺望英格兰的边界。德拉蒙德（Drummond）在他的《北不列颠家庭史》（*History of North British Families*） 42
中把它说成是最好的苏格兰地主们的房屋的标本。但是从他的描述来判断的话，它就是一座由顶楼置于其上的两层平房，没有任何装饰，不管是就其自身来说，还是它的周围环境。休谟一家（the Humes），或霍姆一家（the Homes）——因为这个名字有时候拼成这样，有时候拼成那样——的祖先可以追溯到霍姆勋爵（Lord Home），这个家族的一个较年轻的分支。他曾经和道格拉斯（the Douglas）一起前往法国，在贝德福德公爵（Duke of Bedford）领导下战斗时，死于韦纳伊战役（the battle of Verneuil）。

在他还是婴儿的时候，他的父亲便死了，休谟因此就被留给他的母亲来照顾。在他的《自传》中，他的母亲被描述为“一个具有非凡美德的女人，她虽然既年轻又标致，但是却完全致力于抚养和教育自己的孩子们”。从早年起，他就表现出对学习的强烈爱好。在 12 岁到 15 岁之间，他在爱丁堡大学上课。现在看起来也许很奇特，但是那个年纪的男孩上苏格兰大学是很稀松平常的。在一个学位既没有人觊觎又不被重视的时代，大学训练使得休谟可以自由地尽情满足自己的文学趣味。他至少获得了轻易阅读拉丁作家们的能力。在一封 16 岁时写给他的朋友的信中，我们发现他说他憎恨任务阅读（task-reading），所以会随意使他的书籍多样化：“有时候是一个哲学家，有时候是一位诗人。”他从图斯库兰（Tusculan）的辩论以及维吉尔（Vergil）的田园诗那里得到相似的教导，但是遗憾（非常奇怪
43 的是）“他的心灵的安宁并不能为哲学所充分地证实以抵抗命运的打击”。甚至到这个时候为止，他早已开始速记他的思想，“这里，一个激情的暗示；那里，心灵中被解释的一个现象；在另外一处，这些解释的改动”。考虑到少年时的感情，很明显，正如他在《自传》中所说的那样，他“很早就被一种文学的激情所攫取”，并且为哲学发现和文学名声的幻觉所萦绕。

休谟似乎很早就疏远了他那个时代和国家的宗教信条。他从西塞罗或塞涅卡，普鲁塔克或维吉尔那里获取他自己的道德，而当他思考自然宗教的问题时，它也是从一个纯哲学的立场出发。也没有任何证据表明，在他把自己和已经确立的信仰切断开来的时候经历过什么斗争。可能是因为，他从未处于其影响之下。作为 17 世纪苏格兰特征的宗教狂热早已过去了，这个民族特征的另一面现在开始出现于对理智的冷静的和批判的运用上。这种反应没有比在大城市的律师以及南部郡县的地主中更为显著的了。其中许多人都受过高等教育；苏格兰上流社会中流行的作法是把他们的儿子们送到欧洲大陆的各个大学，诸如乌德勒支大学（Utrecht）和莱登大学（Leyden），这也增加了他们的慷慨（liberality）和才艺（accomplishments）。思想自由和更宽领域活动的趋向由于其他的原因而
44 受到强有力的帮助。在休谟出生前 4 年，英格兰和苏格兰的联合已

经被批准。正如贝尔哈温勋爵（Lord Belhaven）所说的那样，就苏格兰的政治独立而言，“一首老歌结束了”。但是这个联合引起了新的兴趣。民族生活的脉搏仍旧强烈地跳动，苏格兰人寻找着他们的能量的出口处，不仅在商业、制造业和农业中，而且也在文学、科学和美术中。在把这个运动带到哲学中时，休谟表达了他那个时代的精神，因此成为他那个世纪的清晰的、批判的和怀疑主义的光照的象征。

作为一个拥有很少财产的小儿子，他被期望去从事某种生意或职业。在他 17 岁那年，他开始学习法律，但是不久就放弃了它，因为感到“除了哲学和一般学问的追求外对所有的事情都有一种不可克服的厌恶”。他热情地投身到他最喜爱的研究中去，但是在 19 岁前他的身体状况衰退了，部分地是由于过度的使用，就像他后来认为的那样。他尤其抱怨说，他已经丧失了对他的研究的兴趣。由于更加适度地专门致力于这些，并且进行大量的放松活动，这个高个的、笨拙的、瘦削的年轻人变得强壮、结实和红润。他决心为自己开辟一条新路，他把许多他认为是原创性的思想都写了下来。但是曾经是他的主要麻烦的精神倦怠（mental lethargy）仍旧威胁着他。他发现不可能把他的思想还原为连续的秩序，或者以一种吸引世界注意的方式来陈述它们。他强烈地感觉到这一点对他的抱负的阻 *45*
碍。怀着完全康复的希望，在 23 岁那年，他决定寻求一种更为积极的生活，暂时把他的文学虚荣放在一边。

1734 年，他进入布里斯托（Bristol）一个商人的办公室。按照他自己的叙述，他在那里只待了几个月。很容易假设，糖行业的细节对他几乎没有什么吸引力。这第二个失败可能促发了被归因于他的母亲的那句著名评语：“我们家的戴维是个好脾气的火山口，但是却不同寻常地清醒。”实际上，休谟的心灵力量在他执著于他的人生追求时闪耀得最为灿烂。他说：“我决心在费用上非常节俭以弥补财产的不足，维持我的未受损的独立性，以及把每个对象都**看作是**可鄙的，除了在文学中提高我的才能之外。”

在渡海到达法国后，他创作了他的《人性论》(*Treatise of Human Nature*)，部分在兰斯（Rheims），但是主要还是在拉弗莱舍（La Fleche）。可能是由于经济方面的原因，他选择了拉弗莱舍作为居住地。休谟并没有幸运地拥有想象的才华，也没有不幸地具有想象的才华。他对边界风景以及边境歌谣的魅力视而不见。所以，必须将此仅仅视为偶然的巧合，即他在耶稣会士学院（Jesuits' College）附近住了两年，在那里，亨利四世的心找到了它的栖身之所，而笛卡
46 尔也以某种神秘的方式吸收了新时代的精神和经院主义的学问。也许，休谟大概不会意识到他的怀疑主义正好就是笛卡尔哲学的结果。他的靠近耶稣会士学院的住处增加了这种联想。正是在它的修道院中散步并听到一个神父讲述某个最近的奇迹时，他才想到了后来收入他的著名论文“论奇迹”中的论证。他立刻提出了它，并且得到了天真的答复，即它同样对《福音书》中所叙述的奇迹有不利的影响，他说：“这种评论我认为可以恰当地被承认为一个充分的回答。”

在法国愉快地度过三年之后，休谟返回了伦敦。1739 年，他在这里出版了他的《人性论》两卷本，“第一卷：论知性”和“第二卷：论激情”。我们不大可能接受他的这一陈述，即这本著作一出版就成了死胎。因为这两卷本至少得到充分的注意，才会使他去协商最后一本书即“论道德”的出版，这本书出版于第二年。他的接下来事业由《道德和政治论文集》构成，这本书以两卷本的形式出版于 1741 年和 1742 年，并且极受欢迎，所以不久就要求出第二版。

大约在这个时候，他成为爱丁堡大学伦理学和精神哲学教授职位的候选人，精神哲学（pneumatic philosophy）这个名称包括对人的心灵以及神的本质的考虑。奇怪的是，他会追求这个职位，因为它
47 要求承担同意威斯特敏斯特信条（the Westminster Confession）这个前提条件。然而，休谟轻松地无视人们对他的候选人资格的反对。在一封写给考德维尔（Caldwell）的威廉·缪尔（William Mure）的信中，他说：“人们指责我异端、自然神论、怀疑主义、无神论，等等，等等，等等罪名；但是从未奏效，因为它们被城里所有那些志趣相投的伙伴们的反对而失败。”对他来说，不可思议的是，弗兰西斯·哈奇森和里奇曼博士——他与他们一直都有友好的通信往来——竟会说他不是这个职位的合适人选。他写给另一个朋友说：“如果我需要一个关于我的正统性的证明，我当然应该诉诸你，因为你知道我一直模仿约伯的朋友，并且捍卫上帝的事业当你攻击它的时候，

理由是你在堕落之后感到了头痛。”然而，这个教授职位被授予别 29
处，休谟只得寻找其他的谋生途径。随后申请格拉斯哥大学的逻辑学教授职位也遭遇同样的命运。

在陪伴安南戴尔侯爵（the Marquis of Annandale）——一个弱智的贵族——一年后，他被任命为圣克莱尔将军（General St. Clair）的秘书，跟随反对洛里昂港（Port L'Orient）的远征，但是这次远征后来流产了。两年后，在他去都灵担任大使期间，他接受了将军秘书这个职位。在都灵遇到他的查理蒙特勋爵（Lord Charlemont）把他描述为脸又宽又胖，嘴大而且除了愚蠢之外没有其他任何表情，很重的苏格兰口音使他的讲话变得非常可笑，同时，又补充道，他像受过训练的杂货商一样穿着自己的制服。这个生动的描述带有讽刺画 *48*
的印记。休谟可能是又肥胖又笨拙，但是那些在爱丁堡国家美术馆看见过艾伦·拉姆齐（Allan Ramsay）为他所作的画像的人——在那里他带着温厚的逗趣样子面对着旁观者——会发现很难相信他的脸是没有生气的或者毫无表情。

在休谟去往都灵的路上，他的《人类理智研究》(*Inquiry concerning the Human Understanding*) 以“论文集”的形式出版了，前言是一个公告，其中《人性论》被作为一本幼稚的著作而加以否认，并且表达了这样一种愿望，即唯有这本新近出版的作品才可以被认为包含了“他的哲学情感和原则”。这种愿望并没有为随后那些哲学的批评者们以及历史学家们所尊重。《人性论》曾经被扔进思想的河流中，但是它的特征和影响却不可能被忽视。在这两本著作中，《人性论》最为详尽而且最有价值；它是哲学思想的最真诚的努力。《人类理智研究》则更以通俗性为目标，所以从文学的观点看它更受喜爱。然而，二者在主要特征上还是一致的，虽然在《人类理智研究》中，作为一本更短的著作，许多内容都被删略了，不过同时也引入了一些新的讨论。《人类理智研究》可以被推荐给那些希望了解休谟的思辨的一般特征的读者，但是学习哲学的人则必须也要熟知《人性论》。

伴随着《人类理智研究》，休谟的纯思辨哲学著作就结束了。从
都灵使馆返回后，他认为自己已经有幸拥有了近1000英镑的财富。 *49*
1751年，他得意地写信给迈克尔·拉姆齐（Michael Ramsay）：“如果

30 利息保持在现在的水平上，我每年就有50英镑，价值100英镑的书籍，大量的亚麻布衣服和质地良好的衣服，还有口袋里的大约100英镑；以及有条理、节俭、强烈的独立精神、很好的健康状况、满足的幽默以及一如既往的对研究的热爱。”同一年，他出版了他的《道德原则研究》(*Inquiry Concerning the Principles of Morals*)，他把它描述为自己的所有著作中无与伦比的、最好的一本。1752年，他的《政治论文集》(*Political Discourses*) 出版，这本书促成了政治经济学这门近代科学的形成。这本著作从一开始就大获成功。

由于没有获得教授职位，他成为苏格兰律师图书馆（the Advocates' Library）的管理员职位的候选人，这倒不是为了那份微薄的薪水，而是为了他的计划中的《英国史》(*History of England*) 可以掌握苏格兰收藏最多的书籍和手稿。在经过一番激烈的竞争之后他成功了。他写信给克莱芬博士（Dr. Clephane）说：“一般认为，这是一个自然神论者和基督教徒之间的竞争；当我获得成功的消息传到戏院的时候，便有传言说基督教徒被打败了。”在接下来的5年里，他专注于《英国史》的写作，其中第一卷，包括詹姆斯一世和查理一世的统治，出版于1754年。这本书很畅销，但是休谟——他为自己的公正无私感到自豪——对它获得的反应感到非常地不满。在《自传》中，他抱怨说，这本书受到了责备、非难和甚至是憎恶这种叫声的攻
50 击。然而，《英国史》使他的名字传遍了欧洲，并且产生了这种影响，就是使人们注意到他的哲学著作。第二卷出版于1756年，把叙述减到了光荣革命这部分。这一卷，休谟说，碰巧较少对辉格党不满，所以反响更好。它不仅自己上升了，而且还帮助振作其不幸的兄弟。1757年，他放弃了他的管理员职位，同年，抽出时间来出版《宗教的自然史》(*Natural History of Religion*)，加上其他三篇论文。他的更为精致的著作——《自然宗教的对话》(*Dialogues concerning Natural Religion*)——就写于这个时候，但是却直到他去世后才出版。由于坚持《英国史》的写作并想将其回溯至更早的时代，1762年他才完成了他的任务。在准备他的著作期间，休谟访问了伦敦，在那里，他“在一个持重的、朴素的家庭预定了一个房间，他们不会不愿意承认一个持重的、朴素的、有德行的、节俭的、受人喜爱的、安静的、温厚的坏蛋”。他曾经犹豫过他是否要留在伦敦，

他在那里交了很多朋友；但是他的祖国和他的早年朋友的吸引力太过强大了。他返回苏格兰，决心不再踏出它之外，并且在爱丁堡的圣詹姆斯宫（St. James's Court）购买了一所房子，在这里，他的北面房间——看得到旧城镇和现在是新城镇的地方之间的山谷那边——能眺望到福斯湾（Firth of Forth）以及法夫郡（Fife）的河岸和丘陵这些广阔的景色。

然而，1763 年，应赫特福德勋爵（Lord Hertford）——他被任命
为驻法国宫廷的大使——的邀请，休谟被劝诱陪同他，因为有希望被 51
任命为大使的秘书。在巴黎，他的文学声望已经很高，因此在这个当时是理智、文学和时尚中心的地方他受到了最为恭维的接待。用他本人的话说，他到处都受到以“最特别的荣誉”的欢迎，“这些荣誉只有最过分的虚荣心才可以希望或要求得到它们”。他写信给他的朋友罗伯逊说，“在这里，我吃的是神仙美味，喝的是玉液琼浆，呼吸的是扑鼻芳芳，脚踩的是遍地鲜花。我遇到的每一个人，尤其是每一个妇女都会认为，如果她们没有就我的名声发表有利于我的冗长而又巧妙的谈话，她们就没有尽到最必需的义务。”从所有这一切中，休谟得到了极大的满足；他将巴黎的这个高雅而风趣的团体与他称为“伦敦的宗派愚蠢”进行对照，并且坦率地承认，他乐于听到伟大的女士们所赋予他的赞美，胜过他所熟悉的那些哲学家和科学人士。然而，他承认放荡不羁对于他这个年纪和心境来说并不适合，并且明智地决定在名流们抛弃他之前抛弃他们。他期待的秘书职位实现了，1765 年他担任了几个月代行公使（chargé d'affaires）职位。这导致了随后 1767—1769 年间被任命为伦敦的国务助理秘书（under-secretary of state）。

在他返回爱丁堡那年的下半年，他的不多的资本，加上退休金，已经增长到 1000 英镑每年。在这里，他在他的图书馆中，或者说在他的朋友圈中度过了自己的余生，这个朋友圈包括布莱尔博
士、罗伯逊博士、亚当·斯密和亚当·弗格森。休谟对待他的哲学 52
对手非常克制，不喜欢参与争议，所以在某些主题上，他的牧师朋友和他都同意求同存异，并保持沉默。

书籍和社会交谈现在对于他来说，和往常一样，是人生的最大快乐。他的和蔼性情以及温厚逗趣的习惯使他成为无论老幼都最喜

欢的人。在他最后的生病期间，他仍然保持着愉快。在和他的朋友亚当·斯密的谈话中，他编造各种——他可能会说给卡伦（Charon），而卡伦可能粗暴地回应——借口来自娱。他的最后一个借口是典型的。“但是我可能仍旧强烈要求，‘再耐心一点，好卡伦。我一直在努力打开大众的眼睛。如果我再多活几年，我可能就会满意地看到某些盛行的迷信体系的垮台。’但是卡伦那时会大发脾气，不顾体面。‘你这个游手好闲的无赖，那件事在几百年里都不会发生。你以为我会同意你这么长的一个租期吗？现在就上船，你这个懒惰的、游手好闲的无赖。’”他死于1776年8月25日。他的遗嘱要求，他应该被埋葬在卡尔顿山公墓，碑文上只包含他的名字，以及生卒年份，“其他的留给后人补上”。

休谟哲学的出发点是已经提到过的洛克学说，即我们所有的知识都来自于我们关于特殊事实的经验。洛克把心灵比作一张干净的
53 白纸，经验在上面刻上各种符号；或者，用一个更为有效的比喻，比作一个暗箱（camera obscura），其中表象是由外在的实在所产生的。人的心灵首先是由感觉观念提供的，我们对物质对象的知觉通过各种感觉被传递给我们。但是，此外，在领会印象或感觉观念之后，心灵还保留和复制它们，把它们混合在更为复杂的观念中，比较和推理它们。由于可以意识到自己的活动，心灵从而就存储了一套新的观念，洛克称之为反省观念。因此，虽然感觉是开端，但是心灵既从感觉又从反省那里获得观念，它能够用一种几乎无限的多样性进行重复、比较和联合。

所以，在近代哲学中，洛克是经验主义的奠基人。但是他并不是一个一以贯之的或彻底的经验主义者。甚至当他声称我们所有的知识都来自于那些特殊的事实或者感觉和反省的观念时，他也承认那个在观察和比较的心灵的存在，而并没有把它还原为观念的总计或接续。他承认包含——虽然是模糊地——在性质或样式中的实体原则，他也努力地超越感觉的观念，到达它们所表象的外部实在。因
54 此，关于人的自我或思维着的心灵，上帝的存在，以及物质世界的实在性，他终究和他的伟大先驱者笛卡尔一样占据着几乎相同的位置。然而，二者都同意的那些结论受到洛克对这些主题的讨论，尤其是他的经验主义前提的极大震动。他徒劳地尝试从只是在观念中

被认识的物质世界转到一个超越的独立实在，这为贝克莱的观念论铺平了道路，但是将他的经验主义前提进一步推向它们的逻辑结局这个任务留给了休谟。

休谟因此开始于一个想当然的结论，即“我们不可能超越经验”。这似乎非常明显，所以我们倾向于不带丝毫犹豫地接受了它。出于惊讶，我们自然地会问，如果不是从经验，那么我们的知识能够来自哪里。我们对超验主义侧目而视，这种学说假设知识来自于超出平常知识范围的某种神秘的领域。我们不可能超出经验，这一点是确定真实的。但是问题是：什么是经验？这个答案只有通过分析我们的知识才能得到，而不是通过一种独断的假设，虽然像其他的教条一样，这种假设可能会获得某种迷信的力量。那么，休谟赋予了经验什么意义？对他来说，就像对洛克一样，经验意味着那些特殊事实的知识，洛克称之为感觉观念和反省观念。因此，在这样一个陈述——这个陈述就其自身而言就和一个自明之理一样——的掩盖之下，他引入了经验主义的那个根本假设，仿佛它没有任何的争议。我们最后会发现，休谟注意到了这个假设的庞大，以及他的那
些结论都明显地适合于用来怀疑他自己的最初假设，但同时他却又 55
带着最伟大的庄重和确信的样子宣布它。

在对我们的知识的起源的陈述中，休谟和洛克只是在名称（nomenclature）上有所不同。对于洛克使用的观念，他代之以“知觉”这个词，而只在一个更为狭窄的意义上保留了“观念”这个词。休谟把心灵直接认识到的每个事物都叫**作**知觉。知觉的意义自此就被窄化为呈现给我们的物质对象的知识。休谟所使用的这个词因此似乎不是好选择，因为在他之前的许多哲学家们都曾以相似的方式使用过它。他把知觉划分为“印象”和“观念”，印象包括我们那些更为生动的知觉，诸如在感觉、情感、欲望和意志中的知觉，而观念则包括记忆和想象或思想这些不太生动的知觉。或者，引用一下《人性论》的开篇句：

> 人的心灵的所有知觉都可以还原为两种不同的种类，我称之为印象和观念。这些之间的差异存在于它们接触心灵，以及进入我们的思想和意识时的力量和生动性的程度。那些进入时

> 力量最大最猛烈的知觉，我们可以命名为印象；在这个名称之下，我包括了首次出现在灵魂中的所有我们的感觉、激情和情感。所谓观念，我指的是这些在思维和推理中的微弱的印象，
> 56 诸如所有为现在的谈话所激起的知觉，仅仅除了那些产生于视觉和触觉的知觉，以及除了它可能会遇到的当下的快乐或不快。

观念因此就是对印象的微弱的反思。虽然印象这个词可能倾向于传达这种观点，即它们是由某种超越它的东西印刻在心灵上的，但是休谟告诉我们，他并不是要它“表达我们的生动的观念产生于灵魂中的方式，而只是知觉本身。”一个复杂的观念，诸如新耶路撒冷的影像或一座金山的影像，可能不是一个复杂印象的摹本；但是，至少形成它的那些简单观念却是简单印象的摹本。感觉印象在先；这些印象在记忆和想象中得到重复；观念自身可能也导致反省的印象，就像欲望和厌恶，希望和恐惧一样，它们反过来也可能在观念中被替代。印象因此是我们的知识的材料，而在观念中，这些材料以更微弱的相似性被复制，它可能会被重新安排、组合与互换。所有其他的印象，以及所有的观念最终都是来自于感觉印象。

休谟具有一种不为洛克所知的逻辑活力（logical vigour），他接着把这些原则应用到对哲学争议的解决上。因此，他把贝克莱的理论，即一般观念只是附着于一个一般名称的特殊观念，热情地承认为一个伟大的和很有价值的发现。按照这种理论——它要比贝克莱古
57 老得多，观念呈现给心灵，当一个类名诸如“人”，这个一般名称使我们能够把这个影像用作所有其他人的标志（type）或记号（sign）。休谟的前提迫使他立刻决定支持这种唯名论学说。我们的观念是我们的印象的摹本，观念和它们只是在力量和生动性上存在差异；在其他各个方面，对于一者为真的东西对于另外一者来说也必定为真。由于所有的印象都是特殊的，所以所有的观念必定同样也是特殊的。因此，我们就被导向这样一个悖论，即“某些观念在其本性上是特殊的，但是在它们的表象中又是一般的，”一个特殊的观念通过附着于一个一般的名称就变成一般的。作为对贝克莱和休谟的反驳，有人可能说，一般的观念实际上不同于特殊的印象。一个名

称是一般的，仅仅因为它表达了一个类的思想。当我们把一个特殊的个体或影像**看作是**“同一种”所有其他的个体时，我们显然是超出了这个个体，而注意到那个类借以形成的各种属性，以及为它每一个成员所共同拥有的各种属性。但是这些考虑从一开始就被休谟的印象和观念学说排斥在外了。他能够一贯地加以承认的唯一观念就是特殊印象。我们已经开始看出，休谟如何坚决地使我们受制于他的根本假设。我们还可以进一步看出，心灵和物质的整个世界，
如何被还原为如此众多同时发生或接续着的特殊印象，以及如此众 58
多与联想法则一致的相互接续的特殊观念。

如果我们所有的知识真的都来自于印象，那么就必定存在着意义和实在的唯一标准。印象的检验就是每个被**看作**是知识的东西都要经受的普罗克拉斯蒂斯之床（Procrustes’ bed），我们所有的不能被表明其起源是来自于这个来源的虚构知识将会立刻被截去。我们在《人性论》中的一个很早阶段就遇到了这个论证，在那里休谟挑战对于实体的信念：

> 我不得不问那些哲学家们——他们将他们的大部分推理都建立在实体和偶性的区分之上，并且想象我们对于其中任何一个都有清楚的观念，实体这个观念是来自于感觉印象，还是来自于反省印象？如果它是通过我们的感觉传达给我们的，那么我就问，它们当中的哪一个，以及以什么方式？如果它是通过眼睛被知觉到的，那么它必定是一个颜色；如果是通过耳朵，那么它必定是一个声音；如果是通过味觉，那么它必定是一个味道；其他的感觉也是如此。但是我认为没有一个断言，实体要么是一个颜色，或一个声音，或一个味道。因此，实体的观念必定是来自于反省印象，如果它真的存在的话。但是反省印象自身又可以还原为我们的激情和情感，而其中没有任何一个能够表象实体。我们因此并没有区别于一个特殊性质集合的实体的观念。当我们谈到它或者推理它时，我们也没有其他任何
> 意义。 59

休谟在这段文字中所依据的原则在《人类理智研究》中得到了

更为概括的表达：

> 因此，当我们怀疑某个哲学术语被使用而没有任何意义或观念时（情况经常都是这样），我们只需要研究一下：**那个假定的观念是来自于哪个印象**？如果不能确定任何一个，那么这就证实了我们的怀疑。通过如此清楚地揭示各种观念，我们便可以合理地希望消除所有关于它们的本性和实在而产生的争议。

这些句子虽然很简单，但是却包含了休谟的整个怀疑主义哲学的关键。它们打开了通往他的这些讨论之路：(1) 因果关系；(2) 物质世界的本质和实在性；(3) 人格同一性。就所有这些主题而言，他的思想的影响至今仍然活着。

其一，因果关系。人类的知识可以被**看作是**由两个圆所构成——一个内圆，一个外圆。内圆是观察和记忆的领域，而无可比拟的大圆则包括推理的各种结果。当我们超越直接知识或记忆的证据，而得出关于事实的结论时，休谟说我们的推论依靠的是因果关系。正是因为如此，我们才能追溯自然进程中的一致性，以及从原因推至结果，或从结果推至原因。他承认，原因和结果之间存在着必然联
60 系，这是所有人的普遍信念。但是这个观念的起源是什么？只有当我们能够指出它由之而来的那些印象时，这个问题才能得到回答。他告诉我们，所有的事件彼此之间似乎都是完全松散的和各别的。例如，当一个弹子球撞击另一个时，被传递到第二个弹子球的运动就是不同于在第一个弹子球中被观察到的事件。经验告诉我们，我们**看作是**相对的因果关系的事件总是彼此接近的，而且原因先于结果。但是它并没有揭示它们之间的联系的任何纽带或必然环节。

那么，为什么我们宣称这是必然的，即每一个事件都应该有一个原因？为什么我们断言，特殊的原因必然有特殊的结果？每一个变化都必定有一个原因这条公理被一些人**看作是**一个直觉的原则或规律性的原则——可能在世界史的某个相对较近的阶段就已经被规定了真理，但是人们总是准备按照它去行动，而从不怀疑每一个事件在某种来源中都有自己的起源，不管是自然的还是超自然的。但是在休谟的最初假设（即我们所有的观念都是从印象摹写而来）面

前，这个理论立刻垮塌了。在《人性论》中，他进一步把他的这个陈述即“原因和结果的观念是明显不同的”强迫至这一结论，即“我们很容易设想任何对象这一刻不存在，下一刻又存在，而无需把它和一个原因或生产性原则这个不同的观念结合在一起。”换句话说，很容易想象，因此很容易认为这一点是可能的，即一个对象可以没有
原因地存在！ *61*

通过这种快速的方法发现了因果关系法则只能来自于特殊事实的经验后，休谟接着进行这一专门研究即为什么我们断言特殊的原因有特殊的结果。他对这个问题的回答见之于事件的恒常结合。单单经验就能够教给我们，特殊的对象或事件恒常地结合在一起。除此之外，没有人会发现火药的爆炸或磁石的引力。对象中没有任何东西仅仅就其自身而言能够提供一个得出超出它的结论的理由。一个事件与其原因的结合似乎是完全任意的。人类的理性可以发现一致性，并且可以把这些再还原为更简单的一致性，但是它不能再往前走了。因此，正如休谟意味深长地说的那样：“最完善的自然哲学只是稍长一点延缓了我们的无知，就像最完善的道德哲学或形而上学哲学只是用来发现它的更大的部分一样。”

但是这里产生了困难，即我们关于特殊事件的经验，无论它们的结合怎么恒常，并不能给予我们任何理性的权利来将我们的推论扩展至这些之外。我们已经获得关于某种事实的知识，它们属于我们的认识范围。我们的陈述对于这些是有效的，但是我们凭什么权利把那个陈述扩展至其他的对象和时间？正如休谟注意到的那样，“这两个命题完全不是相同的：**我发现这样一个对象总是伴随着这样
一个结果**以及**我预料其他那些看起来相似的对象将会伴随着相似的** *62*
结果。”从其中的一个命题到另一个命题，我们借以度过生命中每一天的东西似乎是世界上最自然的转换。作为一个行为者，休谟十分满意这个转换的合宜性（propriety）；但是作为一个有几分好奇心的哲学家，更不用说怀疑主义了，他想知道其基础。他问道，这个推理建立在什么论证过程之上？说它是实验的是在窃取论题（begging the question），因为已被观察到的东西并不能自然而然地预先给予我们关于遥远之物以及未被观察之物的任何信息。正如休谟指出的那样，事实就是，在所有这样的推理中我们都在假设因果关系的一致

性，并且把这一点视为当然，即和那些已经被经验过的东西相似的结果总是来自于相似的原因。如果我们怀疑自然进程可能会停止一致，那么过去的经验就不可能产生关于未来之物和未知之物的任何推理。因此，这个紧迫的问题就是，按照经验主义哲学的前提，我们如何能够解释我们在归纳推理中以及在我们对未来的预测中所作出的关于一致性的这个巨大的假设?

作为对这些“怀疑主义怀疑”（sceptical doubts）的“怀疑主义解答”，休谟求助于习惯（custom）或惯习（habit）。当我们观察到两个事件的恒常联结时，我们就被习惯而不是推理从另一个的出现预期这一个。习惯因此便是人生的伟大指南，使我们预期未来和出现在
63 过去的事件相似的一系列事件。对因果序列的信念只是意味着某个对象呈现给记忆或者各种感觉，以及那个对象和其他某个对象之间的习惯性联结。然而，对这个困难的这种解答需要一种特别的信念理论。我们可以理解，一个对象或事件可能暗示着和联想法则一致的另一个，但是为什么它会激起我们这样一种信念，即如果有其中一个，我们就总是会有另一个? 休谟已经准备好了他的理论。他告诉我们说，“信念不是别的，而就是一个对象的更为逼真、生动、有力、牢固、稳定的概念。”更大的力量和生动性这一标准是他最喜爱的资源之一。他已经用它作为区分印象和观念的标记，现在它又成为他能够想到的信念和想象之间的区别性特征。习惯性的转移赋予了观念以更大的生动性和力量，因此就把它从想象的一个虚构变成实在中的一个坚实的信念。

休谟将关于物质世界现象的分析扩展至心灵的事实。在二者中，他都看到了接续的一致性，仅此而已。意志对身体运动的影响仅仅为经验所知，我们并不知道心灵借以作用于神经和肌肉的方式，也不知道意志作用影响某些器官而不影响其他器官的原因。他也不能在意志作用于我们的观念或情感的结果中洞察到能力或效能的任何踪迹。这里，正如在外部自然中一样，在原因和结果之间没
64 有任何可辨别的联系，它们联结着，但并不是联系着的。他为必然性学说进行辩护，理由是我们能够从其他人的环境和性格推出他的行为。他非常真挚地指出，如果没有动机，就不可能存在任何道德。但是，对他来说，必然性仅仅意味着产生于过去恒常联结的推

理能力。动机和意志作用，就像所有其他的事件一样，是“松散的和各别的”。它们只是作为先行者和伴随者而联结在一起，它们一起发生，因此我们判断它们可能是重复的。唯一的必然性产生于习惯性联想的力量。可以被承认的唯一自由是摆脱外部限制的自由。

因此，由于不能实现从被观察者到未被观察者的合理过渡，休谟就像一个魔术师，在围绕他所划的那个魔法圆圈（charmed circle）中获得安全，但是在他所借助的那种精神面前却不能够超越它。在观察的诸事实中，他认为自己是安全的；但是他曾提出过那种哲学怀疑的精神，所以直到这种精神被确定，作为一个哲学家他才会承认自己不能摆脱他被困于其中的那些限制。如果我们所有关于因果关系的知识建立在我们对作为仅仅是共存的或接续的现象的观察之上，那么，他坦率地承认，我们就不可能证明我们可以就科学推理的过程，甚或我们的日常生活的平常推理进行推论。他用一个想象的世界（其中惯习将观念和印象联系在一起）代替了一个有秩序的和稳定的世界，只有这个世界才能给予我们合理推理的权利。我们
基于过去经验而形成的盲目预期可能会实现，也可能实现不了。自 65
然的进程可能继续是一致的，也可能完全被改变。条件可能产生不了它们的结果，也许，对象和事件未来可能没有原因而产生。休谟非常自得地承认，他所达到的结论是最为极端的悖论。然而，我们却只能崇拜他的推理的清晰性和说服力，尤其是当我们把它和一些新近的思想家们的推理相比较的时候，他们从相似的前提出发，以为建立因果一致性的逻辑证明是可能的，除了我们对它们的信念所作的心理学解释之外。值得赞扬的是，休谟并没有处于这样的幻觉之下，他事先就反驳他们的论证是“明显地兜圈子，以及把正在被讨论的论点视为理所当然”。从狭义上的经验（如表示实际上被观察到的东西）到较为宽泛意义上的经验（如包括我们的因果推论），存在着一条按照经验主义哲学的前提无法进行推理的鸿沟。

但是，如果我们大胆地去怀疑这些前提——也许我们会被它们所导致的结论惊吓到，那么事态的整个方面就都要被改变。甚至在心理学上，我们也可能看到休谟被他自己的这种作法即把我们的意识状态还原为印象和观念推至何种境地。人的理智装备的这些东西不够充分，所以感觉就被用来充当知觉对象（percepts），而记忆观念和

66 想象观念也以概念、判断和推理的名义出现。只是作为支持他的怀疑主义解答而引入的他的信念理论不需要被当真。一个当下感觉所暗示的影像无论怎么生动，它都绝不可能等于超出它自身的一个关于实在的断言或者给予我们关于实在的保证。如果我们的信念仅仅是通过生动的想象这个途径而获得，那么真理和虚构之间的差异就消失了。

所以，从哲学的观点看，如果我们开始怀疑我们所有的知识都是来自于印象和观念，那么我们就可以自由地推测，在阐明被呈现给它的材料时，心灵就会因为各种规范性原则而摇摆不定，而这些原则中的一条就是每一个变化都必定有一个原因这个法则。还是这一陈述，即事件彼此之间都是松散的和各别的，与事实相反。其结果，即任何事件将来都可能从其他任何一个事件而来，会使我们陷入无数的荒谬。哈奇森·斯特林博士（Dr. Hutchison Sterling）对因果关系的评论比他给予它们的配得上更大的名声。他提供了一些有趣的例证：

> 当太阳升起的时候，今天它就是白天，就是我们所听说的任何一个白天；但是明天它可能就变成了晚上。一颗抛到空中的石头今天归来，但是明天它可能就回不来了。软木现在在漂浮，但是将来它可能就沉下去了。刀子现在可以削苹果，但是一个小时后这把刀子可能就削不了苹果。今天糖可以使茶发甜，但是明天它就可能使它变咸。今天棍子可以打破窗户，但
> 67 是明天窗户可能打破棍子。

原因和结果，正如这个相同的作者所指出的那样，实际上就是同一个（one and the same）事件的两个阶段。如果我们分别地思考这些条件，以及在它们聚集到一起以构成那些条件——严格地说，它们就是原因——的总和之前，我们就可以把它们**看作是**与结果不同的。然而，直到那些条件实际上聚集到一起，我们才拥有原因，也正是在那一刻我们才拥有结果。把原因和结果结合在一起真的没有任何神秘的纽带。处于因果序列中的各种事件的结合在大部分情况下都是开放的和明显的。运动之流，无论是实际的还是潜存的——它可能

总是实际的——不断地流动，虽然在现象上多种多样，但是在数量上却没有变化。因此，科学越是深刻地使我们能够深入研究事物的本质，我们就越是清楚地看出事件之间的联系以及为什么如此这般的条件就有如此这般的结果的原因。休谟使我们的注意力集中在对象和事件的多样性上，而不理会把物质宇宙结合到一个整体系统中的各种联系。或者，再引用哈奇森·斯特林博士的话：

> 在因果性的所有情形中，第一个并不就正好在这一边，而第二个正好在那一边，因为它一劳永逸地就是如此；在所有因果性的情形中，在两边之间存在着——不管我们知道与否——一个沟通之门。休谟假装关上了这扇门，于是半打值得尊敬的人就都相信他说的是真话！ 68

当我们超出物质事件的领域，能量守恒法则就不再适用了。我们不能够看出，为什么由于意志作用的缘故，神经中心的刺激结果就应该导致某个肢体的运动。但是我们接受这个事实，并且依靠一致性这个预设，预期这个序列可能会被重复。然而，当我们转到把动机作为影响意志作用时，我们不知道为什么我们要去意欲？我们的动机——用这个词来指推动性的情感（prompting feeling）和理想的目标（ideal end）——就是我们的行动的理由。如果被问及我们为什么以某种方式去意欲，我们就只能陈述我们的动机，因此意志作用就变得容易理解了。动机和意志作用是完全各别的和没有联系的这一断言的最显著特征是它的大胆。正如休谟所说的那样，如果没有动机，就不可能存在任何道德；但这是对他在语言上已经否认的动机和意志作用之间联系的实际承认。如果意志作用是由其动机的特性来判断的话，那么这种联系就是被承认了。我们可以承认动机和意志作用之间的一致性联系，然而同时坚持在意志作用和物质世界中所发生的任何事件之间的巨大差异。在我们的行动中，我们并不是被一种推动我们的盲目力量所驱使，我们不知道什么原因，我们也不知道哪里。我们被我们的理想所引领。我们至少能够“通过崇拜、希望和爱”而生活。

其二，物质世界。如果我们所有的知识最终都是来自于印象，

69 那么立刻就可以看出，我们没有任何权利断言物质事物的存在，除了印象或观念以外。我们甚至不可能形成明确地不同于我们的知觉的任何东西的观念。休谟说，人被一种自然的本能或预先假定裹挟着相信他们的感觉，假定他们的印象就是不同于以及独立于我们自己的外部对象。“但是这种所有人的普遍的和基本的意见很快就被一种最微不足道的哲学所摧毁，它教导我们说除了影像或知觉，没有任何东西能够被呈现给心灵。”接下来是什么？我们可以断言知觉的存在，但是没有任何合理的根据进而断言物质宇宙的持续的和独立的存在。

如果常人错在混淆了他们的印象和独立的实在，那么哲学家们至少同样错在这个假设上，即我们唯一能够认识到的知觉就代表了超越的实在。

> 这是一个事实的问题，即各种感觉的知觉是否由和它们相似的外部对象所产生：这个问题如何才能被决定？当然是通过经验，就像具有相似本质的其他问题一样。但是在这里，经验是，而且必定是完全沉默的。心灵除了知觉决没有任何东西呈现给它，而且不可能达到关于它们和对象的联系的任何经验。因此，关于这样一种联系的假设在推理中没有任何基础。

这一点非常明显，所以在《人性论》中对这个主题的考虑中，
70 休谟主要忙于一个关于持续存在和独立存在这一虚构的起源的巧妙理论。它不可能来自于感觉印象，这些都各不相同，而且在本性上完全是精神的。哲学家们承认，第二性质，诸如颜色、声音、味道和气味，除了我们的感觉作用外没有任何存在；他们赋予所谓的第一性质以更高贵的品质，主张物体的广延、形状、运动和不可入性为我们的知觉所如实地表象。像在他之前的贝克莱一样，休谟拒绝了这种区分，理由是我们关于第一性质的知识和主动的触觉感觉作用（sensation of active touch）以及视觉感觉作用（sensation of sight）不可分别地纠缠在一起。心灵因此不能给予我们关于心灵和物质这种二元存在的任何信息。理性也不可能。我们对于一个独立的物质世界的信念必定是想象的一个虚构物（figment）。休谟假设它产生于

我们的印象的恒常性和连贯性。在许多情形中，不同时间经验到的印象是精确地相似的，就像当我们不时去沉思房屋或沉思山岳一样；当变化发生时，我们发现它们是以一种有序的方式发生的。因此，在把过去和现在结合起来时，我们被引导着把物质世界看作是某种实在的和持久的东西，以及当它不再被呈现给知觉时，它仍然会维持其存在。知觉是不同的，虽然它们是相似的，但是“想象沿着和知觉相似的那些观念的平坦通道使我们把一种完美的同一性归之于它们。”持表象理论——把物质世界看作是反映在我们的知觉
中——的哲学家并不比常人好到哪里，而是还要更差些。他抛弃了自 71
然的冲动，这种冲动使我们相信直接认识那些和知觉的心灵不同的物质事物；但是对他来说，自然最终是太过强大了，因此他被引领着虚构物质的独立实在，徒劳地尝试在一个体系中调和自然信念和哲学反思这两种相反的原则。

在有几段文字中，休谟假设我们的感觉——印象可以为某个超越它们的实在所引起，主张这种实在的本性必定仍是未知的。因此，他把感觉印象说成是由于未知的原因而产生于心灵之中。为了挑战洛克的追随者们试图证明我们关于第一性质的知觉来自于和它们相似的实在，他问道，它们“是否可以产生于心灵自身的能量，或者某个不可见的和未知的精神的暗示，或者某个其他的还更不为我们所知的原因”。他的结论是，对于这样的问题，不可能回以任何回答。在对因果关系的讨论中，他已经把这个观念搁置一边了，即我们的知觉是因为那个至上的存在者的万能的能量。“在我们达到我们的理论的最后一步之前很久，我们就已经进入仙境了；在那里，我们没有任何理由信任我们通常的论证方法。”如果我们能够从我们的知觉推至外在于它们自身的原因，那么那个原因必定是完全未知的。

> 剥去物质的所有可理解的性质，无论是第一性质还是第二
> 性质，你就以某种方式消灭了它，而只留下某种未知的、不可 72
> 解释的东西作为我们的知觉的原因；这个观念是如此的不完善，所以没有一个怀疑主义者认为值得去反驳它。

赫尔伯特·斯宾塞先生（Mr. Herbert Spencer）的不可知能力（unknowable power）对于休谟来说就会像是一个太不实际的虚构，而不值得怀疑主义的攻击。但是他平常所采取的观点，以及唯一和他的哲学前提一致的观点就是，我们根本没有任何权利转向外部的原因。他的因果关系理论把他限制于知觉的序列，从而把贝克莱曾经无批判地假定的动力因原则给排除掉了。

因此，在休谟身上，我们再次拥有了贝克莱的观念论的破坏性一面，而没有英格兰思想家们的重建努力。我们甚至没有发现休谟把感觉印象说成是实际的物质事物，像贝克莱所做的那样。在休谟看来，这个断言即感觉的所有现象都是精神现象，我们不可能再前进一步，似乎等于否认了物质世界，而所有的人都自然和本能地相信这一点。贝克莱努力地使他的观念论和人类的常识信念保持一致。休谟表明，这些信念和笛卡尔以及洛克的表象论相冲突；他也同样愿意承认，它们和他的怀疑主义哲学相冲突。在我们所听到的讨论中，在休谟的声音里，帕斯卡那句简练格言的回声一再响起：自然使皮浪主义者困惑，而理性则使独断主义者困惑（La Nature confond les pyrrhoniens，et la raison confond les dogmatiques）。最后，他
73 让我们在自然的顽固（它强迫我们相信一个独立的物质世界）和怀疑（它不可能坚持自身，因为它使我们怀疑它建立于其上的反思）之间保持平静。他对这个两难困境的逃避，并不在于他把他的反思推进得更远，而是在于把它们完全抛弃。

> 只有粗心大意和漫不经心才能给我们提供治疗的方法。由于这个原因，我完全依赖于它们；并且视此为理所当然，即无论此刻读者的观点可能是什么，一个小时以后他可能就会相信，既存在一个外部世界，也存在一个内部世界。

他的怀疑主义攻击至少有这样值得称赞的地方，即它不可改变地动摇了当时流行的知觉理论。他对自然本能或预先假定的断言——虽然他怀疑地把它们还原为不可避免的幻觉——指明了苏格兰哲学的新起点的方向。

其三，人格同一性。按照假设，既然我们的知识来自于印象，

休谟就能够迅速解决自我或精神实体，它被假设为不过是意识状态
的集合。他评论道，“我们称为心灵的东西不是别的，而就是一堆知
觉或知觉的集合，它们被某些关系联合在一起，被认为，虽然是错
误的，具有一种完美的简单性和同一性。”如果这个断言受到质疑，
那么他只有“要那些哲学家们——他们声称我们拥有关于我们心灵的
那个实体——指出产生它的那个印象”；按照这个前提，一个否定的 74
结论就是不可避免的。如果有人说，实体是“某种可以单独存在的
东西”，那么这绝不是对这个困难的回答；他也遭遇到这种相反的断
言，即我们的知觉是“不同的和各别的”，而且“不需要任何其他的
东西来支持它们的存在”。此外，他问那些相信一个简单的和不可分
的主体的人，他们如何能够把这个和我们的“广延知觉”（extended
perceptions）调和在一起。我们只有在我们的知觉中才能认识广延；
我们所有的知觉都是心灵的样式；但是如何能够坚持一个非物质的
和没有广延的实体（我们的广延知觉就是其样式）的存在？摆脱这
种困难的唯一途径是拒绝精神实体这个假设；的确，不可能设想任
何事物怎么能够既保持同一，然而却又容许我们所认识到的那些极
大的和各种不同的变化。如果我们采取这个结论，即所有我们的知
识都局限于知觉，那么他认为我们就可以免于人们提出来的关于物
质对心灵之影响的各种困难。我们习惯上称为物质的东西只是一个
知觉的集合；我们习惯上称为心灵的东西是另一个知觉的集合；既
然因果关系被还原为先行关系和伴随关系，那么假设某些知觉和其
他某些知觉恒常地结合在一起没有任何荒谬之处。“由于对象的恒常
结合构成了因果关系的本质，所以物质和运动经常就可以被看作是
思想的原因，就我们拥有关于那种关系的观念而言。”按照这些术
语，诸如休谟那样的观念论就和这种学说——如果用日常语言来表达 75
的话，名称就会是物质主义（materialism）——相去不远。

关于自我而不是一堆知觉的存在这个问题，休谟进一步问：“这个观念会是从什么印象来的？”他诉诸意识，在经过考察之后，他宣称除了不同的、可区分的和各别的知觉外看不出任何东西。“就我来说，”他说，“当我最为详尽地进入我称为自我（myself）的东西时，我总是会偶然碰到某种特殊的知觉或其他，热或冷，亮或暗，爱或恨，痛苦或快乐。没有知觉，我从未能在任何时间抓到过自我，并

且除了知觉外没能观察到任何东西。”他从未能不需要知觉而抓住自我，这一点的确是真的；但是，除了知觉，他从未认识到任何东西？费瑞尔说，“这也许是哲学冒险中作出的最大胆的断言。”休谟承认，我们习惯于把同一性归之于我们的“接续的知觉，并且假设我们自己在我们人生的整个过程中都拥有不变的和不间断的存在。”但是，这是一个幻觉，他接着解释这一点，正如他解释关于一个独立的物质世界的虚构。由于我们的同一性观念和多样性观念不一样，所以在我们的平常思想中我们经常会混淆它们。当想象沿着一系列知觉顺利地前进时，这就和我们沉思相同的不变对象一样不用努力。因此，我们就被引导着用同一性的观念代替了接续知觉的观
76 念。让位给这种错误之后，我们就虚构了一个不可理解的联想原则，并且陷入永恒自我的幻觉。甚至当一个对象被知道经历了巨大的变化时，就像在被修理过的一艘船这种情形中一样，我们还是把它说成是相同的，只要它的目标或目的没有改变。在植物和动物的情形中，当我们进一步认出各个部分之间的共鸣或合作时，我们也把它们看作是相同的，虽然在许多年间它们已经完全改变了。一条河也是如此，虽然在连续不断地改变，但是它仍然被认为是相同的。在这些情形中，“我们归之于人的心灵的同一性只是一个虚构的同一性”。我们的知觉是不同的存在；它们不是真的结合在一起，而只是在想象中被联系起来。我们关于人格同一性的观念因此来自于思想沿着一行观念所作的顺利的和不间断的行进，这些观念因为相似或者因为恒常的结合而被联系在一起。记忆，因为它使我们认识了我们的知觉的连续序列，所以是人格同一性这种错误信念的根源。

对于这一点休谟是严肃的吗，抑或就像他曾经是那个好脾气的大男孩一样只是在尽量利用自己的简慢的、自豪的才智？不管怎样，我们可以注意到贯穿于他的陈述和解释的两条不同的和不一致的思想线索。我们的知觉彼此之间是不同的和各别的；他说，它们不是真的结合在一起。然而，他同时又告诉我们，它们是“被某些关系联系在一起的”，它们是“相关的对象”（related objects），“联系
77 着的观念（connected ideas）”。虽然不同的知觉并不会变成一个，但是仍然存在着通过相似、接近和因果关系这些“联合原则”（uniting prin-

ciples）的观念联想。因此，我们的知觉终究不是完全松散的和各别的；我们能够认识到它们只是相关的。休谟从未将他的关系学说（它们是心灵通过比较对象而发现的）和他的根本原则（即所有的知识都来自于印象，观念则是印象的摹本①）调和起来。至少要承认，我们把我们的知觉分辨为同时的或接续的，像或是不像，并且它们在记忆或想象中被联合起来。一个死的同一性很可能被否认。但是休谟所开的玩笑是代替对自我的那个综合，他在字面上否认联想、记忆和想象的综合。他承认，存在着一个我们借以联系我们在相同序列中的各种知觉的原则。记忆，正如他真诚地说的那样，是我们人格同一性观念的必要条件——没有记忆，我们就不可能把过去和现在联
系起来；但是当这样考虑时，除非有另一个关于那个有意识的和在 78
记忆的自我的名称，把它的各种不同状态联合在一个序列之中，否则什么又是记忆？

休谟本人并不隐藏他的立场的不一致性，在“附录”中他就对此作了坦承。在重复这些观点即我们所有的知觉都是不同的存在，以及当他反思自己时，他除了知觉外从未能够观察到任何东西之后，他断言能够被证实的唯一的心灵或自我必定是由各种知觉的合成物所形成。但是这个困难在于，松散的和各别的知觉——在它们之间没有发现任何联系——如何能够被结合起来。他放松了我们的所有特殊知觉，因此当他试图解释把它们束缚在一起的联系原则，并且让我们赋予它们一种实在的简单性和同一性时，他意识到他的解释是非常有缺陷的。

> “但是我的所有希望都消失了，”他说，“当我开始解释在我们的思想或意识中联结我们那些接续的知觉的原则时。我没

① 在《人性论》中，他给出下面这张关系列表：1. 相似；2. 同一性；3. 空间和时间；4. 数量或数；5. 程度；6. 相反；7. 原因和结果。在《人类理智研究》中，他在观念的关系之下又包括了“几何、代数和算术这些科学，简而言之，每一个要么是直觉地确定的主张，要么是可证明地确定的主张。”他说，这些命题“仅仅通过思想的运作而不需要依赖于存在于宇宙中任何地方的东西就可以发现。”这就离开了《人性论》中的立场，在那里休谟认为我们的数学判断，加上我们关于空间和时间的观念，都是来自于感觉现象。这个怀疑主义结论随之而来，即数学家不可能获得关于他的那门科学的最显而易见原则的任何不可错的保证。

> 能够发现任何理论，在这个标题上让我感到满意。简而言之，有两条原则我不能使之变得一致，也没有能力抛弃其中任何一个，这就是：**我们所有不同的知觉都是不同的存在**，以及**心灵决不会知觉到不同存在之间的任何实在的联系**。如果我们的知觉要么是某种简单的和个别的事物的固有部分，要么心灵能够知觉到它们之间的某种实在的联系，那么在这种情形中就不会
> 79 存在任何困难。就我来说，我必须恳求一个怀疑主义者的特权，并且承认这个困难实在是太艰难了，我理解不了。”

这难道不像是他仿佛在嘲笑他本人的解释的不充分性，以及急着在其他人面前揭露自己的戏法？他对人格同一性的幻觉本质的解释在《人类理智研究》中没有任何地位。

通过一种非凡的转变，休谟的怀疑主义结论已经变成了一个哲学学派的正面学说，它主张我们的知识局限于现象；物质世界可以还原为各种感觉；心灵自身只是各种感觉和其他的意识状态的集合；因果关系没有任何意义，就是有序的序列，被联想扩展至过去、未来和远处，并为每一个接续的经验所证实。因此，重要的是，应该清楚地理解，休谟的结论是一个怀疑主义者的那些结论，而不是一个正面的教师的结论。他不是一种新哲学的倡导者，而是那种旧哲学的破坏者。不能断言说，他的结论满足了他的理智。关于自我的本质和存在，他恳求一个怀疑主义者的特权；他把物质世界的逻辑毁灭说成是“最过分的怀疑主义”，除了存在于我们的知觉中之外；他提出了“关于怀疑主义怀疑的怀疑主义解答”。在他的《人性论》中，他预示了一种更为真实的哲学的产生，相似地，它或许会代替现行体系，以及它似乎导致的怀疑主义。

> 80 他说，“虽然一种温和的想象被允许成为哲学的一部分，以及仅仅因为似是而非（specious）和令人愉快（agreeable）而把假设也包括进来，但是我们从来没能拥有任何稳定不变的原则，也没有任何与惯例（common practice）和经验相称的情感。但是一旦去掉这些假设，我们或许希望可以确立一个体系或者一套观点，这些观点即使不是真的，至少也可以让人类的心灵

满足，并且可以经受最苛刻考察的检验……真的怀疑主义者既不相信他的哲学信念，也不相信他的哲学怀疑”。

在他的第一本书出版之后，他写信给哈奇森：“一般说来，我倾向于在冷静的时候怀疑，我的大部分推理在提供线索和激发人们的好奇心上比包含可以扩充知识库存的任何原则更有用处。”随着时间的推移，他的怀疑主义态度变得更加明显，因此他谴责他的《人性论》中的“肯定的态度”。在他的《人类理智研究》中，他一再把哲学看作是理性对人的自然本能的反对，反过来把怀疑主义看作是通过理性的途径战胜哲学。例如，和自然本能相反，哲学教导说，“所有的感觉性质存在于心灵之中，而不是对象之中”；怀疑主义走得更远，断言在那种情形下一个独立的物质世界的信念是没有根据的，并且违反理性，“至少”，他意味深长地补充道，“如果这是一条理性的原则的话，即所有的感觉性质存在于心灵之中，而不是对象之中”。在一封写给里德的信中，他宣称要分享一些荣誉，如果他的推
理的连贯性使他的后继者更为严格地重新检查他由之开始的共同原 81
则，从而意识到它们的无用。在我看来，休谟哲学的大部分精神在他写给吉尔伯特·艾略特爵士（Sir Gilbert Elliot）一封信的几行字中说了出来：

“如果为了回答已经产生的这些怀疑，就必须主张哲学的新原则，那么这些怀疑自身难道不就是有用的吗？它们比盲目的和无知的赞同不是更可取吗？我希望我能够回答我本人的怀疑；但是，如果我不能够，这有什么可感到惊讶的吗？为了摆架子和说大话，难道我就可以不去注意哥伦布并没有征服帝国，以及在殖民地上种庄稼？”

并不是由于当时他提供了大量正面的真理，而是提出怀疑和揭示各种不一致性，休谟指明了通往思想新大陆的道路。

休谟在他的《人性论》和《道德原则研究》中讨论了道德基础。虽然我们自然地把《道德原则研究》看作是他的晚期思想以及更为成熟思想的表达，但是那本早期著作也不应该被忽视。正是在

这里，他更加具体地将其思辨哲学和实践哲学联系在一起。既然我们的所有知觉，包括我们关于道德的判断，都可以还原为印象和观念，那么这个问题就产生了，即“**我们是通过我们的观念还是通过印象来区分恶和德，以及宣称一个行动是应予谴责的还是值得赞扬的。**”或者，就像他用不同的方式所说的那样，道德是来自于理性还
82 是来自于情感？他拒绝了前面一个选项，理由是理性——照他理解的那样——不可能影响我们的行动或情感。理性可以发现真或假，但是不能产生意志作用或者成为像良心这样一条积极原则的来源。道德因此必定是建立在情感之上，就像我们的声音感觉和颜色感觉一样，完全依赖于“人类的特殊结构和构造”。他愿意承认，理性和本能同时出现在几乎所有的道德判断中；但是，最终的裁决依赖于情感，而理性的职能只是存在于揭示那种情形的物质状况，以及指出通往情感所赞成的目的的途径。

有人主张，善和恶借以为我们所知的印象只能是特殊的快乐和痛苦。当一个行动，或情感，或品质被称作善或恶时，所有的意思就是，它在旁观者的心灵中产生了一种特殊的快乐或不快。建立在这些快乐和痛苦之上的道德区分在《人性论》中被说成是来自于一个道德感。但是休谟并不承认，像哈奇森所做的那样，道德感的快乐和痛苦，除了社会情感的之外；而在《道德原则研究》中，所有涉及道德感的地方都被合宜地放弃了。简单地说，他的理论是，道德是由包含在社会同情中的快乐和痛苦所构成。要评判另一个人的行为是道德的还是不道德的，我们必须超出私人的和个别的立场，
83 而选择一种为所有人都共有的观点。然而，他人的幸福，无论它们可能多么遥远，并不是和我们无关的；他们的幸福给予我们快乐，他们的痛苦传递给我们不安；因此，任何倾向于促进他们的幸福的东西为我们的赞同和善良意志所接受。

在这个理论中，休谟明显受到他的经验主义前提的影响，它们迫使他在情感中找到道德的起源。但是在努力达到他的结论时，他也求助于实验的研究方法，收集人们一般同意称赞或谴责的那些品质和行动的例子，并且试图从中得出道德善恶的共同特征。正如他所说的那样，要证明仁爱的感情引起人类的赞同几乎是多余的。但在称赞仁爱者时，人们总是坚持社会从他的行为中所得到的幸福。

这个推论是显然的，即这些德行在产生幸福时的功利至少形成了它们的价值（merit）的一部分。大众的功利是正义的唯一起源，对这种德行的有益后果的反思是被赋予它的赞同的基础。他的结论是，功利必定是“大部分被归之于人道、仁爱、友谊、公共精神以及带有那种印记的其他社会德行的那些价值的来源；因为它是被给予了忠诚（fidelity）、正义、诚实（veracity）、正直（integrity），以及其他那些值得尊敬的和有用的品质和原则的那种道德赞同的唯一来源”。他补充了这个陈述，是由于注意到还有其他的品质，诸如高兴、勇
气以及仁爱自身，它们都被赞同为直接令人愉快的，并且激发一种 *84*
同情的快乐，除了它们的外在后果。

注意到这一点很有趣，即休谟明确地否认那种会把社会感情和道德自身还原为自爱或对私利的考虑的理论。他不愿相信，最慷慨的友谊是自爱的一种变体，或者当我们似乎在最深刻地从事为了人类的幸福的各种方案时，只是在寻求我们自己的满足。自然和经验的声音，他说，明显地反对这种理论。它受到那些关键案例的反驳，其中个人的利益和社会的利益相冲突，以及受到我们赋予久远年代和遥远国度中的道德行动的那些称赞的反驳，虽然它们不可能影响到我们自己。他采取了巴特勒的理论，即自然迫使我们去追求特殊的对象，诸如权力和名声，以及幸福，只是在这些目标被获得，并且快乐随之而来后，自爱才能促使我们去达到它们的更远追求。然而，他重复道，在每一个人的胸中所激起的同情的快乐或不安是社会感情的来源，以及道德赞同或不赞同的来源。当他开始谈到道德义务的时候，他将此完全建立在把德行归之于承担义务的个体的幸福之上。这里的确是相冲突的要素。

虽然休谟赋予他的伦理理论比提出他的怀疑主义哲学以更大的
确信，但是我们在这里也只能注意到他建立于其上的那个巨大假 *85*
设。他的最初陈述，即快乐和痛苦——出现在事实中，表象在观念中——单独就能够推动意志，或者解释道德的起源，与一种把心灵看作是整个依赖于印象的哲学完全一致。按照这种观点，个人的快乐必定是欲望的唯一对象。因此，他把道德建立在同情的快乐和痛苦之上，虽然它们指的是他人的快乐和痛苦，但是它们必定仍然为个体所感觉到。同时，他机敏地通过否认道德的自私理论以及断言道

德和仁爱的感情都不可能被还原为自爱而给予他的理论以一种慷慨和无私的样子。就他对这个术语的使用来说，休谟在这里必须被理解为把我们可以和整个世界分享的那种对同情的快乐的欲求（the desire for a sympathetic pleasure）从自爱排除了出去。但是仍然必须坚持的是，这种快乐——虽然是同情的——对于那个个体来说是个人的，并且如果他追求他人的幸福只是作为达到这种个人快乐的手段，那么他就并不是公正无私的。至此，休谟似乎主张更为精致形式的利己主义，即仁爱感情的目标是为了保证他人的幸福带给个体的那种同情的快乐。但是他进一步断言——与哈奇森和巴特勒一致，存在着迫使我们朝向特殊的对象而丝毫不考虑个人利益的各种欲望，这些欲望必定先于伴随它们的实现而来的那种享乐。虽然它是真的，但
86 是这种承认对于他的理论来说却是致命的。因为它把快乐和痛苦的印象是欲望的唯一对象这一断言给清除掉了。如果我们一旦承认，除了我们的本性的构造驱使我们去追求的快乐外，还存在着各种目标，那么它就会成为一个公开的问题，即这些目标是什么。我们将不再受到这种假设的限制，即道德的目的主要存在于获得个人的快乐，不管是同情的还是别的什么，并且自由地考虑更多道德上可欲的东西。

功利和愉快这个标准使休谟把所有的自然倾向、理智卓越或道德德行——它们可能导致幸福和同情的快乐——都作为一样值得赞同的东西而归在一起。然而，当人们因为他们不能够帮助的东西而得到称赞或遭到谴责时，这就背离了伦理的立场。道德的判断直接专注于所有自主的东西（what is voluntary），以及各种精神的惯习和倾向，只要它们已经或者可能为意志所改变。对于道德来说，问题并不是这些情感或欲望是否呈现给了心灵，而是我们是否保留和激发了它们；不是某些能力对于我们来说是否是自然的，而是我们是否把它们作为我们应该做的那样培育了它们。如果产生幸福是道德赞同的唯一标准，那么我们大可以问——就像休谟在一段文章中所说的那样——既然无生命的对象可以促进我们的幸福，那么为什么我们不能把它们也说成是有德行的，就像我们说人一样？他的回答是，在这两种情形中，功利所激起的情感是不同的；其中一个是和感情、尊重、赞同混合在一起，而另一个则不是。但是这一回答使我们超越

了功利标准，并且把我们的注意力集中在人格性这个事实上。每一 87
个试图区分不同种类快乐的道德学家都被迫考虑其各种不同的来源。所有的差异都存在于这里，而不是对各种快乐本身的区分中。把我们的道德赞同限制于人类表明，他们的道德价值并不是见之于对他们的品质或行动的沉思可能产生的快乐中，而是和它们接近的一种行为理想中，具有自我意识的存在者们和道德的存在者们能够将它们置于自己之前。

正是只从旁观者的观点出发，休谟才努力地解释道德情感。但是假设道德是由他人思考我们或感觉我们所构成，无疑颠倒了真实的秩序。我们每一个人都感觉到，他认识到的那些道德戒律在约束着他自己，虽然他必定同时认为它们同样也是他人的责任。道德法并不是对其他人的同情快乐的微弱反思；它就是一个人施加于他自己的本质，正如格林所说的那样。按照休谟的理论，“内心之人”(man within the breast) 转变成一个公正的和亲切的旁观者，他可能会被他所能形成的关于过去的快乐和未来的快乐的表象所打动，强烈或微弱视情况而定。即使如此，休谟还是不得不采取这个致命的一跃，即从实际经验到的情感到应该被做的行动以及我们应该争取
形成的品质。快乐和欲望这些纯粹的事实自身中并不包含义务的 88
律令。在他的《道德原则研究》的结尾处，当他面对道德义务这个问题，并且追问“我”为什么这样行动时，他的唯一回答是它会导致个体的幸福。然而，如果这个世界就是一切的话，那么就不可能确立德行和个人利益之间的完全一致；休谟也解释不了个人幸福的目的或者手段和那个目的的适合如何能够产生道德义务的观念。正如他说的那样，对正直的意识对于一个诚实的人来说无疑是必需的；但是虽然幸福源于意识，道德义务却不可能从意识中得来。如果诚实能够为自己主张的一切就是它是最好的策略，那么正如卡莱尔所说的那样，这个世界最好从数调羹开始，以留心飓风和地震结束。

休谟的伦理哲学的价值并不在于其正面的结论，而是在于它与在它之前的经验主义的联系，以及它对后来的功利主义理论的阐述。能够看出经验主义哲学的局限，以及看出由眼光敏锐的和表达清楚的休谟所随之提供的那些失败解答的人将会毫不费劲地洞察到近年来的相似理论中的各种混乱。

这种哲学不可能给予我们关于上帝的任何保证，即把我们所认识的一切东西都还原为孤立的事实，把世界的秩序还原为我们这一方的盲目预期，以及把道德建立在快乐和痛苦的情感之上。然而，
89 休谟并没有拒绝这种信念。一个缀满星星的夜晚，在和他的朋友亚当·弗格森（Adam Ferguson）走回家时，他突然停下来喊道："哦，亚当，有谁能够沉思苍穹的各种奇迹，而不相信有一个上帝吗?"《人性论》表达了他的这种信念，即宇宙的秩序证明了一个全能的心灵，虽然他的哲学阻止他把力量或能量归之于那个至上的存在者，但是他断言**他的**意志"恒常地伴随着每个生物和存在者的顺从。"在他的《研究》的一篇文章中，他以一位伊壁鸠鲁哲学家的身份说，他愿意承认自然的秩序是神的存在的充分证明。但是，他声称我们只是有权利推论，诸神拥有"那种精确程度的能力、理智和仁爱，这些都出现在他们的作品中"；我们所归之于他们的最高理智和仁爱完全是虚构的。当我们思考这个世界所充满的恶和无序时，我们便不能从这些结果推出一个世界的完美的管治者来，或者推出其中赏罚要比在自然的正常进程中得到更加精确调适的这样一个来世。在《宗教的自然史》中，他总括起来说支持自然神论，而反对所有的通俗宗教。在自然的整个框架中，目的和设计很明显，所以每个研究者经过严肃的反思后必定会采取关于这个世界的理智的原因或造物主的观念。遍及整个宇宙的一致法则使我们把这个理智设想为
90 一和不可分。但是通俗的宗教，他抱怨说，损毁和贬低了上帝，并且促进了迷信的作法，它们可以与最大的恶行共存。无知是虔诚之母；他很乐意摆脱各种信条——其中一切都是怀疑和不确定——的冲突，而进入"哲学的平静的（虽然是模糊的）领域"。

对这个主题的最全面的讨论见之于《自然宗教的对话》，这本书休谟留待死后出版，不时地对它进行润色，再润色。对话者们是主张设计论证明的科林西斯（Cleanthes），"不可改变的正统派"的代表人物第米亚（Demea），以及怀疑主义者菲洛（Philo）。所有的人都同意上帝的存在，但是关于**他的**本质，困难就产生了。科林西斯极力主张，上帝的存在及**其**和人的理智的相似只有通过类比论证才能得到证明，这一论证建立在遍及世界中的手段对目的的适应之上。菲洛带有非凡的能力和生动性答复说，这个类比没有说服力，只会导

致猜测；思想只是世界的起源可以归之于它的众多原则之一；既然人局限于一个狭窄的范围，那么他就不可能知道宇宙构成的任何东西；从结果的推理，我们没有任何权利把完美归于它们的原因；后天的设计之路绝不可能使我们达到存在的一（unity of being）。正统主义者第米亚带着自得之情听了这些论证，认为由于人类知性的虚弱，上帝的本质是完全不可理解的，因此不为我们所知，我们的义务就是崇拜那些隐藏于人的好奇心的无限完美。然而，休谟完全注 91
意到把宗教信仰建立在哲学怀疑主义之上的荒谬性，并且清楚地看出这种信仰会导致和怀疑主义不可知论一样的相同结果。当第米亚提出从世界的偶然性到一个必然的存在者这个先天论证时，他惊讶地发现菲洛现在竟然和科林西斯一起反对他。这个论证被彻底清除，理由是通过证明性推理或者通过因果关系原则的方式超出各种系列的有限事物都不可能确立任何的实在性；这个对话再次回到设计论证明。由于对菲洛的推理——即世界的恶和痛苦排除了到上帝的正直和仁爱的这种转变——感到震惊，第米亚退出了讨论。在接下来的谈话中，菲洛为他的表达自由道歉，因为在这个主题上，不可能“败坏任何具有常识的人的原则”。然而，对于他的心灵来说，全部自然神学可以被归纳在这个命题中，即“宇宙中的秩序的原因或诸原因都可能和人类的理智有着某种遥远的相似性。”这个结论留给我们一个暧昧的和含糊的自然神论，它和那种伊壁鸠鲁信念（相信“诸神，他们经常出没于世界和世界的透明间隙”，远离人类的同情和悲哀）一样对行为没有任何影响。休谟承认他本人的观点仍然值得怀疑。
结尾句暗示，科林西斯的原则最接近于真理。但是休谟以谨慎而又 92
巧妙地写作了这个对话为荣，因此这个论证的荣誉取决于怀疑主义者。科林西斯可能最适合表达休谟强烈倾向于它的自然神论，而菲洛则代表了冷静的、明白的理智主义，它不会视任何东西为当然，并且喜欢以最大胆的和最不妥协的方式阐明每一种困难。按照实际情况来说，《自然宗教的对话》只不过是对设计论证明的陈述和批评。这个论证的不足—就其自身而言，以及孤立于我们的道德本性的要求之外—现在已经被广泛地承认。

《对话》的命运多少有点奇怪。亚当·斯密在给他的朋友休谟的悼词中说他是“接近于也许是人类弱点的本性能够允许的范围内一个具有完美智慧和道德的人的观念”，并且把为此招致的铺天盖地的攻击归在自己身上。然而，斯密拒绝参与《对话》的出版。斯特拉罕（Strahan），那位出版商，也婉拒了这个责任；但是休谟为这种偶然性做好了准备，就是把出版的义务嘱咐给予他同名的侄子，在他的请求下，这本书出版于 1779 年。

在休谟的思辨哲学中，潜存着关于新出发点的暗示，它们不少于三种方向。休谟早已表明，这种支配性哲学导致怀疑主义，然而也承认怀疑主义和人类的自然信念直接相反。难道就不可以通过依
93 靠这些自然的和本能的信念作为拥有最高权威而摆脱怀疑主义的各种困难？这便是里德给自己提出的问题，并且在他的常识哲学中找到了它的答案。正是通过他对休谟的回忆，康德才从他的“独断主义睡梦”中被唤醒。休谟的观念没有解释必然真理，因此对于那些观念的关系，休谟把它们说成是“本能上确定的或证明性确定的”。康德尤其被休谟在《人类理智研究》中对因果关系的讨论所吸引，他把以此方式暗示的这个问题“普遍化”，并且追问思想的这种以及其他的必然性是否可以为心灵自身所提供。他的回答见之于《纯粹理性批判》（*Critique of Pure Reason*）。正如已经表明的那样，有一个学派——密尔、拜恩以及赫胥黎是其最著名的代表人物——接受了现象论，休谟推动了这一学说，即我们所有的知识都是来自于印象，并且采取他的“怀疑主义解答”作为其学说的基础。因此，休谟传递给现代思想的推动是目前仍是强有力的，而他作为一个思想家的
94 名声迄今没有任何衰落的迹象。

5

亨利·霍姆，凯姆斯勋爵（1696—1782）

苏格兰的文化很多都要归功于她的那些律师们。民族的情感是由她的各别的法律体系和法律部门培养起来的，它与欧洲大陆的，而不是英格兰的法理学更密切地联系在一起；最高民事法院（Court of Session）的法官们在爱丁堡形成了一个小贵族阶级，他们同情这个共同体的其余人，尤其是律师们，与之保持着密切的社会交往。而无人委托诉讼的律师（briefless advocate）则经常投身于文学、哲学或者古代文物中，由此这种导致律师或法官在最高法院上获得成功的能力在理智活动的众多领域中拓宽了。亨利·霍姆（Henry Home）的身上有着无休无止的活力。作为一名律师和法官，他的职责使他有时间成为一个在许多且各不相同的学科方面的多产的作家，所以他仍然值得被称作，用沃特·斯科特爵士（Sir Walter Scott）的话说，“具有创造力的和哲学家似的”凯姆斯勋爵。

1696 年，他出生于布维克郡（Berwickshire）的凯姆斯，他的父亲是一个乡绅，他的母亲则是罗伯特·贝利（Robert Baillie）——卡 95
莱尔杂集中的“贝利，盟约者”（Baillie the Covenanter），曾经是格拉斯哥大学的校长——的孙女。在家里接受了私人教师的并非完美的教育之后，他签约成为一名律师（a writer to the signet）；但是，追求这个职业更高奖励的雄心促使他去做一个辩护律师（advocate）；在努力补救他的早期教育的缺陷之后，他于 1724 年取得了律师资格。在出版了《从 1716 年到 1728 年最高民事法庭所作的重大决定》（*Remarkable, Decisions in the Court of Session from* 1716 *to* 1728）之后，他获得了首席律师的位置。1752 年，他以凯姆斯勋爵的名义被选为最高民事法庭的法官，1763 年他被任命为司法官。终其一生，他将相当大一部分的时间都用在了研究上，除了参与公共活动和极大地修缮布莱尔·德拉蒙德（Blair Drummond）庄园，这个庄园是通过他的妻子获得的。他的不倦的勤奋体现在他的论法律、历史、文学、农艺、教育和哲学这些著作的长长的清单上。他是休谟的早期通信者之一。甚至在《人性论》出版之前，他就是这位年轻朋友关于文学的希望和恐惧的一个可以倾诉的知己。后来，和在农学方面一样，他成为苏格兰在文学方面的公认权威。他鼓励亚当·斯密作关于英国文学方面的一系列演讲；当有人就苏格兰所产生的有才能的作家的数目而表示祝贺时，斯密大方地说，“我们每个人都必须承认凯姆斯是我们的导师”。

凯姆斯的哲学声望主要依靠出版于1751年的《论道德和自然宗
96 教的原则》（*Essays on the Principles of Morality and Natural Religion*）。
虽然休谟没有明确地被提及，但是他的《人性论》和《论文集》却经常被参考和自由地受到批评。但是霍姆自己的正统观点也受到质疑。人们强烈反对他支持作为自由意志对立面的必然性，尤其是他的这一陈述，即虽然自由感深植于我们的心灵中，但它是一种虚假的感觉。通常假设，在加尔文主义理论盛行的地方，相信人类自由必定是不相宜的；但是在苏格兰教会的《信仰声明》（*Confession of Faith*）中，人类意志的自由和神的预定学说一同得到了肯定。霍姆的观点导致了教会法庭的起诉，有人提议以同样的方式谴责霍姆和休谟！随之而来的是热烈的争议。休谟对待这件事情非常冷静。“你看了我们的朋友哈里的《论道德和自然宗教的原则》了吗？”他问一个朋友道。“这本书写得非常好，它是用有礼貌的方法（obliging method）来回应一本书的难得的例子。哲学家们必须对这个问题做出评价；但是牧师们早已作出了决定，说他和我一样坏！不仅如此，一些人断言他还要更坏——差不多和背信弃义的朋友坏过公开的敌人一样。”镇议会通过了一个一般决议，表达了对“渎神的和异教徒的原则”的憎恨，但是特别谴责休谟的动议在委员会审议中被否决，而对《论道德和自然宗教的原则》一书的出版商的指控也不了了之，因为追捕异端（heresy-hunt）的领袖，尊敬的乔治·安德森（Rev. George Anderson），恰好在听证这个案子的长
97 老会会议前几天死了。《思维艺术导论》（*Introduction to the Art of*

Thinking）出版于1761年。《批评学要义》（*Elementsof Criticism*）出版于第二年，这本书被证明是极为成功的，并且出了许多版。1774年，《人的历史概要》（*Sketches of the History of Man*）出版，这本书也出了好几版。凯姆斯勋爵担任法官职务一直到1782年圣诞节法庭休会，当时他用奇怪的和与众不同的措辞向他的同行们说道："再会了，你们这些泼妇！"（"Fare ye a' wheel，ye bitches！"）12月27日，86岁的他去世。他又高又瘦，其画像传达出一种敏捷的智力。他被描述为一个性情中人，身上流动着极大的非理性的动物精神（animal spirits），只是经常在礼节和表达上有些粗鲁。科伯恩勋爵（Lord Cockburn）说，就是这个凯姆斯，当一宗对马修·海伊（Matthew Hay）谋杀的裁决发回时——他过去常和马修下棋，他用一种几乎是难以置信的粗暴叫到："将死你了，马修！"然而，他的品格受到人们的高度尊敬，而且他还得到一大圈朋友的尊重和喜爱，包括休谟和里德。在比较凯姆斯和里德的谈话和性情时，杜阁尔德·斯图尔特把里德说成是谨慎的、迟于决定的，而且在社交中矜持和沉默，而凯姆斯则是"充满活力的、迅捷的、好社交的——由于他的职业追求，而习惯于有风度地运用论战的武器，而且不反对试着把他的能力用在和他的平常研究习惯最不相关的那些问题上。" 59

在《论道德和自然宗教的原则》的第一部分，霍姆描述了众多和不同的行为冲动，它们经常不依赖于快乐和痛苦，而且是盲目地 98
活动不考虑个人的后果。甚至还存在着某种对悲伤的对象的同情，比如表现在对由灾难激起的那种同情的痛苦（sympathetic pain）的渴望。当悲痛达到顶点时，它的本性就会避开安逸和安慰；具有同情心的人一生都和那些病人和苦难者在一起，他们最大的满足莫过于反思他们已经尽到了自己的义务。作为道德存在者的人是第二部分的主题。当行为被认为是出自选择时，我们对行为的道德美丑的知觉就产生了；我们借以察觉这种差异的能力是道德感。人被构造成这个样子，就是以便于将某些行为赞同为对的，而把其他那些行为作为错的加以反对。他认为，严格来说，义务（duty）和责任（obligation）可以应用于正义（justice）、忠诚（fidelity）和诚实（truthfulness），没有它们社会就不可能存在。仁爱（benevolence）和慷慨（generosity）这两种德行超越了正义。其区别相当于那种经常在完美或严格的义务

与不完美或值得称赞的义务之间的区分。他说，没有一个人会像尊
重一个慷慨的行为那样去尊重一个正义的行为，虽然正义对于一个
社会更加的必不可少。道德建立在行为自由的假设之上；但是因为
正义的行为是强制性的（obligatory），所以在某种程度上它们被认为
是必然的，而慷慨就没有任何这样的约束感（feeling of obligation）伴
随。很明显，在这里，道德责任（moral obligation）的观念与作为和
自由相对的必然性的观念之间存在着混乱。他敏锐地注意到，僭越
99 正义法则的痛苦要大于服从它所带来的快乐，而产生于仁爱行为的
快乐则要大于轻忽的痛苦。道德感并不自然而然地促使我们去行
动，而是教导我们可以享有哪些行为原则。作为对休谟的反对，他
认为财产权建立在自然的本能之上，对它的侵犯带来了违反义务的
感觉。预防匮乏的倾向就包含了财产权的观念。人性的首要法则被
定义为“建立在自然原则之上的我们的行为举止的规则，它们为道
德感所赞同，并且由自然的赏罚来执行。”义务的第一条法则就是约
束的法则（law of restraint），防止我们去伤害他人；第二条则是命令
救济那些处于困境中的人；第三条是忠诚，包括照顾后代，履行义
务，完成职责，等等；第四条是感恩；最后一条是促进那些和我们
有紧密联系的人，或者诸如我们的城市，我们的宗教和我们的政府
这样的一般对象。

在论自由和必然性这一章中，霍姆主张一种必然性学说，理由
是每个事件都必定有一个原因，而且人类总是出于动机而行动。因
此，在道德世界中就像在自然世界中一样，必然性占支配地位。他
承认，在谴责一个行为是错误的时候，我们是出于这样一个假设，
即人是一个自由的行为者（moral agent）。因此，自由感对于道德来
说是必不可少的。然而，他将之看作是一种虚妄的（delusive）感
情，这种感情可以在除了心灵就没有任何实际存在的第二性质那里
100 找到相似物，虽然通过“一种浪漫和错觉（illusion）”我们把它们归
之于物质事物。不管怎样，我们都可以追溯那赋予人离真理如此之
远的情感的目的。要不是这种“和自由有关的我们本性中的聪明的
妄想（delusion）”，我们就不会有关于来世的任何事先考虑，而道德
责任的观念也将会丧失。没有任何正当的反驳可以用来指控上帝赋
予我们这种欺骗的感情，因为所追求的目的并不是发现真理，而是

幸福和德行。我们可以揭去这种善意欺骗的面纱，并且使我们自己确信必然性的真理；但是，即使在发现了之后我们必定还是按照自由的观念而行动。

《论道德和自然宗教的原则》的第二部分更加明显地是对休谟的怀疑主义的回应。信念，并非存在于更高的生动性中的观念，而被认为是一种依赖于外感觉或内感觉的权威，或者依赖于他人的证据的、简单的，因此也是不可定义的感情。自我的存在以及持续的个人同一性都为意识的证据所证实。感觉的权威给予我们物质世界中的外在和独立的存在的直接知识。我们不仅意识到印象，而且我们还知觉到性质。性质不是作为诸多各别的存在，而是作为实体中统一和联系的存在而被知觉到的。在触觉中，我们可以知觉到实际所处的物体；在视觉中，当外部事物的影像被绘上视网膜时，我们就拥有了关于那个物体的不同的和直接的知识，虽然我们并不能解释
何以如此。能力也是一个不容许定义的简单观念。感觉和感情提供 *101*
了这种信念，即一切开始存在的事物都必定有一个原因，并且我们被构造成这样就是便于知觉到每一个结果都是由于能力的使用。正如我们通过知觉在外部对象中觉察到能力一样，内感觉在我们自己的心灵中发现了它，不管是在激发观念时，还是在运动肢体时。为了反对休谟，他指出，恒常的联结并不能给予我们能力或原因的观念；没有一个人想象到击鼓会导致士兵的运动，虽然这些事件在他的经验中恒常地被联结在一起。相似地，对于未来事件的一致性的信念也是建立在感觉和感情之上，在人的本性和他的外部环境之间显露出令人赞叹的一致性。

最后，霍姆认为关于上帝存在的先天证明不能令人满意而将之弃置一旁，转而仔细研究设计论证明。我们不是由于推理，而是由于知觉和感情才将善和智慧归之于世界的原因。那些根据激情和欲望而行动的人没有资格在上帝（the Deity）的作品中发现**他**；但是，随着社会的进步，道德感由于自我否定（self-denial）而得到提高，因此我们把关于上帝的知识归之于它。针对休谟的反驳，即从一个不完美的世界推断其原因的完美是不合法的（illegitimate），霍姆答复说，如果善是卓越的（supereminent），那么我们就可以知觉到其原因是仁爱的。被造物的不完美，或者任何产生于这种不完美的痛苦都

绝不是对神的属性的非难（impeachment），除非我们要挑剔，因为他
102 并没有将创作的作品限制于最完美的存在者的最高等级。我们的有些悲伤并不是恶，因为我们更看重我们自己所拥有的社会和同情的感情，即使在它们是非常痛苦的时候。痛苦经常产生善；它是危险的调节器，以及各种法的制裁，无论是人的法还是神的法。关于道德恶的存在的困难，霍姆尝试了一个更为大胆的附会（a bolder flight）。不能假设，上帝所看到的行为和人所看到的行为是一样的。道德善和道德恶必定被**他**知觉为普遍法则的结果，以及原因与其后果之间的必然联系的结果。“我们所有的行为都同样有助于从事神意的伟大的和善的设计；因此，在**他的**眼里，没有任何东西是恶的；至少，大体来说，没有任何恶的东西。”通过这种对上帝和人的方式的澄清，这本著作就此结束。

公平地说，划出苏格兰哲学将要追随的路线这一荣誉属于凯姆斯勋爵。而里德在这个时候缓慢设计出的常识哲学在《论道德和自然宗教的原则》中已经得到了预见。在答复休谟的怀疑主义时，最明显的东西莫过于依赖于自然感情的权威，或者休谟本人已经注意到的、和他的怀疑主义结论不一致的那些信念，或者他以怀疑主义的方式努力将之解释为人为产物（artificial products）的东西。这就是凯姆斯试图牢固确立的立场。到此为止，他与继他之后的常识哲学
103 家们的意见是一致的。在他这方面，正如在他们那方面一样，缺点就是太容易满足于把那些原则列举为终极原则。当一个私人信念或流行信念受到质疑时——要么是就其自身而言，要么是就其起源而言，很容易试图抓住这样一个假设，即这个信念是一个基本信念，因此远高出需要或证据的可能性。现在被承认为是必然的那种彻底的分析在《论道德和自然宗教的原则》中并未被尝试过。然而，它们有时候表现出相当大的哲学远见，例如，关于事件的恒常联结并不能产生因果关系的观念这一论证。虽然未能免于歧义性，但是论我们的各种感觉的权威这一章仍主张物质世界的直接知识，以反对盛行的表象论。在坚持双重所指（twofold references）——即把印象或感觉归因于知觉的自我（sentient self），以及把物质性质归因于非自我（not-self）时——凯姆斯奠定了合理的自然实在论学说可以依靠的唯一基础。

在对第一原则的陈述中，他的一些后继者们指责他过于强调了“感情”。这个错误部分地是由于他不严密的措辞。当他把感觉和感情说成是真理至上的裁决者时，既包括了外感觉，也包括了内感觉或意识。他把知觉使用作感觉的同义词，却没有打算把判断从我们对基本真理的领会中排除出去。但是在哈奇森的例子中，这种反对就要深入得多。道德感被凯姆斯描述为一种美丑感的特殊变体（peculiar modification）。在《论道德和自然宗教的原则》和《批评学要义》
中，我们被告知，美这个词就其本来的含义来说是应用于视觉对象 104
的，但是，通过修辞手段却可以扩展至任何非常令人愉快的东西上，如美丽的声音、思想或表达。可见对象的美可以是固有的，在它一呈现的时候就被感觉到；或者，它也可以是相对的，包含对达到目的的手段的知觉。被视作一个整体的图形的美，产生于规则性和简单性；如果各个部分都被看作和每一个其他部分有关系，那么一致性、完美和秩序就会有助于它的美。但是，当我们问为什么拥有这些特征的对象看上去是美的时，唯一的回答是，“人的本性起初就被构造好了可以享受它们，以便回应智慧的和良善的目的。”美因此是第二性质，对象被说成是美的，只是因为它对于旁观者来说显得如此，此外没有别的原因。道德感把人类的随意行为作为自己的对象，引入了对错的区分；但是，在其他方面，它和我们关于自然对象的美感是相等的。因此，在《人的历史概要》中，凯姆斯提出了这个问题，即对错是否是第二性质，它们就像颜色、味道和气味一样取决于知觉者，所以除了被知觉外没有任何实际存在。他给予了肯定的回答。关于对错的常识仅仅是作为达到一致性的倾向随着文明的进步而被证实。“像个体一样，国家也是逐渐地成熟，并且在艺术领
域和道德领域中获得高雅的趣味。”他区分了行为的道德（morality of 105
the action），它由共同的标准来判断；以及行为者的道德（morality of the agent），这仅仅由他自己的良心才能决定。但是无论从哪一种观点出发，道德都被凯姆斯当作是与人相关的，并且除了被他赋予的那种特殊的感觉或感情之外没有任何实际存在。就这些术语而论，道德不是，也不可能是我们可以试图读解宇宙之谜的线索。

他的关于自由和必然性的沉思比他的哲学的其余部分受到了更大的重视。苏格兰心灵感到非常亲切的就是关于“定命、自由意

志、绝对的先知”这个争议，它早已获准进入教会法庭的激烈氛围中，并在那里为密集排列的温和派和福音主义派所争吵。他对自由感的描述，即同时对于道德是必要的，而又是我们可以察觉到，但是却不能避免的一个妄想，足以令人震惊。杜阁尔德·斯图尔特说，“也许，在提供给大众的关于必然性这个论题上没有任何观点比这个虚妄感的假设激起更多的反对了。”然而，它可以使我们想到康德的“先验幻觉”，并且为了救济“自然主义的”哲学家，它还在 A. J. 巴尔福先生（A. J. Balfour）的讽刺性暗示中找到一个更近时期的类似物，即对自由意志的虚幻的信念可能是因为自然选择，而这是为了人类的利益。[①] 在《论道德和自然宗教的原则》的第三版（出版于他近 80 岁之际）中，凯姆斯放弃了他的引起反对的假设。在这
106 里，以及在他的《概要》中，他把道德看作是由道德感所构成，并且诉诸普遍的经验来证明这个论点，即我们的随意行为（voluntary actions）是为固定不变的法则所控制的。他承认，在悔恨的影响之下，所有必然性的印象都可能会消散，而自由的信念会占据支配地位。但是，他是通过“激情对于我们的观点和情感的不规则影响”来解释这一点的。自由的错觉只有在当心灵被情感以如此方式加以歪曲的时候才会产生。在他的后期理论中，正如在他的早期理论中一样，他攻击的唯一自由是中立的自由（liberty of indifference），他将这种自由定义为“心灵中一种无需动机或反对动机而行动的能力”。他完全不知道有一种自由是需要动机的，并且存在于我们根据义务而行动的动机中。而且，他也没有在自然的因果性和意志的因果性
107 之间作任何的区分。

---

① 《信念的基础》(*The Foundations of Belief*)，第 21 页，79 页。

6

亚当·斯密（1723—1790）

杜阁尔德·斯图尔特曾经说过，亚当·斯密的生平故事本身是平凡的，但是结果却富有成果。由于认识到人们对《国富论》（*Wealth of Nations*）作者的持续兴趣，雷先生（Mr. Rae）最近在他的《亚当·斯密的生平》（*Life of Adam Smith*）中极好地自由利用了那些微薄的材料，同时还描绘了一幅斯密生活的那个时代以及他的主要联系人的生动图画。①

1723 年 6 月 5 日，亚当·斯密出生于位于福斯湾（the Firth of
Forth）北部海滨的柯克卡迪（Kirkcaldy）。他的父亲死于同年春天，
曾经是苏格兰牧师、劳登伯爵（the Earl of Loudon）的私人秘书，随
后担任了柯克卡迪的海关审计员职务。亚当·斯密深深地依恋他的
母亲。在他一生的绝大部分时间里，她都和他一起生活在他的单身
住宅里。她 1784 年去世。在 14 岁那年，他进入格拉斯哥大学，在那 108
里他获益于希腊文教授亚历山大·邓洛普、著名的数学教授罗伯
特·西姆逊，以及尤其是在他的心灵上留下深刻而又持久印象的哈
奇森。在获得斯奈尔奖学金（Snell Scholarship）之后，他于 1740 年
乘车去牛津，并在接下来的 6 年里一直待在贝列尔学院（Balliol）。
从格拉斯哥的理智活动到牛津的停滞不前，这种变化是巨大的。在
贝列尔学院，苏格兰学生既不受欢迎，也不被教导。很久以后，在
他的《国富论》中，斯密抱怨说“在牛津大学中，公共课教授在这
许多年里完全放弃了甚至教学的借口。”他又更为概括地补充道，在
英格兰的大学中“年轻人既不被教导，也总是不能找到任何被教以

① 约翰·雷：《亚当·斯密的生平》，1895。

各种科学的恰当途径，教这些科学是那些法人团体（incorporated bodies）的任务”。在这些情况下，他手上就有大量的时间，所以他广泛地阅读经典文学和现代文学。返回苏格兰之后，他在爱丁堡就英国文学这个主题成功地作了系列讲座。1750—1751 年，他开设了一门政治经济学课程，在这门课程里面他明确提出他从哈奇森那里学到的自由贸易学说。

他于 1751 年开始担任格拉斯哥大学的逻辑学教授，第二年又被选为道德哲学教授。他与格拉斯哥大学的学术联系持续了 13 年，他
109 后来将之描述为他的人生中最有帮助的，因此也是最幸福和最光荣的时期。那个时候的格拉斯哥大学和今天的大城市有很大的不同。它的人口局限于大约 2.3 万，因为其河流与周围景致的美丽，以及其各种建筑的无与伦比的卓越，它赢得了到访者们的赞誉。然而，它开始向往着商业的伟大。它早已是一个繁荣的城市；未来的记号可能会在其商人——他们广泛地和西印度群岛，和美利坚的港口，和欧洲大陆的港口进行贸易——的企业中被读到，在当地产品的扩张中被读到，在其居民的勤奋中被读到，在以大学为中心的理智活动中被读到。在其他的教师中，西姆逊和里奇曼还在那里，当斯密回到格拉斯哥的时候；卡伦（Cullen）也以一种领先于他那个时代的方式讲授医学和化学。当几年后卡伦被任命到爱丁堡大学时，他的职位被同样著名的布莱克所接替，后者在格拉斯哥发展了他的潜热理论（theory of latent heat）。在斯密居留期间，格拉斯哥大学的其他教授还有法理学教授米勒（杰弗里认为他具有“魔术般的活力”）；安德森大学（Anderson's University）的创立者安德森（除了大学的教职，他还在晚上给工人们讲授自然哲学）；摩尔（他编辑了由格拉斯哥大学出版社出版的多卷册经典作品）；“结实的高个子托马斯”托马斯·汉密尔顿博士（他是未来的威廉爵士的祖父）。詹姆斯·瓦特（James Watt）当时还是一个年轻的机械师。作为一个数学仪
110 器制造者，他和格拉斯哥大学有联系。印刷所因为福尔斯（Foulis）这个格拉斯哥大学的排字工人而开张；铸字机也因为威尔逊（Wilson），即后来的天文学教授，而建造起来。亚当·斯密加入了一个由商人们所建立的用来讨论经济学问题的俱乐部，他还是一个文学学会的创立者，这个学会得到了所有才俊的支持。因此，在这个意气相投

和令人愉快的学会中，他感觉到舒适自在。他的大学授课涵盖了很 67
大的领域，因为他不仅教伦理学，而且还教自然神学、经济学以及政府理论。米勒——他的学生，后来成为他的同事——把他的讲课风格描述为：

> 在讲课时，他几乎完全依靠即兴的演说。他的举止直率（plain）而又自然（unaffected），虽然不是很优雅；由于他似乎总是对他的主题感兴趣，所以他也总是能使他的听者们感兴趣。每一个谈话通常都包括几个不同的命题，他接着会努力地加以证明和阐述。从它们的范围来说，这些命题——当概括地宣布时——经常是多少带有点悖论的味道。在他试图去解释它们时，他经常是一开始似乎并不充分占有这个主题，因此说话也有些犹豫。然而，随着他的推进，这个问题好像逼近他，他的举止变得热情而又有生气，他的表情也变得轻松和流畅。

《道德情感论》（*The Theory of Moral Sentiments*）出版于1759年，
包含了他关于道德哲学的各种讲课的要旨。这本书当即大获成功。 111
在一封亲切而又幽默的信中，身处伦敦的休谟写道，“一大群文人们已经在开始大声赞美了。”斯密的声望现在确立起来了，查尔斯·汤森德（Charles Townshend）在读了这本书后决定给他提供一个陪同年轻的布克鲁公爵（Duke of Buccleugh）的旅行私人教师职位（travelling tutorship）。这个提议正式作出，并且于1763年被接受。在当时，教授们接受这样的约定是很平常的，因为给薪水，还有附属的补助，超过了一个教授的各种报酬。在斯密这种情况中，薪水加上每年300英镑的补助使他可以生活无忧，并且让他在三年雇佣期满后可以自由地进行学习和研究。他对欧洲大陆的访问很有帮助。和做其他的事情相比，这使他能够看到更多的世面，以及认识法国的主要文学家和经济学家。

由于我们这里的兴趣几乎完全限制于《道德情感论》，所以他的生平的余下部分可能就简要地一带而过。1767年退休回到柯克卡迪后，他忙着准备《国富论》，这本划时代的著作于1776年出版。两年后，他获得了苏格兰海关专员（Commissioner of Customs）的任命。他

的晚年，直到他1790年7月31日去世，主要花在履行公职以及他的
朋友圈和他的书籍中。人们经常说到他习惯性的心不在焉。他容易
受到偶尔一阵心不在焉的影响，例如当他从卡尔顿山（Calton Hill）
112 脚下他的房子走到他在交易广场（Exchange Square）的办公室时，他
可能会在微笑，或者动嘴唇和某个想象的同伴谈话。然而，甚至在这
种条件下，他也并不是意识不到他周围发生的事情。他过去就常常重
复他从两个商业妇女那里无意中偷听到的对他的外貌的评论。“哎，
先生们啊！”一个妇女摇着头同情地说，当他经过的时候。“他竟然
也穿得很好！”另一个答复说。他穿着很好的事实显然突出了他被允
许逍遥法外这件奇事。他的怪癖，可能被夸大了，但并没有妨碍他
对人性以及对各种事务的理论知识和实践知识的敏锐洞察。他的温
和的本性使他受到一大圈朋友的喜爱，而且在他死后，人们发现他
在秘密慈善方面花去大笔的钱。“在他的外部体格和相貌上，”杜阁
尔德·斯图尔特写道，“没有任何不寻常的东西。当完全自由自在的
时候，以及当热心于谈话时，他的姿态充满生气，而且优雅。在他
热爱的那些人的圈子中，他的表情经常由于带有难以形容的慈祥的
微笑而熠熠生辉。”

在他的《道德情感论》中，亚当·斯密极为巧妙地尝试着把道
德还原为同情（sympathy）。在许多方面，他都受惠于哈奇森和休
谟。后者尤其把道德区分建立在人类的社会同情之上，包括我们对
快乐和痛苦中人类行动后果的同胞之情（fellow-feeling），以及我们对
113 愉快、勇气和仁爱这些性情的更为直接的同情。然而，斯密并没有
像休谟那样重视功利；而且在他把道德情感（moral sentiments）还原
为同情感（sympathetic feeling）的周到和详尽的努力中存在着许多原
创性的东西。

同情，或我们对任何激情或感情的同胞之情，被描述为人性的一种原始原则。由于在想象中把我们置于他人的处境中，我们便形成了对他的感觉和情感的某种观念，而且可以感觉到某种和它们完全一样的东西。同情可以即刻产生于对表达在外貌（look）或姿态（gesture）中的情感的纯粹考察；但是，它更为经常地，以及在更大的程度上产生于我们关于这种情感的激发原因的知识。当我们想象自己和另一个人处在相同的位置中，一种我们判断为对这些情况

是合适的情感就会在我们的心灵中被唤起。这种同情感——它可能和主要受影响者（the person principally affected）的情感一致，也可能不一致——是道德赞同或不赞同的基础。通过它们和我们自己的一致或不一致，我们判断了另一个人的感情的适宜性（propriety）或不适宜性（impropriety）。当他的感情和我们的同情感完全一致，在我们看来它们就是正当的（just）和恰当的（proper），并且和它们的对象一致。同意他的感情就等于说我们完全同情它们。因此，一个人自己的情感就是他借以评价他人的情感的标准。我们有时候确实没有意识到任何的同情感就同意了。但是甚至在这些情形中，我们的赞 *114*
同最终还是建立在同情之上，因为经验告诉我们，在这些情况中我们所同意的感情都是自然的，所以要是我们花时间彻底地思考那种处境的话，我们就会真诚地去同情。甚至在斯密承认说到行动的适宜性或不适宜性的地方，他也是把我们的注意力集中于情感而不是行动之上。他的立场是，任何行动的德或恶都取决于它由之产生的情感，在评价任何冲动的适宜性，或者随之而来的行动时，除了我们自己身上的相应的感情，我们不可能利用其他任何标准。

斯密非常广泛地使用适宜性，以至于还包括道德的卓越，以及良好的趣味和健全的判断。我们同意另一个人的判断或趣味，因为它和我们自己的一致。但是在那些更为具体地影响我们自己或者影响我们同意或不同意其情感的那个人的事务中，要保持一种严格的一致就既更加重要又更加困难。旁观者（spectator）的感情总是倾向于达不到那些他被要求去同情的感情。因此必须对两边都作出让步。为了产生必须的结果，自然教导旁观者去尽可能假定主要受影响者的情况，同时教导后者降低其感情以同情那个旁观者的相对冷静。

> 在这两种不同的努力之上，在旁观者的感情进入那个主要受影响者的情感之上，在主要受影响者把他的感情降低到旁观者可以同意之上，建立着两套不同的德行。柔软的、温和的、 *115*
> 亲切的德行以及坦率的谦虚（candid condescension）和宽容的人道（indulgent humanity）这些德行建立在一者之上，而伟大的、庄严的和令人尊敬的——克己、自制和控制激情的德行则起源于另外一个。

这个原则被用于确定与适宜性一致的感情的程度。例如，厌恶（dislike）和憎恨（resentment）必须被降低到低音符（low pitch），在我们同情地体谅他们之前；因为我们的同情在这里被划分为怀有这些激情的人和它们的对象。另一方面，通过加倍的同情，社会的感情和仁爱的感情变得令人愉快（agreeable）和适宜（becoming）。我们同时进入感觉它们的那些人的满足之中，和指向它们的那些人之中；因此，一种亲切的感情——甚至被承认为过度的——是决不会被厌恶的。和通常的观点相反，斯密认为同情快乐（joy）的倾向要比同情悲伤（sorrow）的更强烈。进入悲伤的事（grief）令人不快（painful）；而在嫉妒没有干预的地方，同情快乐是令人愉快的。因此，为了我们自己起见，我们经常努力抑制我们对他人的悲伤的同情。当
116 我们向我们的朋友表示慰问（condole）时，我们的感情远远降低到他们的感情之下；由于这个原因，困境中的慷慨（magnanimity）就显得极为得体（graceful）。我们同情快乐的倾向非常大，所以它会导致道德情感的败坏。财富和伟大与其说是因为它们自己的缘故受到褒奖，还不如说是因为它们所激起的虚妄的利益受到褒奖，并且仅仅由于智慧和德行而太多地受到尊重和崇拜。

斯密认为，行动的美德和过失并非其的适宜性和不适宜性，不同种类的赞同和不赞同的对象。当我们注意一种感情自身或者和它的激发原因有关的感情时，适宜性或不适宜性这种感情就被激发起来了。美德或过失，或者换句话说，应予奖赏或惩罚的性质，取决于这种感情打算或倾向于产生的有益或有害的后果。感恩促使我们去报答，而憎恨则促使我们去惩罚；其中一个或其他感情，加上从它产生的行动，会得到赞同，当公正的旁观者（impartial spectator）完全同情它时。甚至在这里，虽然我们的注意主要针对行为的有益或有害后果，但是导致它的那种冲动并不会被排除在考虑之外。因此，斯密断言“美德的感觉似乎是一个复合的感情，由两种不同的情感构成：对行为者的情感的直接同情，和对接受他的行动好处的
117 那些人的感恩的间接同情。”同样的，过失的感觉是由“对行为者的情感的直接厌恶（antipathy）和对受害者的憎恶的间接同情”复合而成。这里再来说说仁慈和正义的不同德行。当仁慈产生于一个恰当的动机时，它就会激起对旁观者的同情的感激，并且单独似乎就应

得奖赏；而非正义则会激起同情的憎恨，因此被认为应予惩罚。正 71
义因此可以通过刑罚来实现，而仁慈则总是自由的，不能够通过武力来强迫。关于这一点的终极因是显然的，因为仁慈不像正义那样对于社会的存在至关重要。但是终极因并不一定就是动力因。虽然正义的规则可以被它们的功利所证实和辩护，但是这并不是它们的起源。由于我们对受到不公正对待的那个个体的同情，我们要求惩罚非正义，这比对社会的普遍利益的任何考虑都要多得多。

效法休谟，亚当·斯密首先分析了我们对他人的赞同和不赞同，然后考察适用于我们自己的义务感。由于我们是通过我们的感情和他人的感情的一致来评价他人的行为，所以，他认为，我们也是通过同情地把自己置于一个无私的旁观者的位置而赞成或不赞成我们自己的行为。

> 根据我们所感觉到的，即当我们使自己理解他的情形时，
> 我们要么完全能要么完全不能同情指挥它的那些情感和动机， 118
> 我们要么赞成要么不赞成另一个人的行为。同样的，根据我们感觉到的，即当我们把自己置于另一个人的处境并且仿佛用他的眼睛从他的立场来看它时，我们要么完全能要么完全不能进入和同情影响它的那些情感和动机，我们要么赞成要么不赞成我们自己的行为。

在我们批评他人的时候，我们相应地也受到批评，因此也被教导去考察我们自己的感情和行为。可以说，每个人都把自己划分为两个，既是被判断者（the person judged）又是判断者（the person who judges）。德和恶都直接指涉他人的情感。然而，赢得旁观者的称赞还不够。必须要区分称赞（praise）和值得称赞（praiseworthiness）。我们不仅希望被崇拜（admired），而且希望是令人崇拜的（admirable）；因此，认真的人强烈希望他的品质和行为是应当被赞成的以及他本人所赞成的他人身上的东西。所以不要诉诸可能会犯错的人的实际判断，而是要诉诸良心的声音，或者诉诸一个假定的公正而又博识的旁观者。

> 但是，虽然人以这种方式被描绘为人类的直接裁判，但是他只是在起初时变成这样。这样一个诉求在于从他的判决（sen-
> 119 tence）到一个更高的裁决（tribunal），从他们自己的良心的裁决到那个假设的公正而又博识的旁观者的裁决，从那个内心之人的裁决到他们的行为的伟大裁判和仲裁者。

我们的道德情感可能会被败坏，要么是由于不适当地考虑个人利益，要么是由于宽容的和公正的旁观者的称赞。在这些情况下，我们的保护存在于道德的普遍规则中，建立在我们在特殊的情形中所赞同或不赞同的经验之上，或者尤其是建立在我们对他人行为的评价之上；义务感存在于我们对这些规则的考量之中。以此方式解释的良心的权威是最高的；其职能就是评价每个其他官能，或者行动的原则，以及给予谴责（censure）或称赞（applause）。道德官能规定的规则实际上就是上帝的法则，并且伴随着奖惩。甚至在这个世界上，每一种德行都会自然地得到其恰当的奖赏；但是，当暴力和诡计压倒真诚和正义的时候，我们便自然地诉诸我们的本性的造物主，并且由于对德行的热爱和对罪恶的憎恶而被导向一种对于来世的信念。

这种道德理论的命运并不等于其精巧（ingenuity）。虽然我们不得不佩服，但是并没有被说服，而是感觉我们好像是一直在兜圈子，而没有任何坚实的休息处。对于他人行为的标准，我们提到我们自己的同情感；对于我们自己行为的标准，我们又提到作为被我们自己同情地解释过了的他人自己的同情感。总之，似乎并不是通
120 过我们的实际感情，我们才有资格来判断另一个人的动机和行为；这个诉求不在于我们实际的同情状态，而是在于我们通常的同情状态。所以实际的旁观者并不是我们行动的合法裁判；良心的声音不是我们周围那些人偶然断言的意见的回声，而是一个理想或公正的旁观者的裁决的回声——这个旁观者可能实际上并不存在。一方面，正如另一方面一样，当下的同情感可以被置之不顾，除非它们和普遍的规则一致；这些规则虽然公开承认建立在我们自己和他人的同情感之上，实际上被认为代表这些感情应该所是的东西而不是它们实际所是的东西（what they are）或者过去所是的东西（what they have been）。但是对应该所是的东西（what ought to be）而不是实际所

是的东西（what is）的诉诸迫使我们超越那些同情感的事实，亚当·斯密承认把他的道德理论建立在其上面。

这个贯穿于他的理论始终的瑕疵或许可以用另外一种方式来展示。良心的合法的最高权威当然是被完全承认的。但是在这里，还是正如在休谟的情形中一样，必须要反驳的是，义务的绝对命令不可能被还原为同情感。我对他人感情的同情就其自身而言并不包含任何的道德赞同；他对我的同情，不管是实际的还是假设的，也不需要我这一方的道德义务。正如哈奇森已经说过的那样，我们经常在我们并不同情的地方同意，以及在我们并不同意的地方同情。我
们带着最生动的戏剧般的同情把自己置于另一个人的位置，并且同 121
情他，这并不一定就和道德赞同联系在一起。因此，如何能把道德还原为同情呢？亚当·斯密试图挫一挫这种反驳的锋芒，他不是把人们的各种不同的心情，而是一个公正的旁观者会自然地感觉到的同情作为他的标准。但是他并没有表明，任何一种同情如何能够变成一种对义务的信念。事实就是，他假设了义务的命令要求（imperative claim），正如每个道德学家都必定会假设的那样。在这样做的过程中，他已经远远超出了同情感的这些事实。正是凭借这个假设，他从实际的旁观者转移到了想象的旁观者，它也是最高仲裁者的裁决，个体良心的声音。也正是因为如此，他坚持认为值得称赞而不是称赞才是道德抱负（moral aspiration）的正确对象。崇敬（homage）并不是因为我们自己或他人的同情感，而是由于一个由人类逐渐发展而来的品质或行为的理想（ideal）。根据这种理想——部分地体现在普遍规则中，我们以同样的方式判断我们自己的行为以及我们的同胞的行为。

人们经常说，《道德情感论》的魅力与其说存在于其主要论题中，还不如说存在于其附带的讨论和阐述上。在这些当中，这位容易走神的学者展示了关于人性的广泛而又敏锐的知识，但绝不是一个更加摆脱了陈词滥调的道德学家。我们也不能不注意到——虽然他没有自然神学的详尽讨论——他的心灵怎么会这么彻底地充满着对
上帝的虔诚信仰和对不朽的希望。 122

7

托马斯·里德（1710—1796）

在贝克莱的《对话三篇》（*Three Dialogues Between Hylas and Philonous in opposition to Sceptics and Atheists*）的结束句中，菲诺努斯（Philonous）谈到，“相同的原则初看起来导致怀疑主义，当追求到某一点时，又会把人们带回到常识”。非常令人惊奇的是，贝克莱之后的大不列颠的思辨发展已经在这句简短的话中被明确地指明了。第一个阶段是怀疑主义哲学，其中休谟追溯经验主义的前提，一直到它们的逻辑结论；第二个阶段是对怀疑主义哲学的反动，里德在他的常识哲学（philosophy of common sense）中表现了这一点。

里德是通常为人们所知的苏格兰哲学学派的建立者。1710 年 4 月 26 日，他出生于金卡丁郡（Kincardineshire）的斯特罗恩（Strachan）。他刚好长休谟一岁，但是由于他最早的著作是在休谟的《人性论》和《人类理智研究》之后很长时间才出版的，所以，他在哲学史上占据了一个更晚的位置。他来自于一个勤奋并且令人尊敬的
123 家族。他的父亲做了 58 年斯特罗恩的牧师，而他的祖上从宗教改革时代起就是苏格兰教会的神职人员。一位曾曾叔祖父名字也叫托马斯·里德，是他那个时代著名的哲学家和诗人。他在欧洲各大学中所主张的那些论题被收集并出版，他还被任命为英格兰詹姆斯一世的希腊文和拉丁文秘书。有一次，皇帝给他 26 英镑 9 先令 4 便士以解决他在把自己的一本著作翻译成拉丁文时所遇到的麻烦。小托马斯的母亲是玛格丽特·格里高利（Margret Gregory），她出生于一个有名的家族，在苏格兰传记中这个家族还被作为具有遗传天赋的突出例子。

在教区学校，里德就表现出了他的未来特点，校长有见地地预

言，“他将会是一个善良和坚忍的人”。12 岁的时候，他成为阿伯丁 75
马里沙阿学院（Marischal College）的学生。在他上大学的 4 年里有 3
年时间他的哲学评议员都是乔治 · 特恩布尔（George Turnbull），也就
是后来的《道德哲学原则》（*Principles of Moral Philosophy*）以及其他
那些已经湮没无闻的著作的作者。里德在他的著作中没有任何地方
提到特恩布尔，可能是没有充分意识到他的老师的影响，但是在他
们对待哲学问题的态度中却存在着显著的相似性。《道德哲学原则》
出版于 1740 年，可能包含了特恩布尔在阿伯丁时的伦理学和心理学
学说中的要旨，虽然他在 1727 年已经切断了与那所大学的联系，当 124
时他还不到 30 岁。在他为他的扉页所选的两句题词中，一个来自于
牛顿——“如果自然哲学通过追求这种方法而在其所有部分中都能够
得到最终的完善，那么道德哲学的范围也可以被扩大。”另一句来自
于蒲伯（Pope）——“解释道德的事物，就像解释自然的事物一
样。”他的核心思想是，导致了新物理学中发现的实验方法也应该扩
展至心灵。因此，他的方法便是通过对精神事实和道德事实的观察
而上升到一般法则，它们反过来又为演绎推理给出范围。他诉诸于
被日常语言（common language）所证实了的常识。尤其是，他认为，
常识足以教会“所有那些道德上适宜的东西和道德上约束的东西。”
他追随哈奇森，把德行还原为仁爱，并且主张能力或活动只存在于
意志之中。像贝克莱一样，他相信“当我们谈到物质事物的时候，
我们可能只是意指按照某种固定的秩序产生于我们心灵中的某些感
知觉，但是它们被经验为绝对惰性的或被动的，自身并不拥有任何
生产性力量。”特恩布尔和里德之间的差异主要是因为里德遭遇到休
谟怀疑主义的全部力量，而特恩布尔的《道德哲学原则》在休谟
的《人性论》发表前就早已准备出版——虽然实际上并未出版。除了
这个例外，特恩布尔和里德的精神氛围都是非常相似的。

在获得学位之后，里德担任了几年那所大学的图书管理员，同 125
时增长了各种不同学科的知识，尤其是数学和物理学。1737 年，他
被阿伯丁国王学院推荐去往新马卡尔（New Machar）谋生。因为他的
到来引起了一场反对任免权的运动（an anti-patronage agitation），这件
事最终以骚乱而告终。麦考什博士说，“传统的做法是，当他们的牧
师来到这个教区的时候，穿着女人衣裳的男人把他按在池塘中；在

他作第一次布道的安息日上，他的一个住在两英里外的玫瑰山的叔叔站在讲道坛的台阶上拔出宝剑保护他。”里德平静地忘掉了这段奇特的新教狂热。他娶了一个表妹，并且越来越热心于履行自己的义务。当他 15 年后辞去牧师职务时，他的一些教区教徒们说：“当里德博士来到时候，我们对抗他；而当他离开的时候，我们又为他而战。”他在新马卡尔的大部分时间都用于思考哲学问题，包括知觉理论。1752 年，他被选为阿伯丁国王学院的评议员，他的职责是指导逻辑学以及精神哲学和道德哲学，还有数学和物理学。在他的建议下，学院做了一些变化，结果明显地提高了教育的标准。他是阿伯丁哲学学会（Aberdeen Philosophical Society）的创立者，通常谑称为智者俱乐部（Wise Club），它聚集了一群在科学和文学方面非常著名的人士，其中有坎贝尔（Campbell）、杰拉德（Gerard）、贝蒂（Beattie）和约翰·格利高里博士（Dr. John Gregory）。主要是由于他从这
126 个学会所得到的鼓舞，里德决定出版他的《探究人类心灵》（*Inquiry into the Human Mind*）。这本著作的一部分曾以手稿的形式送给休谟。在听说了他的新对手时，休谟首先表达了这样一种愿望，即“教区牧师们可以把自己限制于彼此忧虑的古老职业中，而让哲学家们冷静地、有节制地以及有礼貌地进行争论。”当阅读了这个手稿后，他在这些方面竟然找不出任何抱怨的原因，所以虽然婉拒对其进行批评，但是他就那本书的内容和方法向那位作者表示了祝贺。他说，“的确非常罕见，一部具有如此深刻哲学精神的著作写得如此带劲。”《探究人类心灵》出版于 1764 年，而且很受欢迎；在这本书出版后不久，里德被任命为格拉斯哥大学道德哲学教授职位，以接替亚当·斯密。在 54 岁那一年，他欣然开始担任他的新职位，同时保持对于科学的兴趣，并且听了布莱克的讲座，他当时正在发表他的潜热理论。在一个大学事务中充满扯皮和诡计的时代，他决定“忍住性子以及尽到自己的义务。”在苏格兰的大学中，道德哲学一直是在某种宽泛的意义上来理解的，所以，除了讨论理智能力和主动能力之外，他的讲课还扩展至法理学、政治学和修辞学的一般原则。作为一名教师，杜阁尔德·斯图尔特把他描述成这样：

> 在他的演说术和教学方式中，没有任何特别具有吸引力的东西。他很少会，如果有过的话，沉浸于即兴谈话的热情之 127
> 中；他的朗读方式加起来也不会增加他写过的东西的效果。然而，他的风格就是这么的简单和明了，他的性格就是这么的严肃和权威，他教过的那些学说对于他的年轻听者们来说就是这么有趣，所以许多听过他的教导的听众们都一致以最安静的和最尊重的注意力听他讲课。

在70岁那年，当他的各种官能还未受损时，他放弃了他的教授职位给一个助教兼接班人，决定准备出版他的《论人的理智能力和主动能力》(*Essays on the Intellectual and Active Powers*)。《论人的理智能力和主动能力》包含了他的讲课要旨，以两部分的形式分别出版于1785年和1788年。在后来的一些年里，他继续享受着矍铄的晚年，直到最后都保持着他的亲切而又和蔼的性情。不可避免的终点于1796年秋天来到。

在《探究人类心灵》中，里德表达了他的这种观点，即一个天才并不适合于从事哲学，因为他易于过分信任他的想象，鄙视建在坚实基础之上的苦差事。当然，里德并不认为自己是天才；但是他认为，"通过谨慎和谦逊可以避免错误和幻觉。"他的思想的缓慢发展与他的直接先驱贝克莱和休谟的早期成就形成了鲜明的对比。关
于哲学史方面，他经常是不准确的。然而，他习惯于尽自己最大的 128
努力把事情仔细地、彻底地思考清楚。他的例子表明，通过耐心的观察和反思再加上对任务的喜爱可以实现多少东西，即使没有很大的天资。在分享他的同胞中最为盛行的思想方面，他也很幸运。休谟代表了18世纪的批判精神，喜欢悖论，把过去的信念和传统轻松地以及轻蔑地搁在一边。里德的血管里流着前人们的血液，迟钝，坚强，固执，热烈地从属于国家教会及其信条，在追求思辨哲学中，他是长老会制苏格兰（presbyterian Scotland）的代表。怀疑主义哲学和人们的宗教信仰之间可能没有片刻的休战。人们感觉到，休谟从不厌倦加以攻击"顽固"和"迷信"的这种苛刻待遇直接对准了他们认为是最神圣不可侵犯的信念。他们在他的怀疑主义结论中，正如在他的机智的戏谑中一样，几乎不能为他们的灵魂找到食

粮。在理智上，他们也不可能默认那些被公开承认为和人类的信念不一致的结论。

但是拒绝怀疑主义是不够的，必须精确地表明它错在哪里以及如何出错。对于沉思的心灵来说，穿透事物的表面这种需要便被加强了。一种错误的哲学必须用它自己的武器来战胜。那些受过小教义问答（Shorter Catechism）滋养的人，以及那些习惯了在神学的伪
129 装之下进行思辨的人不会如此浅薄以至于傲慢地拒绝哲学，因为它的崇拜者们已经走上歧途了；但是人们需要这样一种哲学，给予人们的日常信念以连贯性和稳定性。当里德嘲笑这种观点即人“生来就必然相信一万个荒谬和矛盾，并且具有如此少的理性以至于正好足以作出这个不幸的发现，”以及当他主张既然常识和理性拥有同一个造物主，那么它们必定能够被调和起来，里德只是回应了他周围那些人的思想。他的任务就是调和它们。

在早年，他告诉我们，他曾经相信流行的“观念学说非常牢固，以至于包含了整个贝克莱的体系；直到发现由之产生的其他后果——它比失去物质世界还要更加让我不安，我的心灵……提出这个问题：对于这种学说，即我的知识的所有对象都是我本人心灵中的观念，我有什么证据?”当他把贝克莱的理论说成是通过从观念学说得出的不可回答的论证来证明“任何人通过他的感觉都不可能相信的东西”，他并没有很好地理解这种理论，他对它的信念也不是根深蒂固的。在诸如这样的段落中，很难免除里德利用大众的偏见这种责任。毫不奇怪，伦敦咖啡屋的常客们会嘲笑贝克莱所假设的对物质世界的否认，或者伟大的萨缪尔·约翰逊（Samuel Johnson）——他把亚当·斯密和休谟看作是低等的存在者——会认为用力的一踢
130 或他的手杖在路面上的一击就足以反驳贝克莱的观念论。但是里德不应该被轻易地放过。当他说，“我决定不相信我的感觉。我被拦在路上的一根柱子撞破了鼻子；我踩进了肮脏的狗窝；因此，在经过 20 次这样有智慧的和理性的行动之后，我被抓起来，迅速地关进了疯人院”，他只是在模仿嘲弄观念论的后果。里德非常清楚，贝克莱从未怀疑感觉的证据，而对于这种结果的承认可能会成倍地增加。我们通过感觉的知识的直接性和实在性是贝克莱观念论的根本学说；因此，当知觉表象论的支持者们指责他不相信他的感觉的证

据，贝克莱能够把这种指责掷回去：“你们不相信你们的感觉，我相信。”对于里德来说，正如对于贝克莱一样，唯一值得考虑的问题是：这个物质世界的本质，也就是这个不容置疑之物的存在，到底是什么?

虽然如此，休谟《人性论》的出版还是动摇了里德对贝克莱的思辨的信念；正是由于他看待这些问题的常识方式所特有的东西，他才受到怀疑主义的实践结果的推动，而不是其理论结果的推动。然而，他清楚地理解，休谟的怀疑主义是由洛克所教导的关于观念的经验主义学说的逻辑结局。在这种意义上，他自称自己是休谟的门徒，并且承认他从休谟的哲学著作中所学到的东西比其他所有人
的加在一起还要多。但是如果这种怀疑主义被认为是哲学的最终结 131
果，那么，他说，“我就会看到自己，以及自然的整个结构都收缩为转瞬即逝的观念，它们就像伊壁鸠鲁的原子一样在虚空中跳舞。”他断言，导致这些奇怪后果的观念理论必定有某种源初的缺陷，他决心来研究这种缺陷是什么。因此，他按照一种类似于洛克的方法研究人类心灵的活动，希望能够发现它的构造的“简单的和最初的原则”。在他的稍早著作中，他主要试图通过感觉来分析我们的知识。在他的较晚的和更为详尽的论文中，他的分析扩展至各种感觉，以及人的理智能力和主动能力。

在《探究人类心灵》的一开头，他便反对这样一种陈述，即我们的知识的起源存在于对各种简单的和不相关的观念或知觉的领会。在他看来，知识是一个复合物，所以对我们来说，对观念的简单领会只有通过分析我们的自然判断和源初判断才会变得可能。他用感觉和记忆来阐明这一点。感觉和在场的信念或判断不可分离地联系在一起；除了通过抽象，我们不可能分开这些要素。记忆则包含着我们所记住的对过去发生的事件的信念。感觉和记忆，加上它们所包含的判断，都是不可解释的；我们必须把它们看作是终极的事实。因此，说我们先拥有孤立的观念，而判断只是产生于比较这
些，以及识别它们的一致或不一致，这是不真实的。这种错误在 132
于，把印象或观念——就此而论，我们只是通过抽象的努力才认识它们——误以为知识的终极单位。

80 对于这种情形中的心灵活动，就像对于自然的物体一样，它们的确是由简单的原则或要素复合的。自然并没有把这些各别的要素显示为由我们来混合；在具体的物体中，她把它们显示为掺杂的和混合的，只有在艺术和化学分析中它们才能够被分开。

再者，感觉，或其他任何意识状态都必然包含着心灵。作为观念理论的逻辑结果，休谟早已把心灵还原为印象和观念的接续。因此，观念已经代替了它们的组成部分，并且暗中破坏了一切事物的存在，除了它们自己。但是休谟并没有提供关于他的前提的任何证明，只是因为是哲学家们共同接受的观点便承认了它们；任何证明都是不可能的。实际上，里德断言，每个人都相信一个个体的心灵或自我，他将自己的所有感觉和思想都归之于它。这种信念是由我们的构造所激起的，所以是不可抗拒的。因此，这么说就是不正确的，即我们关于关系的知识只是通过比较观念而获得的；有这样一个例子，其中一个相关的事物——感觉或观念——立刻在心灵中向我们暗示它的相关物。

在包含于感觉和记忆的那些不可解释的信念中，以及在对于人格同一性的那个同样不可解释的信念中，里德已经拥有非常多的第一原则（first principles），或者说常识原则（principles of common sense）。

133 如果存在某些原则，正如我认为存在一样，我们的本性的构造使我们相信它们，因此在人生的事务中，我们不得不把它们视为当然，而不能给予它们一个理由——这些就是我们称为常识原则的东西；和它们明显相反的东西，就是我们所说的荒谬的东西。

休谟曾承认，他的怀疑主义结论和本能或者人们的日常信念相冲突；里德对这个两难的摆脱是强调这些本能的信念，宣称一种健全的哲学不可能有其他任何根基。因此，对于怀疑主义哲学来说，里德的常识学说反对一种信仰哲学，主张存在着人类信念的第一原则，关于它们不可能给出任何的解释，但是作为终极者它们必须被信任。就其一般的方面来说，他的哲学包括对这些第一原则的辩护和列举。其特殊的方面则见之于常识学说在知觉问题上的应用。由于他是在尝试彻底列举第一原则之前讨论这个问题的，所以我们最好还是按照他的阐述顺序。

在他的知觉理论中，正如在他关于第一原则的一般论证中，他认为自己坚定地坚持人类的信念，而反对哲学家们。在他的《探究人类心灵》的题辞中，他试图获得“那些直率的和有洞察力的少数人”的赞成，因为“这些人能够注意他们本人的心灵的活动，以作为唯一胜任的裁判。”然而，随着他继续推进，他一再诉诸共同的看法（common opinion）作为我们的基本信念的伟大标准，并且断言， 134
“在这些争议中，每一个人都是胜任的裁判”，而“在常识的事务中，少数必须服从于多数”。他的知觉理论中的主导思想是，物质世界实际上就在那里，它为人类的心灵所知，而且被认为就存在于超出精神事实的范围之外处；这种信念是普遍的；怀疑其真理性是荒谬的。他反对这种学说，即我们只认识观念，以及作为其结果的学说，即除了观念我们没有任何权利断言存在；他诉诸这种常识信念，即我们可以认识独立存在于我们对它的知觉之外的物质实在。因此，他反对贝克莱关于“常人观念”（the notions of the vulgar）的这种观念论，“他们坚定地相信，他们知觉到的同一个对象在他们没有知觉它们的时候继续存在；他们同样坚定地相信，当十个人看着太阳或月亮的时候，他们所有人都看到相同的各别对象。”在另一段中，在引用了休谟关于所有人在这个主题上的观点和哲学的最微不足道的学说之间的对立这个陈述之后，他说：

> “在这里，存在着所有的人都经历的两种相反观点之间的明显冲突。其中一边站的都是常人，他们在哲学研究方面缺乏经验，并且为尚未堕落的自然的基本本能所指引。另一边站的是所有的哲学家，无论是古代的和现代的；反思的每一个人，无一例外。在这种区分中，让我极大蒙羞的是，我发现自己被归入常人一边。” 135

以此方式表现的常识哲学揭示了一些引人注目的特征。我们被邀请和里德——也就是没有反思的多数——一道并列以反对“反思的每一个人，无一例外。”那些认为他们是的站在其中一边，那些认为他们不是的站在另一边。假设我们完全不知道这种争议，并且就个人来说对这个结果并不感兴趣，那么会有这样一种怀疑吗，即作为理智的存在者，我们应该倾向于采取哪一边？在任何物理的问题中，我们信任那些已经解决了它的人，而不是那些通过解答的方式提出其不成熟信念的人。即使这样，虽然我们的日常信念可能是里德和常人的那些信念，我们难道不可以质问这些信念，并且通过我们自由支配的无论什么详查方式来努力弄清它们是否可以信赖？例如，我们不得不问，它们是否真的是终极的或源初的。不仅如此，我们还要问那个在先的问题，即这些信念实际上是什么意思。告诉我们这一点没有什么用：“我知觉到外在的对象，所以我知觉到它存在”，或者如里德在列举第一原则时所说的那样，“我们通过自己的感觉清楚地知觉到的那些东西真的确实存在，并且就是我们把它们知觉成的东西”。贝克莱可能说过这一点。当我们被告知，物质事物的存在，按照通常的信念，是独立于我们和我们的知觉的，我们没有作出任何实质性的进步。我们还是可以问：这个信念是不可能给出任何解释的终极信念吗？以及：除了认识它的心灵外，我们能够赋
136 予事物的存在以什么意义？如果我们喜欢，我们可以提出人类的日常信念，但是这不是哲学，就像人们的那些未受教导的信念（如太阳和恒星的运动可以构成天文学）一样。只有当我们反思性地研究那些我们以未经反思的方式所持有的观点或信念时，哲学才开始了。因此，只要里德把我们的日常信念看作是借以评价哲学的标准，他就是在规避哲学的正当任务。

但是里德毕竟是位哲学家，因此作为一个哲学家，他不可能满足于纯粹列举人们的通常信念。他支持这些信念，当它作为真理的终极标准满足他时。但是他认为自己也可以自由地考察和批评它们，无论何时只要他认为合适。如此歧义的立场是无法进行辩护的。费瑞尔问，“一个像大卫·休谟这样只有一手准备的哲学家去反对一个公开宣称利用——在时机需要的时候——无批判思维的貌似可信以及逻辑反思的精致的人，会有什么机会？”一旦里德开始分析我

们关于物质世界的知识，所指的就是反思的理性，而不是人类的共同信念；自始至终他都应当认识到，这个批判的反思才是最高的权威（supreme arbiter）。实际上，他的哲学是两种研究方法的不一致的结果：其一，诉诸共同的信念；另一个，批判分析的方法。第一个是非哲学的和错误的，因为我们的信念所包含的真理只有通过把它们交给反思的思想才能检验；就他采取了第二种方法来说，他就只
有追随那些在他之前的哲学家们，因为这就是笛卡尔、洛克和贝克 137
莱的方法。[①]

让我们接着转向里德对知觉事实的分析，忽略许多心理学的细节，以及尽可能把我们限制于我们通过感觉获得的关于物质世界的知识这个问题。

里德采取了心理学家们的通常学说，即我们的各种感觉作用，诸如嗅觉、味觉、听觉、触觉和颜色的感觉，都是有知觉心灵（sentiment mind）的状态。例如，关于嗅觉，他说："的确，它不可能存在于任何物体中：它是一个感觉作用，而感觉作用只能存在于一个有知觉的事物中。"我们的感觉作用不是别的，而就是它们被感觉到的那个样子；它们的本质存在于被感觉，因此，当它们不被感觉的时候它们就不存在。于是，它们就可以与它们的自然状况区别开来，不管是有机的还是无机的。例如，一朵玫瑰花可以产生嗅觉；但是这种感觉作用必须和那朵玫瑰花及其性质区别开来，必须和传播在空气中的气味（effluvia）区别开来，必须和身体器官的属性（affection）区别开来。常识的命令（dictate）是，"玫瑰或百合中真的存在某种东西，它被常人称为气味（smell），而且当它没有被闻到的时候，它可以继续存在"；但是假设花中的性质像那个感觉作用是荒谬
的。我们容易混淆这两种不同的事物，因为它们在我们的经验中被 138
联系起来，在想象中几乎变得不可分离。

因此，我们的感觉作用单独只能给予我们关于这个有知觉的心灵的信息，但是不可能使我们知道物质世界。然而，里德极为强调感觉和知觉之间的区分。我们被构造成这样，所以在感觉的时候，我们就知觉到独立存在于知觉心灵之外的物质对象和它们的性质。

---

① 对诉诸粗糙的或无批判的常识之弱点的一些绝妙评论见之于哈奇森·斯特林博士的《威廉·汉密尔顿爵士》。

追随洛克，他把这些性质划分为第一性质和第二性质。在他关于第一性质的清单中，他包括了广延、形状、可分性、运动、硬性、软性、流动性。由于第一性质的特征，它们才“假设了广延，而且如果没有它就不可能被设想。”广延的观念和第一性质的观念，一般不可能被分析为感觉。然而，虽然它们和感觉非常不同，但是它们却是通过感觉而被暗示给心灵的。抓住一个球，我们立刻知觉到它是硬的、有形状的和广延的；把手沿着桌子移动，硬性、平滑性、广延和运动这些性质立刻被暗示给心灵。这样获得的关于第一性质的知识是不可解释的；能够说的一切就是，通过我们的构造的一种最初原则，触觉在我们的心灵中唤起了对外部事物的概念和信念。从感觉中的自然符号（natural sign），心灵立刻传到所指物（the thing signified），虽然理性辨认不出它们之间的任何纽带或联系。通过触觉
139 和视觉，并且仅仅是通过这些感觉，第一性质最初为我们所知。触觉被里德，就像被他的前人们一样，用来包括的不仅是严格意义的触觉和对温度的感觉，而且包括伴随着运动和阻力的肌肉感觉。通过以此方式理解的触觉，我们就拥有三维物体的知识：关于它们的实际大小和形状，以及关于它们彼此之间的距离。通过视觉，我们只是最初地拥有二维物体的知识，就是关于可见的或外观的形状，以及大小。然而，在可见的和有形的大小和形状之间存在着恒常的联系，所以心灵通过视觉瞬间传到物体的实际大小、形状和距离。通过视觉的关于距离和实际大小的知识因此就是一个习得的知觉（acquired perception）；但是它依赖于人性的最初原则，它可以被称为归纳原则（the inductive principle），并且先于所有的推理向我们保证，自然进程中存在着确定的规则性。第一性质被认为就是它们本身之所是。我们对广延、可分性、形状和运动有一个清楚的和明白的观念；它们的本质彻底地为我们所知；我们被迫不仅把它们归之于一个有知觉的主体，而且也把它们归之于一个有形状的和可分的实体。里德因此提出对于物质实体的一种信念以作为我们本性的另外一个原则。他也承认对于物质可分性的信念以及对于空间知识的永恒性和无限性的信念，它们不可能完全来自于感觉的证据，因为“我们的各种感觉仅仅证明了所是的东西（what is），而不是必然所是的东西（what
140 must necessarily be）”。空间，他断言，“不像视觉对象和触觉对象的

必然伴随物那样是感觉的恰当对象。”

我们关于第二性质的知识，诸如颜色、气味、热和冷、味道和声音，是模糊的和相对的。它们被认为是通过知觉而在我们身上产生感觉的能力。例如，对颜色的感觉就暗示了对实际存在于某个外在对象中的颜色性质的概念和信念。比如说，经验发现对一种特殊气味的感觉和一朵玫瑰花结合在一起；我们对于自然的一致性信念使我们认为这种联系会继续下去，因此我们把气味的性质归之于那朵玫瑰花，虽然这种性质是，而且必定是和它所决定的那种感觉完全不同的。因此，虽然触觉和视觉单独就可以使我们认识第一性质，但是所有的感觉都告诉我们关于对象的存在，它们“被设想为外在的，而且拥有独立于我们的知觉之外的实际存在”。它们都“恒常地而且不变地暗示关于外在对象的概念和信念，不管它们是否被知觉到，这些对象都存在”。当我们问，感觉——除了有知觉的心灵它没有任何存在——如何拥有这种暗示物质对象的存在的能力，能够给出的唯一答案是这就是我们本性的构造。因此，里德就在感觉（作为有知觉的存在者的感情）和我们被迫相信它的那种相应的性质之间划了一道严格的分界线。第二性质的本质，就像在声音或气味的例
子中一样，是科学研究的合适对象；但是对于感知觉来说，第二性 141
质只是一个众所周知的结果的秘密或未知的原因。里德的知觉学说因此是一种彻底的二元论。一方面是有知觉的心灵，加上其感觉、概念和信念；另一方面则是物质实体及其性质。对他来说，物质世界就是一个实体的实在（substantial reality），被认识为至少如其实际所是的第一性质，而且不依赖于它被知觉这个事实。

在这种分析中，里德给了我们一种关于日常思想的纯粹记录。他一再诉诸常人的观点，但是他的“平凡的人”（plain man）或明智的“日工”（day-labourer）在大多数情况下就是里德自己的对应者，并且有能力通过相同的方法达到相同的结论。在区分感觉和第二性质（它们被认为是导致了它们——例如，在对颜色的感觉和对象中的颜色之间）时，他将自己和未加反思的思想分别开来。虽然他试着说明感觉和第二性质之间的混乱是哲学家们的错误，但是他承认通常形成的关于第二性质的观念是不清楚的和不准确的。因此，整个问题实际上就避开了多数的粗糙判断，而涉及反思的分析。

再者，很明显，里德的分析很少宣称原创性。他对第一性质和第二
142 性质的区分取自洛克，不过作了一些修改。在他对主动触觉的正确
的重视中，以及在他对习得性知觉的概述中，里德在很大程度上受
惠于贝克莱。他试图引入的改革在于拒绝洛克的表象观念，并且通
过对物质的独立存在的最初和根本的信念而超越贝克莱的观念论。
然而，他的语言很不精确，而且摇摆不定，所以有人怀疑他是否主
张（1）在知觉中我们拥有对物质世界的直接知识，或者（2）我们
拥有对物质事物的概念，而且也拥有对它们的存在的信念。有时
候，他明白地断言，物质事物就是知觉的直接对象。在别的时候，
他至少又同样明白地说，在知觉活动中存在着两种组成部分，“第
一，对象的概念；第二，对它的当下存在的信念”，二者都是不可解
释的。这就是他追求的最为精确的陈述。但是，这也是一种知觉的
表象理论，就像他所攻击的那种一样。如果我们只是通过概念或它
们的影像来认识物质对象——在他对词语的解释中，他用设想（con-
ceiving）和想象（imagining）作为同义词，那么我们的知识就不是直
接的，而是间接的。事实是，正如威廉·汉密尔顿爵士指出的那
样，里德并没有区分知觉的更为粗糙的学说——它把观念当作是和知
觉行为不同的精神实在——与那种更为精致的学说，即把行为自身看
143 作是表象的实在。他攻击其中第一种学说，而不是第二种。汉密尔
顿对他的理论的评论是，如果我们只可以直接认识到感觉和观念，
那么观念论学说就确立了起来，而二元论则被推翻；因为，在缺少
关于物质的第一性质的直接知识和当下知识时，我们没有任何权利
把它们断言为独立存在于心灵之外的。然而，这个批评并不像乍看
起来那样致命；因为，里德可以仍然坚持他的根本信念是和他的概
念结合在一起的，因此，不可抗拒的信念足以把我们带到任何
地方。

整个问题取决于里德分析的准确性或不准确性。在他关于感觉和第二性质的严格划界中——例如，在我们感觉到的热和他归之于火的那种热，他并没有想到感觉和第二性质可能是从不同观点指涉心灵和指涉物质对象的相同事物。他对知觉的分析，正如我们看到的那样，被歧义性破坏了，他的最清晰的陈述使他和一种他志在推翻的表象理论相去不远。他的知觉学说的重要性主要依靠两件事情。

第一，他对感觉和知觉的宽泛区分。第二，他建立在这种区分之上的作为反对贝克莱的观念论和休谟的怀疑主义的常识二元论的有力陈述。

在他的《论人的理智能力》中，里德试图完全列举第一原则，或 144
者说常识原则。在日常语言中，感觉经常用于判断；好的感觉（good sense）和好的判断（good judgment）是同义词，而共同的感觉（common sense）和共同的判断（common judgment）是同义词。他的常识原则因此就被置于判断这个标题之下来讨论。在区分了依赖于证据的判断和依赖于自明的或直觉的真理的判断之后，他说在一些命题上心灵悬而未决，直到被这一边的论证或那一边的论证所决定。

> “但是，”他继续说，“还存在着其他的命题，它们一旦被理解就会被相信。判断必然跟随着对它们的理解，二者同样都是自然的作品，和我们的原始能力的结果。不可能寻找到证据，也不可能权衡这些论证；这种命题不是从另一个命题那里演绎来的或推论来的；它自身中就拥有真理之光，没有必要彼此互借。”

他乐于同意洛克的这一观点，即从每个人来到这个世界上随身所带的命题这个意义上说，不存在任何先天的原则；他只是主张，当知性成熟时，它就会直接同意一些命题是自明的。在考察任何命题的证据时，它不可能会无穷倒退；迟早我们都必定会依靠第一原则。对这些原则的列举可能会导致诚实的观点分歧，但是他认为，这些可以通过严肃的考察和诉诸一致同意（general consent）来解
决。第一原则强到足以自我支持，而对它们的否认本身是荒谬的， 145
或者导致荒唐的后果。关于这些主题，诸如独立的物质世界的存在，因果关系法则的普遍性，或者对错之间的区分，总是能收集到人类的判断。语言也证实了对于自我的存在和对于物质实体及其性质的存在的常识信念；我们还可以诉诸人类的行为来反对那些有时候在口头上提出来，但是实际上却不可能持有的悖论。

里德承认，他的列举可能是不足，或者是多余的，或者二者都是。他把常识原则划分为偶然真理的原则和必然真理的原则。前者

断言，我们知识的有效性来自于感觉，来自于记忆，来自于我们精神活动的直接意识。但是虽然经验告诉我们现在所是的东西（what is）和过去以来一直所是的东西（what has been），而必然真理的第一原则却告诉我们那必定所是的东西（what must be）。偶然真理是反复无常的；它们可能一时为真，而另一个时间则可能不真；但是必然真理，就其本性来说，是不变地为真和永恒地为真的。在偶然真理的原则中，里德提到了对于我们所认识的一切事物的实在性的信念；对于我们的人格存在的信念；对于明白的记忆的证据的信念；对于作为被我们的感觉所知觉到的物质世界的实在性的信念；对于自然的一致性的信念。必然真理的原则包括对于逻辑公理和数学公理的信念；对于道德原则的信念；对于作为各种性质主体的物质实
146 体的信念以及对于作为我们的思想主体的心灵的信念；对于每个事件都必定有一个原因的信念。

最好是用里德本人的话来给出这份清单，虽然稍有压缩。

偶然真理的第一原则。

1. 我意识到的每一个东西的存在。

2. 我意识到的思想就是我称之为自我、我的心灵、我的人格的一个存在者的思想。

3. 我清楚记得的那些事情的确发生过。

4. 早在我们能够清楚地记得任何事情的时候，我们自己的人格同一性和持续存在。

5. 我们通过感觉清楚地知觉到的东西都确实存在，而且就是我们知觉到它们的那样。

6. 我们拥有某种程度的支配我们行动的能力以及支配我们的意志决定的能力。

7. 我们用以区分真理和谬误的自然官能不是虚妄的。

8. 我们与之交谈的同胞身上都有生命和理智。

9. 表情的某种特征、说话的声响、身体的姿态都暗示着心灵的某种思想和倾向。

10. 在事实中存在者对人类证据的某种考虑，在意见中甚至
147 存在着对人类权威的某种考虑。

11. 存在着许多依赖于人的意志的事件，其中存在着一种自明的可能性，或大或小则要视情况而定。

12. 在自然现象中，将要发生的事情可能与类似条件下已经发生的事情相似。

必然真理的第一原则。

1. 语法的第一原则，诸如，一个句子中的每个形容词必定从属于一些被实际表述或理解的东西。

2. 逻辑公理，诸如每个命题要么为真要么为假。

3. 数学公理。

4. 趣味事务中的公理。诗歌、音乐、绘画、戏剧动作和雄辩术的根本规则总是相同的，而且即使到了世界的尽头也还将是如此。

5. 道德中的第一原则，诸如一个非正义的行动比一个不慷慨的行动有更多的过失（demerit）；一个慷慨的行动比一个仅仅是正义的行动具有更多的美德（merit）；任何人都不应因为他无力加以制止的事情而受到指责；我们不该对别人做在类似条件下我们认为别人会同样对我们做的非正义的或不公平的事情。

6. 形而上学的第一原则，包括如下内容：

（1）我们通过感觉知觉到的性质必定有一个主体，我们称 148
之为身体，以及我们意识到的思想必定有一个主体，我们称之为心灵。

（2）开始存在的无论什么东西都必定有一个产生它的原因。

（3）原因中的设计和智慧可以从它在结果中的记号（marks）或符号（signs）确定无疑地推出。

这些“第一原则”是一个五花八门的大杂烩（miscellaneous assortment），其中许多表达得很含糊，以至于没有任何哲学价值。当然，其中一些没有资格得到里德将它们拔高到的地位。在阅读了他关于偶然真理的清单后，我们很想一起和费瑞尔大声说，“这些东西值得认识，但是它们不值得付出代价去认识，因为每一个人都已经免费地（gratis）认识它们了！”每一个哲学学派都必须承认我们的直接知识的有效性，以及依赖记忆证据和感觉证据的必要性。但是当我们超出这些基本的事实时，我们需要更多决定性的证据，而不是里德所承认的那样，即他列举的那些原则是终极的，以及对于这些意义的更精确的解释被赋予它们。他对必然真理的列举主要依赖于他本人的信念，即它们是必然的和根本的。他采取心理学的方法，并且沉潜到自己的意识中去，就像沉潜到一个幸运袋（lucky bag）中一样，其中有一切奖品，而无任何空白。由于在那里发现他对其没有任何怀疑，而且他与他人都共享的某些信念，他便赶紧把它们吸
149 收进来作为第一原则。他依赖于普遍同意，而不是对我们的知识的彻底分析；诉诸共同的同意（common consent），正如格林所说的那样，就是任由每一个精力充沛的绅士的支配，他很乐意说他在自己的胸中搜寻这些信念，但结果徒劳。在以这种通俗的方式达到的关于第一原则的目录中，不可能存在任何结局。的确，里德也没有宣称过结局；他对自己的成就的评价足够地谦虚。

同时，他为哲学提供的伟大帮助在于，作为对经验主义者的反对，他断言了人类知识中的必然性要素和普遍性要素。他看出，参考经验的偶然事实解释不了我们实际所有的知识。存在着我们的理智的根本原则，它可以“在特殊的场合中强迫同意，”即使当它们没有包含于一般的命题中。因此，一种真哲学不仅要考虑偶然因素，而且也要考虑我们经验中的必然因素和普遍因素；它会问，它们是什么，它们的意义（significance）是什么，以及它们是如何联系在一起的。在这个主题上，里德有资格得到这样的荣誉，即他努力解决现代哲学中的一个主要问题，虽然是以一种粗糙的和现成的方式。尽管他错在过于重视大众的赞成（popular assent），但至少指出了一种更好的研究方法。因此，在他对因果关系法则的讨论中，他表明：作为一个必然真理，它不可能被确立为一种来自于经验的归纳；处于我们观察范围之内的各种事件的原因经常是未知的，所以关于这些变化的经验自身并不可能使我们确信每个变化都必定有一
150 个原因；然而，人们还是赞成因果关系的普遍法则，并且将他们的实践建立于其上。的确，他没有在物质世界的变化中发现能力，认为我们对主动能力的信念主要产生于我们自己的意志作用；但是，他至少证明了没有对因果关系普遍法则的应用，我们的知识便不可能是它现在所是的样子。虽然他把第一原则看作是“我们的构造的

一部分”，但是他从未怀疑通过它们可以获得事物的实在性的知识。他也从没有想到去假设，我们的构造的根本法则可能只对于人类的理智有效；在这个方面，他的常识哲学——起源于一种反对怀疑主义的反弹——使他也免于了新不可知论之害。

里德关于对错的直觉理论揭示于他的《论人的行动能力》(*Essays on the Active Powers*) 中，这个理论和他的常识哲学完全一致。他抛弃了这种理论，即个体的幸福是欲望的唯一目的。例如，能力、尊重和知识自身都可以作为目的来追求，而不是必然地作为达到个人快乐的手段。在仁爱的感情中，对象的善和幸福就是最终被欲求的东西，而不是唯一作为得到别的东西的手段；“把我们所有的仁爱情感还原为自爱似乎是不合理的，就像要把饥饿和饥渴还原为自爱一样。”理性不仅决定达到我们欲求任何目的的手段，而且也决定被追求的目的，导致自我赞同或自责。理性为我们决定的目的有两个：我们的总体幸福和义务。在宇宙的智慧和仁爱的管理之下，不 151
可能存在义务和利益之间的任何对立。但是对于个人幸福的适当注意决不能产生那种值得我们给予最高热爱和尊重的德行。义务不会被还原为利益。最真的幸福之获得，不是通过追求可能把我们引入歧途的幸福，以及容易使心灵充满关心和焦虑的幸福，而是通过给予尊重义务以最高的地位。至此，里德还是紧密地追随着由巴特勒所规定的路线。

义务的概念太过简单，以至于不容许作任何逻辑定义。它必须被归于人的一种最初的能力或官能，它可以被不同地称为道德感（moral sense)、道德官能（moral faculty）或者良心（conscience)。“通过心灵的一种最初的能力，当我们达到理解和反思的年纪时，我们就不仅拥有了行为中的对与错的概念，而且还可以知觉到某些事情是对的，以及其他的事情是错的。”里德看不出任何理由对“道德感”这个名称生气；但他又远远不是把道德赞同或不赞同仅仅还原为感情。他早已强调理性对于伦理目的的必要性。我们的道德感情是道德判断的结果。或者，就像他用别的方法表达的那样，良心同时是一种主动的能力和理智的能力。它是一种主动的能力，因为每一个有道德的行动或多或少都要受到它的影响；它是一种理智的能力，因为通过它我们拥有对和错的最初概念。他认为，良心高于其他主动原

则的权威是自明的。他拒绝一切把义务的概念分析为同情感情（sym-
152 pathetic feeling）的做法，返回到那种更老、更真的学说，即意志作用而不是感情，才是道德判断的首要对象。

里德所提出的良心证明了那些所有道德推理的第一原则的真理，以及所有关于我们的义务的知识都必定从中演绎出来的真理。“因此，在道德中，正如在所有其他的科学中一样，必定存在着第一原则或者说自明的原则，所有的道德推理都建立于它们之上，而它最终也依赖于它们。”像我们的其他能力一样，道德官能通过不易察觉的程度达到成熟。由于我们区分对的东西（what is right）和错的东西（what is wrong）的能力是自然的，所以它需要培养和改善，也可以为教导（instruction）、榜样（example）和练习（exercise）所帮助或妨碍。存在着这样一些行为原则，一个人如果单独的时候可能不会发现它们，而当它们被置于他之前时他就会因为它们的内在的证据而被迫接受。因此，一个公平的和坦率的心灵必定承认仁慈、慷慨和宽恕的至上高贵，即使他曾经被教导有仇必报。

道德的自明原则可以列举如下：

和一般的德行有关的

1. 人类行为中存在着某些值得赞同和称赞的东西，其他的则应予谴责和惩罚；不同程度的赞同或谴责归于不同的行动。

153 2. 不是自主的行动既不应获得道德赞同也不应得到谴责。

3. 由于不可避免的必然性而做的事情，可能是愉快的也可能是不愉快的，可能是有用的也可能是有害的，但是都不可能成为谴责或道德赞同的对象。

4. 人可以因为没有做应该做的事情而受到责备，正如做了不应该做的事情要受到谴责一样。

5. 我们应该用最好的手段来了解我们的义务。

6. 就我们所知去尽自己的义务，以及增强我们的心灵以防任何偏离它的诱惑，这应该是我们最严肃的关切。

和德行的特殊分支有关的

1. 我们应该喜欢较大的善胜过一个较小的善；我们应该喜欢较小的恶胜过较大的恶。

> 2. 就体现在人的构造中的自然的目的来说，我们应该服从于那个目的，并且照此而行。
>
> 3. 任何人都不是仅仅为自己而生。
>
> 4. 在所有的情形下，如果我们处在另一个人的境况中，我们判断他对我们所做的事是对的，那么当他处于我们的境况时，我们就应该对他做同样的事情。
>
> 5. 对于每一个相信上帝的存在、完美和神恩的人，我们归之于他的崇敬和顺从是自明的。 154
>
> **和各种德行的比较有关的**
>
> 在不同的德行可能会导致的外在行动之间，可能存在着一种对立。在所有这样的情形中，不当的慷慨（unmerited generosity）应该服从于感恩（gratitude），而二者都应该服从于正义，这一点是自明的。对于那些衣食无忧的人的不当仁慈（unmerited beneficence）应该服从于对那些不幸的人的同情，虔诚的外在行为应该服从于怜悯（mercy）的行为，这同样也是自明的。

对于里德来说，这些原则似乎拥有一种他不能抗拒的直觉证据。人们会注意到，其中一些原则一般地陈述了义务的本质，而其他的则和审慎、仁慈、正义和虔诚这些特殊的义务有关。因此，它们部分地是对义务概念的解释，部分地是对里德曾被教导加以尊敬的启蒙道德的表达。正由于他在他的思辨哲学中不加批判研究就假定了许多第一原则一样，所以他使自己受到这种指责，即把现行道德的普通戒律假设为直觉的和自明的。在他写作的时候里，很少有人期待，他的心灵应该向这个民族历史上的伦理改变和发展的各种运动全部开放。的确，在某种程度上，他的道德哲学是对更为粗糙的直觉主义的推进，这种理论几乎忽视了过去和现在的伦理观点冲突，并且说得好像良心是每一个紧急事件中直接的和不可错的指南。面对世界所经历的各种相互冲突的道德理想，那种理论自身也 155
处于无法避免的困境之中。里德对这些困难的摆脱在于他提到在一般原则的应用中推理的必要性，以及承认培养或败坏道德官能的可能性。如果良心并不直接就每个行动发表意见，而是给予我们那些基本原则，我们的任务就是把它们应用到特殊情形中，那么在我们的推理中就存在着分歧的地方。毫无疑问，这一点是对的，即我们的道德判断能够提高或者变坏，而且在道德洞见中，正如在实践中一样，我们可以：

> 在我们的死去自我的铺路石上
> 站起来以到达更高的事物。

但是里德并没有试图表明，从他置于我们面前的众多普遍性中，如何可能详尽地推演出那些特殊的义务，他认为这些义务可以包括在对上帝的义务、对自我的义务和对邻人的义务这三个标题之下的一个道德体系里面。当良心被认为是宣扬对和错的终极原则和自明原则的官能时，培养或改变良心的声音的这种可能性无论如何需要解释。里德哲学所诉诸的普遍同意在这里是严重不足的。他承认，在过去时代的历史中，人们坚持着各种最明显的荒谬，不仅关于上帝以及对他的崇拜，而且也关于对同胞的义务，尤其是对儿
156 童、佣人、陌生人、敌人以及那些在宗教观点上持异议的人的义务。但是道德信念的冲突并没有很大地困扰他。他满意于“义务之路是一条平坦的道路，心中的正直性不太可能将此弄错”。他想当然地认为，每个人经过反思都必定赞成那些被他的心灵接受为自明的原则。我们可以承认里德的陈述是对道德原则和戒律的公平表达，虽然并不是全部。但是他并没有理解他们要求直觉真理的立场。今天，人们感觉到，没有任何一种道德理论让人满意，它们没有解释各种道德理想的冲突以及它们的逐渐发展。

里德强烈断言道德行为者的自由，它被定义为“决定自己意志的能力”。他主张，没有人会因他无能力帮助他人的事情而受到责备，所以自由对于道德来说是必要的。根据自我观察的证据，他认为行动经常是做了而没有动机，但是他承认没有动机的行动不可能是道德的。为了意志作用具有美德或过失，就必须要有一个动机。没有任何行动能够配得上道德赞同，除非是因为相信它在道德上是善的而去做它。但是他认为，动机不是原因。动力并不存在于动机之中，而是存在于那个用意志去驱使行动的人身上，正是单独从意志那里，我们得到主动能力的观念。“因此，动机可以影响行动，但

是它们并不行动。它们可以被比作建议或者规劝，这使人仍然处于
自由之中。因为给予任何建议都是徒劳的，如果没有能力去做或者 157
阻止它推荐的事情的话。在相似的方式中，动机假设了行为者身上的自由，否则它们就根本没有任何影响。”相反的动机就像律师在法庭上要求对方给出原因一样，决定则取决于法官。如果一个行动追溯到行为者作为其动力因，里德认为在设想自由方面就不会存在任何困难。这里招致批评的观点是，对物理因果关系中的效能或能力的否认；没有动机，意志作用是可能的这一陈述；以及最后，对自我决定能力这个意义上的意志自由的断言。里德的自由理论，虽然为今天一些著名的哲学家所认同，似乎意味着一个抽象的意志或自我的虚构，是它们之间的冲突的动机和任意选择。因此，如果动力因可以和动机分开，那么正如在中立的自由（liberty of indifference）中一样，就不存在道德赞同或不赞同的任何理由，或者从性格预测人类行动的任何理由。如果，另一方面，就像里德愿意承认的那样，只有那些为道德动机所影响的行动才是道德的，那么他的自由理论就需要修正。道德行动必定是性格的表达，因此自由并不存在于人格性，而是存在于人能够形成道德理想并且按照道德理想而行动这个事实中。在物理因果关系的领域中，没有任何东西与此相似。

在他的单篇论文里，里德并没有阐述他对自然神学的观点。但是
从他经常提到这个主题来说，我们可以猜测他会把他关于上帝的存在 158
和特征的论证建立在动力因原则之上，建立在设计的证据之上，以及建立在我们的道德本性的命令之上。在这里，正如在别处一样，他已经准备好了常识原则。“最完美的道德正直被归之于上帝”以及“人是一个道德的和负责任的存在者，能够做对或错的事情，并且因为他的行为而向创造了他的上帝负责，”他认为，都是“每个人的良心所规定了的原则。”正如弗雷泽教授（Professor Fraser）在他的《托马斯·里德》（著名的苏格兰人系列）中所指出的那样，里德晚期思想的特征就是，他最为重视物理因和动力因之间的区分，物理科学“只关心能力运作的法则或方法”。在意志作用中，我们意识到动力因；在他看来，物质世界这台伟大的机器的运作——和恒常的法则一致——需要上帝的能力的持续不断的活动。

里德哲学虽然是不完美的，然而在某些重要的方面它却是在正确的方向上的一步。由于把坚定的信仰灌输到人性的诚实中去，它产生了直接的影响；他使他的同胞们免于了主观现象论之害，它后来在南方变得很流行；它对必然真理的断言使得学习哲学的人理解康德的更深刻的分析相对容易。被罗伊尔－科拉德（Royer-Collard）介绍到法国后，它充当了一种反对感觉主义哲学和物质主义哲学的
159 强大平衡力，在法国它们曾经是经验主义的结果。里德的著作为乔弗里（Jouffroy）所翻译。库辛（Cousin）最为重视里德，他在其《哲学论文集》（*Philosophie Ecossaise*）中所给予的称赞现在看来似乎是夸张了。威廉·汉密尔顿爵士编辑的里德著作集出版于1858年，这是他在大不列颠具有持久影响力的一个证据。虽然哲学现在已经向前流入其他的渠道，但是普林格尔·帕蒂森教授（Professor Pringle-Pattison）在他的论苏格兰哲学的讲演中通过比较——尤其提到里德——对休谟的苏格兰回答和普鲁士回答，仍然提供着良好的服务。西季维克教授（professor Sidgwick）1895年4月在《心灵》的一篇文章中记录了他的观点，即学生们"现在甚至还可以发现在和这位思想家的认真的、耐心的、明晰的和具有洞察力的理智进行亲密交谈时获益匪浅，在现代思辨史上他把苏格兰这个名称和常识哲学联系在了一起。"读过《伦理学方法》（*Methods of Ethics*）的人，没有谁注意不
160 到其作者赋予作为实践研究和思辨研究起点的常识信念的价值。

8

乔治·坎贝尔（1719—1796）

坎贝尔是里德创立的阿伯丁哲学学会（Aberdeen Philosophical Society）的最初成员之一。这个学会的讨论范围很广，包括哲学主题和科学主题。然而，他们特别注意“心灵哲学”（the philosophy of mind），这些成员一般都同意里德用常识学说来反对休谟的怀疑主义。在一封写于1763年的信中，里德向休谟传达了他的“友好的对手们”（friendly adversaries）坎贝尔、杰拉德和格里高利的赞美之辞，并且补充道：“虽然我们都是虔诚的基督徒，但是您的来访将会比圣亚那休斯（St. Athanasius）的到来更受欢迎。既然我们不能请您来充当裁判，您就比其他任何人都更加经常地被带到法庭上来，热心地接受指控和得到辩护，却没有任何怨恨。”坎贝尔对这个学会的贡献主要是由后来被收入他的《修辞学哲学》（*Philosophy of Rhetoric*）中的论文所构成。这本著作以及其他著作让他成为那个时代最有活力的思想家和作家之一，但是在哲学这个词的较为严格的意义 161
上来说，他只是偶然地讨论哲学问题。

乔治·坎贝尔（George Campbell）是阿伯丁一个神职人员的儿子，出生于1719年12月25日。他天生是位法学家，但是却表现出对教会的强烈喜爱，在爱丁堡听了神学课程之后便进入了阿伯丁神学院。1748年，他被任命为班克瑞·特南（Banchory Ternan）的牧师，9年后成为阿伯丁的牧师之一。在这里，在这个意气相投的学会中，他继续从事他早已开始的研究计划。1759年，他成为马里沙阿学院的校长。1763年，他发表了他的《论奇迹》（*Dissertation on Miracles*）作为对休谟的回应。1771年，他被选为马里沙阿学院的神学教授及校长职务，放弃了他一直担任的市主管（city charge）。他的《修辞学哲学》出版于1776年。他的其他著作有：《四福音书译本》和前面的论文，以及死后出版的《教会史讲演集》(*Lectures on Ecclesiastical History*)。1795年，他辞去职位，得到了一笔皇家退休金，第二年他死于中风，差不多里德去世前几个月。

虽然坎贝尔的著作没有一本是纯哲学的，但是他的《论奇迹》和《修辞学哲学》却都提到了第一原则。休谟曾经声称，没有任何证据足以证明一个奇迹。他主张，证据的明见性建立在经验之上；
162 但是牢固的和不变的经验已经确立了自然的法则，而且较弱的证据必须服从于较强的证据。对于这一点，坎贝尔答复说，首先，“证据对先于经验的信念有一种自然的和原始的影响”。给予证据的最早同意是最不受限制的，只有通过逐渐的经验它才会被降低到较窄的范围。“因此，说我们对证据缺乏自信是经验的结果这一论断更具有哲学性，因为它比说我们对证据的信仰有这个基础要更符合真理。所以，没有经验的青年人容易受骗；相反，上了年纪的人总是不信任的。”对于这种反驳，即对先于经验的证据的信仰是不可解释的，他答复说，必定存在着某些信念的原始根据，如果超出它们，我们的研究就不可能进行。在这些当中，他提到了因果关系法则和自然的一致性原则。坎贝尔因此愿意把不能被彻底依赖的倾向以及需要通过实际经验来检验的倾向看作是信念的一种原始根据。他要求确立一种支持证据的假设，但是按照他自己的说法，在证据的明见性在任何给定的情形中都能被承认为可靠的之前，必定仍然存在着对经验的诉诸。然而，坎贝尔接着指责休谟在使用经验这个词时的歧义性，主张诚实的目击者的证据要比推导一条普遍法则或者那条法则对特殊情形的应用——其中所有的条件不可能都知道——都要强得多。他也
163 主张，从要获得的目的的尊严来说，存在着一种特殊的假定，即奇迹可能会被用来支持宗教。在他的《论奇迹》的第二部分，他声称基督教信念建立于其上的奇迹可以得到充分的证明，而其他那些被断言的奇迹则“没有价值的赝品”(paltry counterfeits)。要是忽略对“知性的第一原则”(primary principles of understanding)的诉诸，那么他的总论点可能不会受到影响。

在《修辞学哲学》中，他对第一原则的讨论更加广泛。坎贝尔把雄辩(eloquence)定义为“谈话(discourse)借以适应其目的的艺

术或才能”。他说，“所有说话的目的都可以还原为四个，即每一个演讲都是为了启发知性，愉悦想象，打动激情，或者影响意志。”这个区分的第一部分使他来研究证据的不同来源，以及它们所适应的各种主题。他告诉我们，必定要么是直觉的要么是演绎的。在直觉的证据之下，他包括了：(1) 数学公理，(2) 意识，(3) 常识。一些数学公理，例如“整体大于其部分”，只是解释了我们的词语的意义，并且为逻辑上的同一律所证实，虽然在特殊情形中承认它们的真理要先于发现那条更为一般的公理。但是其他那些直觉到的真理，比如当我们把两个数字加起来时，就不止是解释或定义；正是通过这些简单的原则的帮助，数学家们才能继续他们的发现。意识 164
的直觉真理是一个人确信他自身的存在，以及他的精神状态或精神活动的那些真理。正是通过这个原则，我们才能评价“美或丑，和谐或不和谐，雅致的或荒谬的”，以及快乐或痛苦。和里德相比，坎贝尔在更为有限的意义上使用常识一词。他说，我们从中可以确认下列这些真理：

> 凡是有一个开端的事物必定有一个原因。如果在结果中存在着几个部分对某个目的的明显适应，那么在原因中必定存在着理智。明天的自然进程会与今天的一样，或者说，将来会与过去相似。存在着物体（body）这样的东西；或者说，存在着独立于心灵的概念之外的物质实体。除了我之外，宇宙中还存在着其他的理智的存在者。毫无疑问，我的记忆关于过去事件的清楚的表象是真实的。

坎贝尔将演绎证明划分为演证的和道德的证明以及或然的证明。后者又细分为：(1) 经验的证明，其中，归纳是建立在关于事实的全部和一致的经验之上；(2) 类比，建立在某种更为遥远的相似性（remote similitude）之上，而且一般来说，它压制反对意义比证明真理更加成功；(3) 证据，口头的或文字的；以及 (4) 偶然性的统计（calculation of chances）。在他对或然推理的论述中，坎贝尔为斯图尔特随后的许多沉思起到了示范作用，在这个论题上甚至对于J. S. 密尔也可以这么说。他提出了为密尔的每个门徒所熟悉的问 165

100 题，即三段论（syllogism）是不是窃取论题（petitio principii）。在对这个问题作了肯定的回答的同时，他还表达了一种天真的惊讶：窃取论题本来就应该被认为是一种错误，因为在一个不在前提中假定被证明的观点或原则的三段论中总是存在着某种根本的缺陷。

在其他方面，坎贝尔论修辞学的著作仍然是很有趣的。在坚决地把修辞学的原则和心理学联系在一起这一点上，他表明自己是苏格兰学派的真正门徒。但是，他对哲学问题的论述，正如我们看到的那样，包含的不过是对里德的重复。他的影响因此就倾向于证实
166 那些已经打上了苏格兰哲学印记的学说。

9

奥斯瓦尔德和贝蒂

在里德的《探究》出版之后，常识被热切地称赞为对各种哲学困难的解答。对那些从不质疑的人来说，它似乎是结束争议的一条方便捷径。他们只需将对他们来说似乎是不容置疑的信念打上常识真理的标签，事情就解决了。奥斯瓦尔德和贝蒂的名字尤其与苏格兰思想的这种通俗方面的发展有关系。在两人中，对于前者，几句话也许就足够了。

詹姆斯·奥斯瓦尔德博士（Dr. James Oswald），是迈斯文（Methven）的牧师。1766 年，他出版了《为了宗教诉诸常识》（*An appeal to Common Sense in Behalf of Religion*）的第一卷，第二卷出版于 1772 年。他拒绝洛克的经验主义和它所导致的怀疑主义，并且批评所有支持道德的和上帝存在的论证。有学识者和无学识者们所犯的错
误，以及哲学家和神学家们所犯的错误在于使最神圣的和最明显的真 167
理服从于推理的精致。“人类的心灵，”他说，“有一种能力，它可以在一见之下就能迅速地、清楚地以及带有不容置疑的确定性对明显的真理作出断言，这种真理相似于——如果不是等于的话——由感觉的外部器官传递来的信息。”宗教和德行的伟大真理是理性知觉（rational perception）的对象，它们基于自身内在的证据而得到承认。他问道，我们为什么要试图去证明只有傻子才不知道，以及只有疯子才会否认的那些真理呢？他没有试着精确地列举以此方式得到保证的基本真理（primary truths），但是更为特别地提到了物质实体的实在性，因果之间的不可违背的联系，自我决断的能力，上帝的完美和道德管治，以及善恶之间的本质区别。我们只需要观察宇宙的秩序

就行了，我们必须承认上帝的能力、智慧和善。[①] 所以，我们可以
168 直觉地知觉到我们自己或他人行为中对的东西和合理的东西。他乐于承认，大多数人可能不知道我们所熟知的根本真理，常识可能因此被偏见和激情所阻碍。但是，只要基本真理被公正地、全部地陈述出来，它们就必定会得到赞同。对公众意见（common opinion）的诉诸经常站在错误的一边，而对常识的诉诸总是站在真理的一边。虽然受到压制，但是常识不可能被扑灭，因此对于具有健全知性的人来说它的判断必定是决定性的。总而言之，奥斯瓦尔德博士认为，他的观点就是那些常识的观点，所以每个具有健全知性的人都必定同意他的看法。因此，在他的手里，常识理论退化为一系列善意的，但却是独断的陈述；而即使这些也是不严密的和不精确的。在所有时代里困惑着人们心灵的那些困难不会因此轻易地被清除；人们正当地反驳说，奥斯瓦尔德的论述方式不是把哲学简单化了，而是摧毁了哲学。

詹姆斯·贝蒂（James Beattie）1735 年 10 月 25 日出生于金卡丁郡（Kincardineshire）的劳伦斯柯克（Laurencekirk）。[②] 他的父亲是一个小农场主和零售商，在他 7 岁时去世，哥哥照顾他长大。在通过教区学校——他在这里得了个“诗人”的绰号——的考试后，他进入了阿伯丁大学的马里沙阿学院，他的教育靠的是一小笔奖学金（bur-
169 sary）的资助。1753 年获得学位后，贝蒂接受了位于福尔敦（Fordoun）的教区校长的职务，这个地方离他的出生地只有几英里远。在这里，他为周边的景致之美而感到狂喜，经常在夏天的夜里待在

---

① 虽然奥斯瓦尔德坚持关于上帝、他人的直觉知识，并且同样热衷于宗教事业，但是却走向了另一个极端。因此，早期的苏格兰哲学家，圣安德鲁斯大学的神学和教会史教授，阿奇博尔德·坎贝尔博士（Dr. Archibald Campbell）曾经主张，人类没有关于上帝的先天知识或印象，除了启示之外不可能发现上帝的存在和完美。坎贝尔的著作出版于 1739 年，书名为《启示的必然性：或，对和宗教事务有关的人类能力的研究；尤其是这根本的两条，即上帝的存在和灵魂的不朽》（*The Necessity of Revelation*: *or an Enquiry into the extent of Human Powers with respect of matters of Religion*; *especially those two fundamental Articles*, *the Being of God and the Immortality of the Soul*）。在很大程度上，他的论证是建立在对希腊哲学取得的那些结果的考察之上。

② 《法学博士詹姆斯·贝蒂的生平和著作》（*Account of the Life and Writings of James Beattie*, *LL. D.*），阿伯丁大学和马里沙阿学院的道德哲学和逻辑学教授。作者为皮兹里戈（Pitsligo）的威廉·福布斯爵士（Sir William Forbes），三卷本。

户外，拂晓时才回家。他向《苏格兰人杂志》(*Scots Magazine*) 投了几首诗，他的诗学才华加强了他和加登斯通勋爵（Lord Gardenstone），以及更为著名的蒙博多勋爵（Lord Monboddo）的友谊，他们都是法官。1758 年，他成为阿伯丁文法学校的一名教师，两年后，艾洛斯伯爵（Earl Erroll）提议，他被任命为马里沙阿学院的道德哲学和逻辑学教授。虽然贝蒂曾在杰拉德博士（Dr. Gerard）的指导下研究过哲学，但是他并没有特别地关注哲学问题；然而，那个古老的观念仍然在徘徊着，即一个接受过大学训练的有才能的人适合于任何教授职位，当然这种任命经常是通过朋友的影响达成的。

1761 年，他出版了一卷《原创诗和译作》(*Original Poems and Translations*)，受到极大的欢迎。在这之后是 1765 年的《巴黎的判断》(*Judgment of Paris*)，这本书不太成功。他的哲学声望所依靠的《论真理》，出版于 1770 年，当即大获成功，并且在四年里出了五版。一个四开本的版本出版于 1776 年，还包含了“论诗和音乐”，“笑和滑稽作品”，以及“古典学问的功用”这些论文。他的《行吟诗人》(*Minstrel*) 的第一部分出版于 1771 年，第二部分出版于 1774
年。到此刻，贝蒂在伦敦的文学界已经是众所周知了。在牛津大 170
学，他在“极其热烈的掌声”中被授予民法博士学位。他还受到国王和王后的亲切接见。“我从没偷过一本书，但有一本除外，”这个信仰的保卫者说，“那就是你的书。我从王后那儿把它偷了来，然后给赫特福德勋爵阅读。”作为对于这唯一一次偷窃的补偿，国王赏给这位哲学家兼诗人每年 200 英镑的补助金。雷诺兹（Reynolds）将贝描绘成把他的《论真理》夹在腋下，真理天使在他身边盘旋，一只手里拿着一杆天平，而偏见、怀疑主义和愚蠢的形象中，有两个与伏尔泰和休谟有些相似，他们因害怕而躲避照射到天使胸部的太阳的光芒。在异口同声的赞扬之中，戈德史密斯（Goldsmith）是个持异议者。他斥责雷诺兹在“像贝蒂博士这样平庸的作家”面前侮辱像伏尔泰这样的天才，并且预言那本著名的《论真理》会在十年里被遗忘。然而，它的名声一直持续到 19 世纪，甚至查尔默斯博士（Dr. Chalmers）还因为这本书将他从怀疑论中解脱出来而推荐它。休谟对《论真理》的那些讽刺（diatribes）没有作任何答复，但是私下里谈到“那个顽固的、愚蠢的家伙，贝蒂”，而且据说在一个场合还说过：“真理！其中没有任何真理；它满纸都是骇人听闻的大谎言。”

由于更喜欢留在阿伯丁，部分也因为身体欠佳的缘故，贝蒂拒绝了爱丁堡大学的道德哲学教授职位和所提供的在英格兰教会的生活所需。他在本质上并不适合于争辩，因此在写给威廉·福布斯爵
171 士（Sir William Forbes）的信中说道：“预见和避免关于抽象的和有趣的论题进行的论证这种习惯迟早会对我的神经系统产生可怕的影响。”间或地，他又出版了论做梦和其他论题方面的文章；他的《道德科学要义》（*Elements of Moral Science*）——包含他的各种演讲的节本——以两卷本的形式分别出版于1790年和1793年。他生命的晚年是很悲惨的。由于精神病，他的妻子和他长期分居。在他的两个儿子中，大儿子本有希望成就一番事业，并且还作为助手和继承者和他一起共事过，然而却在22岁那年死了。随后，他的第二个儿子又死于1796年。这个悲痛至极的父亲呼喊道：“现在这个世界已经与我无关了。”他的记忆力衰退了，有时候他在房屋里逡巡着寻找他的儿子，并且对他的侄女说：“你可能会认为这有点奇怪，但是我必须要问你，我是否有个儿子，他现在在哪里。”他不再能完成他的教授职位职务，虽然他仍然能在书中以及几个老朋友那里找到一些欢乐。在经过几次中风之后，他于1803年去世。

贝蒂的传记作者把他描述为具有中等身材，走路无精打采，一张平凡的脸孔为漂亮的黑眼睛所弥补。这双眼睛看上去有点忧郁，除了当他在谈话中变得活跃的时候。他的字体也证明了他的敏感以及温和的性格。

《论真理》源自于作者对休谟哲学的实际后果的忧虑。他抱怨道，“怀疑主义现在成了每个时髦的人性研究者的职业；怀疑主义没
172 有局限于纯粹思辨的那些论点，而是已经扩展到了最重要的实践真理中来，甚至是道德的和宗教的那些原则。”贝蒂没有把休谟的怀疑主义当作是把思辨哲学建立在一个更坚实的基础上的一个挑战，而是将它认作一个独断的体系，人们被要求以理性的名义接受它。按照这种观点，他不仅拒绝它，而且还把那些支持这种有害的学说的人作为全民公敌来斥责。对他来说，休谟“如此言辞凿凿地触犯了德行和人类的所有朋友”，这既是让人感到义愤的事，也是令人惊讶和难过的事。从这种很高的道德高地出发，他为自己的热心作了辩

护，同时粗暴地把怀疑主义者们谴责为骗子、伪君子和罪犯。在他看来，这种流行的哲学似乎就是“大量的混乱、神秘和荒谬”。他的笼统的谴责覆盖了从笛卡尔到休谟的整个近代思辨。实际上，这位奇怪的哲学家表现出对所有思辨哲学的明确的反感。他认为，和人类心灵有关的事实对于所有人来说应该都是明显的；如果它们不是“容易的和明显的”，他会将之当作是反对他就这些论题要说的几件事情的强有力的假设。因此，他就用无批判的常识的命令代替了对哲学的并不成功的分析。这些在他看来足以为道德和宗教辩护，所以他不要求什么更多的东西了。很容易理解，这种轻松的学说是如何诉诸那些平常的庸人的，他们荣幸地相信他终生是一位一流的哲学家而不知情，以及他的常识信念的价值比曾带给他短暂的不安的那些似是而 173
非的结论要大出无数倍。由于这一点，造成了《论真理》在苏格兰和英格兰的普及。然而，很清楚，贝蒂的攻击模式只是诉诸较低的和未习思辨的这个层次的心灵。苏格兰最受尊敬的那些哲学家们还没有习惯把神学仇恨（odium theologicum），或者甚至伦理学仇恨（odium ethicum）引入到他们的著作中去。无论他们怎么坚决地固守他们的实践的信念或思辨的信念，他们都会依据理性公正地看待他们的对手，并且平等地对待他们。苏格兰那些宗教心灵的典型特点是，认为没有任何东西比最自由的研究更可怕，真正的哲学必定是对真正的宗教友善的，以及哲学中的争议最后应该予以解决。因此，世界上各个地方的苏格兰人——在南十字星座之下的，正如在北方的星座之下一样——一直都是这种哲学教义的重要的倡导者。

在《论真理》的第一部分，贝蒂论述了真理的标准。一些真理的确定性是被直觉地或是通过常识知觉到的；其他一些真理的确定性则是通过理性（reason），他将这个词用作推理（reasoning）的同义词。必定存在着凭借其自身的证据而被认知的公理或原则，所有的推理必定终结于这些第一原则。于是，所有的证据最终都是直觉的；或者，换句话说，对人而言，常识才是真理的标准。他认为，自明的真理的数目是非常大的，因此，“在常识的标准上不同的人可 174
能有很大的差异”。第一原则对不同心灵的影响也可能有所不同；像其他的本能一样，常识会因为缺乏练习而衰退，但是也可以提高到某种程度。常识信念可以见之于数学之中，因为所有的数学推理都依赖于我们必须相信而不用证明的公理；如果说，这些公理是来自于感觉的那些个别物，那么这至少也包含了对作为终极者的感觉的诉诸。外感觉的证据被认为不仅确立了感觉的实在性，而且也确立了独立于知觉者之外的物质世界及其属性的存在。内感觉则证实了精神现象，也证实了灵魂的存在和持续的同一性，意志的自由，以及道德情感和信念的正当性。记忆也必须被加以信任。每个事件都出自某个原因的判断是直觉的和普遍的；既然可以合理地断言世界有一个开端，那么它就必定有一个原因。自然的一致性这个假设不可能在逻辑上得到证明，而是依靠常识。类比推理，以及愿意相信证据这些都是建立在本能的倾向性上。

《论真理》的第二部分提出了这个问题，即我们通过什么标准来区分常识原则和偏见或意见？为了回答这个问题，贝蒂求助于作为科学的数学和自然哲学，因为在它们中发现了比在其他任何科学中更多的真理。从数学家的范例中，我们可以学会将那个原则当作是
175 终极的原则，因为它凭借自身内在的证据迫使我们相信。正如在数学中所有的推理都终结于直觉，在自然哲学中，所有的推理也都终结于感觉的证据。结果就是，这些原则被认为是终极的和不可否认的，它们得到了见多识广的感觉（well-informed sense）——不管是外感觉还是内感觉——的证据的保证。见多识广的感觉或知觉官能的标记有：(1) 应该存在这样一种倾向，它毫不犹豫地把由之传递来的感情或感觉信任为真实的（true）、真诚的（genuine）以及自然的；(2) 接受的各种感觉在相似的条件下应该一律相似；(3) 正被谈论的这种官能不可能误导我们伤害自己或者给自己带来不便；(4) 被传递的各种感觉和其他的知觉应该是一致的；(5) 它们应该和他人的感觉或观念（notions）一致。在直觉真理中，贝蒂包括了公理和数学中已证明了的结论；灵魂和身体的存在，以及物质世界的存在；我们的感觉关于物质事物的属性的证据，诸如雪的白性（whiteness）以及火的热性；关于义务的伟大的和重要的原则；对人类似乎是直觉上可能的任何事物的可能性。

在对怀疑主义哲学攻击的同时，贝蒂主张物质的各别和独立的存在，因为这是所有没有疯的人的必然和不可避免的信念。他嘲笑那种“虚假的证明”，即除了作为心灵中的观念之外，物质没有任何

存在，并且用这句陈述表示了他对贝克莱理论的理解，即如果这个理论被相信的话，那么不到一个月后地表上将不会有一个活着的人！ 176
他认为，贝克莱的门徒是不一致的，如果他避开悬崖峭壁，或者躲闪全速奔驰的六匹马拉的马车。事实上，贝蒂把贝克莱当作否认了他试图将物质世界归之于那些观念或感觉的存在。关于自由和必然性这个论题，贝蒂断言，作为运用于我们的自发运动中，或者物体之间相互的作用和反作用中，能力或主动性是可以理解的。人认为自己是一个自由的行为者；一种自然的情感是他去谴责有意的伤害，而称赞有意的仁慈；因此，没有自由就没有任何的道德。“在我看来，所有的人都认为他们自己是自由的，这一点就和所有的人在思维一样是显而易见的。”

《论真理》的第三部分主要是答复那些反驳。在进一步详细论述了怀疑主义的后果之后，贝蒂攻击休谟把道德的、理智的以及身体的（corporeal）德行搞混了。他声称，在这些每一个情形中，我们的赞同都是一个完全不同的种类；心灵——其官能按照适当的比例结合起来——依赖于它们的感情，并且一眼就能看穿道德的主题。现代的思辨——除了里德的《研究》——都被谴责为可鄙的，怀疑主义则被描述为“邪恶地释放出一颗无情的和愚蠢的心，它错把自己的不安当作是天才的活动”。

在《道德科学要义》中，贝蒂论述了——通常还是以肤浅的方
式——心理学、自然神学、经济学、政治学、逻辑学和修辞学。在论 177
自然神学的章节中，他赞同克拉克对上帝存在的先天证明，但是他自己却把精力转向作为最明显的证明的设计论证明。他的道德哲学把道德善恶的区分归因于良心（conscience）这个官能，它既包括判断又包括感情。实质上，他这里的观点就是巴特勒的观点。他轻率地置道德判断的差异于不顾，只承认良心在某种程度上容易受习惯的影响。他说，“义务的对象就是上帝、我们的同胞以及我们自己。给一个理性的存在者关于这些的正确观念，他的道德官能就不会允许他对他们应负的义务一无所知。”

以上所说足以表明，贝蒂比里德肯定要低很多。怀疑主义哲学不可能成为人类理智的目标，这一点毫无疑问是真的。同样真实的是，哲学追求终极的真理；但是在目前这个带有对哲学分析怀有轻

蔑的时代信仰中，对于真理的追寻却是鼓励懒惰，败坏理性的方便法门。贝蒂重视普遍同意（general assent）；但是，当他把常识说成是在不同的心灵中会由于它们的不同构造或人生境遇而不同时，甚至必然性和普遍性这块试金石也被抛到一边去了。如果事实果真如此的话，那么所谓的常识对于每个个体来说就是私人的，因此也就
178 没有所有的人都可以诉诸的标准。“哲学的结论，”正如休谟认真地说过的那样，“只不过是系统化了的、修正过了的对日常生活的反思罢了。”贝蒂所做的，是提供了对日常生活的无分析和未加修正的反思，而且一点儿也不能算是有系统的论述。他对怀疑主义者的激烈的斥责是苍白无力的。他没能理解怀疑主义哲学可能为思想的进步带来的贡献，他也没有看出只有通过一种更为深刻的（penetrating）哲学，我们才能使自己摆脱哲学所导致的那些困难。

贝蒂的诗至少要比他的乏味的文章更长久。《行吟诗人》的第一部分尤其因为一种对自然的热烈的爱而显得生气勃勃，这种对自然的爱在当时是很罕见的，其旨趣为这种确认所加强，即他对行吟诗人的童年的描述来自于他的青年时期的记忆。下面这几行经常被引用的诗可以说明他对自然之美的热爱，同时也表明他没有觉察到“语词的荣耀”（the glory of words）：

> 哦，你如何能抛弃自然让与她的崇拜者们的
> 这无边的魔力？
> 鸟鸣的森林，回响的海滨，
> 果园的浮华，和田野的装饰；
> 清晨温暖的光线把所有这一切都染成了金色，
> 所有这一切都回应着黄昏之歌，
> 山峦的遮挡的胸怀保护着所有这一切，
> 以及所有天堂的辉煌，
> 哦，你如何能抛弃，而希望得到宽恕？

一节来自更有人为色彩的诗《隐士》（*The Hermit*），不仅因为其内在的美，而且也因为托马斯·布朗（Thomas Brown）——像贝蒂一
179 样，他把诗的成就和哲学的教义结合了起来——在没有情绪的时候就

不能背诵它，并且他还在给学生们讲最后一次课时引用了它： 109

现在是夜晚，风景不再可爱；
我感到忧伤，但是，你，森林，我的忧伤不是为你；
因为清晨就要来临，你的魔力还会回来，
充满着新鲜的芬芳，闪烁着露珠的光芒：
我也不是为冬天的荒芜而忧伤；
仁慈的自然会拯救萌芽的花朵。
但是，春天什么时候才来拜访这腐朽的坟墓？
哦，它什么时候才会给这死亡的夜以光明？

10

詹姆斯·博内特，蒙博多勋爵（1714—1799）

蒙博多勋爵（Lord Monboddo）的命运吸引他同时代人的注意，对他们来说他的观点似乎很荒唐古怪。他对柏拉图和亚里士多德亦步亦趋，相信哲学的唯一希望在于对古代那些伟大的思想家们的研究。至于那些自称无需古代的思想和学问的帮助就可以写哲学的人，他粗暴地宣布他们的著作都是可鄙的，无论是内容还是风格。对于那些以摆脱了学派的愚蠢以及发现了"归纳的心灵哲学"的人来说这些是难以理解的话。因此，当他宣称相信，人从可能还带着尾巴的动物状态到人类的上升，并且进一步主张人在艺术和科学中的进步已经导致了其在身体的力量、身材以及寿命方面的衰退时，
181 他遭到阵阵的嘲笑。我们现在应该倾心于用更加厚道的眼光来看待他对希腊思想家们的尊敬，更加全面地理解他把哲学看作是第一原则之科学的概念，并且将他对从纯粹的动物状态到人类的进步这一解释认作是对进化论的一个阶段的粗略的预见。

詹姆斯·博内特（James Burnet）1714 年出生于位于金卡丁郡的蒙博多的家里，在教区学校毕业之后受教于弗兰西斯·斯金博士（Dr. Francis Skene）。斯金后来成为了阿伯丁大学的教授。作为那所大学的学生，博内特尤其留意希腊文学哲学。随后，他又在格罗宁根（Groningen）学习了三年的民法。终其一生，他都深切地怀念着他的父母，关于他的父亲，他在晚年写道："他卖了他的一处房产给我以教育，和我现在这么大年纪可以享受的果实；他们这样做比假如他们留给我一个公爵爵位（dukedom）再加上最大财富还要让我更幸福。"在获得苏格兰律师资格后，由于他在著名的道格拉斯案中的成功，他获得了首席位置。1767 年，他被任命为最高民事法庭法官，头衔是

蒙博多勋爵。虽然经常对他的同事们的决定持异议，但是他仍旧保持着一个好律师和正直的法官的好名声。他的律师职务和法官职务并没有妨碍他热情地从事哲学研究。1773 年，他出版了《论语言的起源和进步》(*Of the Origin and Progress of Language*) 的第一卷，后来总共有六卷本。1779 年，他的《古代形而上学》(*Antient Metaphys-* 182
ics) 第一卷出版，而其他五卷则在接下来的二十年里时不时地出版。甚至就个人习惯而言，他也获得了古怪的名声。他推荐并实践着勤洗澡 (frequent bathing)；在乡下，他六点钟起床，并享受一次流水 (running stream) 提供的洗澡；夜里，在洗过热水澡和空气浴 (air bath) 之后，他按照古人的方式给自己涂油。他拒绝使用四轮马车，认为这是堕落时代里的蠢事之一，甚至在他年事已高时还经常骑着马去金卡丁郡和伦敦。乔治三世曾经说，“非常奇怪，非常奇怪，我的法官们骑着马去城里；而我的骑兵军官们却一个人乘坐着邮件马车旅行!”在晚正餐 (late dinner) 还不为人知的时期里，他把晚餐变成一天当中的正餐，这又是一个怪癖。他在爱丁堡的夜间娱乐变得很出名，它们的魅力在不小的程度上是由于他的谈话的特别味道。

> “他的哲学，”沃特·斯科特爵士说，“具有新颖奇特的，又多少有点异想天开的特点；但是他的学问是深刻的，而且他拥有一种非凡的雄辩的能力，它使听者想起格罗夫 (Grove) 或阿加德米 (Academe) 的圆嘴 (os rotundum)。由于热切地偏爱传统的习惯，他的那些娱乐活动总是在晚上进行，其时，玫瑰花环装饰的长颈瓶中的精美波尔多红酒来回倒着，而那些玫瑰花也效仿贺拉斯的方式零星地点缀在桌子上。无论是就地位而言，还是就文学荣誉来说，这个最好的社团一直见之于坎伦盖特 (Canongate) 的圣约翰大街。这位杰出老人的谈话，他的绅士 183
> 般的、有骑士风度的快乐，他为自己的新颖的悖论进行辩护的学问和智慧，他殷勤好客的友好、自由精神都必定使这些 (noctes conoque) 为所有像这位作家 (虽然当时还年轻) 一样有幸坐在他这里的人所珍视。”

他喜欢他那群朋友。他写道，“没有一个活着的人比我更感激朋友的了。”在伦敦的文学界中，他总是受欢迎的。在蒙博多，他对待他的佃户很是亲善。他的地租账簿很小，但是他婉拒增加它，并且给予很长的租期，他的抱负是让尽可能多的人舒适地居住在这里的土地上。他夸耀说，如果大不列颠的每一块土地都有和其地租成比例的人居住的话，那么居住者的数目将会超过四倍。正是在这里，他接待了萨缪尔·约翰逊（Samuel Johnson）。正如约翰逊所说，由于蒙博多勋爵谈话的吸引力，在去苏格兰高地（Highlands）的路上他又改道前来；他承认，“我们所受的招待足以补偿更大的改道。”后来，约翰逊却不失时机地嘲笑蒙博多。他说，“其他人都有奇怪的观念；但是他们都隐瞒着它们。如果他们有尾巴，他们将它们藏起来；但是蒙博多就像一个松鼠一样嫉妒它的尾巴。”这位不甘示弱的哲学家也表达了他的观点，即约翰逊博士是他所知道的最令人厌恶的和最恶毒的人。由于家庭的丧亲之痛，蒙博多为求安慰而转向了他
184 钟爱的希腊文。他的妻子，一位可爱的女人，死得很早；1774 年，他的儿子也死了；而 1790 年，他又失去了他的小女儿，伊丽莎白，她非常热爱她的父亲，她的美、优雅和善良也得到了伯恩斯（Burns）的赞美。在从葬礼上返回时，他的女婿为了免除父亲的伤感，把他失去的女儿的画像挂到了墙上，这位老人说道，“对了，威廉姆森；我们现在去找希罗多德吧。”1799 年 5 月 26 日，在他 85 岁的时候，他去世了。他的精神活力差不多一直保持到了终点。①

蒙博多的《古代形而上学》，正如他在序言中解释的那样，首先被用来取悦他自己，其出版是着眼于后代人，而不是希望影响那个时代的大众。这本著作自始至终都受到他崇拜的希腊哲学的激励。

---

① 奈特教授所著的《蒙博多勋爵和他的一些同时代人》(*Lord Monboddo and Some of His Contemporaries*)（由 Murray 出版于 1900 年）包含了蒙博多的生平和性格方面的有趣的概述。蒙博多和他的朋友之间的通信在这里是第一次出版，这些信件包括收自和写给詹姆斯·哈里斯（James Harris，《赫尔墨斯》的作者）、理查德·普莱斯（Richard Price，《道德中的主要问题和困难评述》的作者）、萨缪尔·霍斯利（Samuel Horsley），后来是罗切斯特大主教（Bishop of Rochester），以及其他一些非常著名的人物。这些信是以一种传统的礼节写成的。蒙博多勋爵所写的那些信非常清楚地解释了他的哲学的一些主要原则。但是他的论古代哲学的著作必须被看作是对他的最成熟的思想的权威阐述。在接下来的评述中我把注意力集中于这一点上。

他说，“我从不知道在哲学中任何不是学者的人获得了成功。”但 113
是，在他非常熟悉的古代的伟大作家们中，以及在将他们的思想应
用到现代问题上去时，就不只有学者们了。正如人们可以从一个柏 185
拉图和亚里士多德的门徒那里所预料到的那样，他关于哲学的概念
与他的那些心理学同时代人的那些更受限制的定义形成了鲜明的对
比，他仅仅轻视“那些因为他们研究过几何学、机械学和自然史就
把自己想象为哲学家的人”。他的《古代形而上学》包括人的哲学、
自然的哲学以及上帝的哲学。[①] 亚里士多德将哲学定义为作为存在
的存在之科学，而柏拉图则把它说成是所有关于神和人的事物的知
识。蒙博多把形而上学定义为“关于原因和所有存在的事物的原则
的科学；主要是关于心灵的科学，即宇宙中首要的东西，以及所有
事物的第一原因，同样的，也是一切可以被称为原因或原则的第一
原因，虽然低于或从属于心灵。”因此，它是普遍的哲学，将宇宙作
为其研究对象，并且解释所有艺术和科学的原则。他和现代哲学家
们的主要争执是，他们“进行心理学研究却没有心灵”，并且把自然
系统变得太机械了，他们假设物质一旦被推动，就可以根据其内在 186
的能力继续运动下去。他主张，虽然物体和心灵之间的区分是根本
的，但是，没有心灵的主动性，自然的活动就不可能继续。他认
为，存在着一个至上的心灵，他支配并指引着自然的活动；在这个
至上的理智之下，在无限的从属地位里的是其他的心灵，它们推动
物质宇宙的各个部分；人类的心灵，虽然是通过感觉的活动而唤起
的，但是却拥有现成观念的能力，这些观念只能是来自于心灵自身
而不是其他任何来源，而它们的最终起源都要归之于上帝的心灵。

“事物的全体”（university of things），正如他所说的那样，被划分为心灵和物体。作为实体，这些东西仅仅是通过它们的活动而为人们所知；但是如果存在着行为（actions）或活动（operations），那么

① 第一卷解释了形而上学的本质和范围，并且确定了它的普遍原则；第二卷涉及心灵和物体以及不同种类心灵之间的区分，这导致了对人类知识的起源的思考；第三卷论及人的植物部分和动物部分，详细论述了他假设的随着人从动物状态进入文明状态而体格退化的理论；第四卷和第五卷继续这个论题，详述了人以及他在艺术和科学方面的进步史；虽然第六卷试图确立上帝的存在，以及确证他对这个世界的支配。然而，这些卷册充满了重复之处，主要思想以稍稍不同的形式反复出现。

就必定存在着行动和活动的东西。他认为，物体决不会和心灵分开；没有任何东西是死的或无感觉的。心灵遍及宇宙，给予所有的物质事物以活力，因此是它们的各种运动的原因。物体不能够推动自身。心灵单独起作用，而物体则是被作用；因为所有的物体都处于运动中，所以宇宙中必定到处都存在着心灵。因此，心灵可以被定义为运动着的东西，或者有能力运动的东西；而物体则是被推动者或可移动者。物体的可移动性包含着它的其他主要属性，如广延、可分性、阻力以及不可入性；而推动物体的能力对于每一级别
187 心灵来说都是共同的属性。关于物体和非物质的推动性原则的区分，蒙博多受惠于亚里士多德。卡德沃斯、克拉克、巴克特，甚至洛克都曾主张过物质不能推动自身，以及主动能力是心灵的一种特殊属性这个学说。他根据许多理由为这个学说辩护。除非我们混淆了主动（actio）和被动（passio）这两个对立的范畴，他认为，否则我们必须要区分推动者和被推动者。如果物体能够无需心灵的活动而推动物体，那么我们就绝不可能获得关于运动的真正原因的知识，因为我们的研究会把我们带回到无穷倒退之中。进一步说，虽然我们通过感觉知道物体是被推动的，但是通过意识我们知道我们能够运动自己的身体，并且通过它们推动其他的物质事物。只有这样，我们才能形成推动物体的心灵的观念；但是，在这里我们拥有的是真正的原因，我们有权利通过类比将这种知识扩展至所有其他的运动。在抬起一只手臂时，手臂不是自己抬起来的，而是被心灵抬起来的。因为心灵以此方式产生了运动，为了解决所有的现象，为什么不应用一种被承认是充分的能力呢？按照这种观点，自然的整个领域不是别的，而就是物体中的心灵。

他主张，对应于不同种类的运动，必定存在着不同等级的心灵。在这个等级的最底层是“要素心灵”（elemental mind），通过它，所有的物体，甚至是无机物，都与不变的法制一致地被推动着。蒙
188 博多抛弃了巴克特的这个观点，即宇宙中运动的数量是由至上的心灵的直接行为来维持；因为他认为这会把上帝贬低为一个生命（anima mundi），对于随意运动的类比来说，更令人愉快的是相信一个运动的内在原则，甚至是那些被称为无生命的物体。次一级的是植物心灵，它导致营养、生长和繁殖这些特别的运动。通过这个原则，

每个部分都为了整体的利益而合作，而每个有机体也通过其特殊的 115
天赋或心灵保持不变，虽然构成它的物质的每个粒子可以变化。更高一级的是动物心灵，它被赋予感觉，快乐和痛苦，食欲和欲望，以及为了个体的维系和种族的继续而提供的本能。比这些更优秀的是人类的心灵，它拥有意识和理智——“这个心灵不仅可以知觉到外部对象，而且可以知觉到它在知觉它们；不仅可以理解特殊性，而且可以理解普遍性；既可以辨别其他的本性，也可以辨明自己的本性；最后达到对伟大的宇宙及其更伟大的创造者的沉思。”人的心理，虽然是那些具体心灵中最完美的，但仍然和运动的次级原则联系在一起，所有它们都结合在一个永恒的链条上。这些心灵虽然以此方式结合在一起，却仍旧被蒙博多看作是不同的实体。它们的活动是完全不同的，虽然低级心灵要服从于高级心灵。

和其他的心灵相比，人的不同特征开启了知识论的问题。正是
由于理智的独特性，所以它虽然开始沉浸于物质中，但它还是能逃 189
开它，而将自己送入一个观念的世界。通过抽象和概括，它进而形成普遍的观念和理性的话语，并且能够理解和评价真理，不管它们是作为永恒的或不变的真理，还是仅仅作为或然的真理。自然最初是作为一片混沌呈现给我们的。通过感觉，我们知道的不是事物本身，而是摆脱了事物的影像（shadows）或谬见（idola），就像柏拉图的洞穴比喻一样。但是在使用理智中，我们形成了十分不同于感觉的观念。和感觉不一样，理智除了系统不知觉任何东西。甚至我们对于任何个别东西的知觉都是一个系统，因为我们可以区分其主要的属性和从属的属性。种类是一个更大的系统，包括许多个别的事物，所以我们可以向上达到越来越高的等级，位于在各种范畴或普遍观念之下。对于多中之一的辨别也没有结束于这里，因为我们可以从宇宙系统的普遍观念上升到关于其伟大的创造者的知识。对宇宙的秩序和美的沉思，以及对宇宙来自于它的至上的心灵的沉思，就是我们的本性能够达到的最大的幸福，因此可以被称为至福直观（Beatific Vision）。在观念的形成中，蒙博多认为这样说是不可能的，即心灵能够在多大程度上理解更高的统一性中的更大的多样性；以及他不能完全怀疑对普拉提诺和上帝的不可言传的能力之神秘结合的解
释。在抽象和概括的逐步进程中，他认识到语言这一“所有艺术和 190

科学的母艺术”的巨大的重要性。但是观念仅仅是科学的材料；还需要命题和推理。因为推理不可能无限制地继续下去，所以必定存在着为理智所发现的公理或自明的命题。

在发展他的关于知识的起源理论时，蒙博多抛弃了洛克的经验主义，并且将他的《论语言的起源和进步》概括为“一个仓促的、未加工的、杂乱无章的思想的集合。”他说，经验主义的箴言“存在于理智中的东西无不先存在于感觉之中”（Nihil est in intellectu quod non prius in sensu）对于幻象或想象来说是一样的，但是对于纯粹理智就不一样了，它自身之内包含着并非来自于物质的观念。这些观念，“虽然它们可能潜存若干时间，但最终还是会被唤醒和激发，首先是通过外部对象作用于我们的感觉器官的推动力，然后通过对于理智心灵必不可少的主动能力。”心灵自身的观念，不管人的还是神的，都不可能来自于感觉；被纳入物质世界，并且反映在我们的普遍观念（general notions）中的观念（ideas）或形式（forms）属于一个理智世界，而其材料不过是一个类型（type）或者说偶然的影子（passing shadow）罢了。实体的观念不是感官的知觉；它也不可能通过任何程序的抽象而获得，因为我们只可能从已知的东西中进行抽象，而从实体中抽象出性质意味着我们早已熟知它。心灵因此产生出不是它自己存储的观念来；通过感觉识别了广延、不可入性和阻力这
191 些性质后，我们立即知觉到，必定存在着一个有广延的、不可入性的和阻力的实体；通过意识认识我们自己的心灵的活动，我们也知道，必定存在一个活动着的实体。相似地，因果的观念不可能来自于外感觉或内感觉——休谟正确地认为，按照洛克哲学的原则，我们只可能知道一个事件先于另外一个事件。蒙博多反对把因果关系归结为序列的经验主义学说，而支持亚里士多德列举的四因说：只能是心灵的动力因；假设了不同形式的物质因或普遍的物质；必定和物质合并在一起以产生存在的任何事物的形式；为了动力因起作用的终极因或目的。德行和美是不能在经验主义的前提下得到辩护的观念。关系的观念也必定是得自于心灵，因为感觉或反省在给予我们相关事物的知识时并不能提供给我们关于关系的观念。结论就是，我们的观念除了心灵自身外不可能来自于其他的源泉。不是通过感觉，而是通过理智，我们理解到事物的形式；甚至物质事物的

本质也只是心灵而已——它是推动物体以及产生其所有性质的内在原则。“因此，看起来，甚至感觉对象的观念都不是来自于感觉；而如果不是来自于感觉，那么它们必定来自于心灵；感觉所能做的一切就是，激发心灵将它们从自己的存储中产生出来。”然而，心灵并不能创造它的观念，正如它不能创造它自身一样。因此，它们必定是来自于一个至上的心灵。人们承认，在呈现给心灵的先于感觉激
发的观念这个意义上来说，不存在任何的先天观念。人类的理智首 *192*
先是一种纯粹的能力，可以被比作是一张白纸；但是，在个体中，正如在种类中一样，存在着从潜存到实存的逐渐的进步。

蒙博反对亚里士多德，而积极支持柏拉图的观念学说。我们不仅模仿上帝而思想着他的思想，而且，他还认为，上帝心灵中的思想实现于非物质的实在中，柏拉图称之为观念。当我们形成属和种的观念时，我们的知识的对象因此就是实际存在的事物。他认为，说我们的普遍观念的对象没有独立的、个别的存在，以及包含在它们之下的特殊事物，这是荒谬的。于是，他假设了一个因果的链条，个别事物源于普遍的观念，而这些普遍的观念又源于更加普遍观念，这样一直到我们上升到最普遍的观念或范畴为止，然后从这些到达所有存在的源头。甚至柏拉图的回忆说也为蒙博多所赞同。他认为，人的理智，当从其牢房中解脱出来时，将会沉思被感觉遮蔽了的事物的观念形式。所有心灵的非物质性都是得自于这样一个信条，即运动的原理不同于被推动者的原理。但是，要素心灵不可能有任何个别的存在，因为其唯一的功能就是推动物体。同样的理由也适用于植物生命。动物心灵的来世存在更加值得怀疑。但是人
的心灵，因为它可以无需物质而活动，因而必定可以个别地存在。 *193*
究其本质而言，它是不朽的，不会自行地消亡，除了上帝的直接行为之外。

作为拥有理智和单独值得被称为意志的东西的人来说，其提升解决了自由意志的问题。心灵中没有任何商议或考虑来赋予无机物或植物以活力，甚至动物也会仔细考虑个别物，所以，在心灵的更低层中“命运就是自然，自然就是命运。”所有的意志实际上都是自由意志。理智必定为某种动机所决定，这就是善，不管是实在的还是现象的。因此，在这一方面，意志是自由的，其决定来自于内

部；按照它对善或恶的理解，理智决定它自身。成为一个自由的行为者就是要受理性的管治，我们的理性越完美，我们的自由就越完美。当康德和格林把理性的存在者描述为根据对法则的意识而行动时，这个根本的观点和他们的是相同的，虽然自然是依照她没有意识到的一致性而行动。

心灵和身体之间的根本区分包含了激发我们各种感觉的独立的物质世界的存在。蒙博多拒绝诉诸共同的信念，认为它是非哲学
194 的；他也不能接受这种陈述，即通过我们本性的构造，对感觉对象的每一个知觉都会伴随着它的存在的信念。人在大部分情况下都是根据感觉的现象行动，而没有考虑他们的知觉的对象是不是实际的存在。然而，他认为，一个独立的物质世界的存在已经为感官的知觉和幻觉的复制物之间的差异，我们的知觉的不随意的本性，以及感觉器官和超有机物体之间的区分所证明。不能说，在这些论证中他已经克服了知觉表象论的困难。他认为，第一性质和第二性质的真正区分在于我们将各种科学建立在一些物质性质——比如在几何学和音乐中——的基础上的能力，而不是建立在其他的东西之上。几何学被描述为一门假设的科学，因为它的定义是假设的，而它的公理又来自于其定义；它的观念是通过对真实世界的抽象而获得的，因此，它成为一门真正的科学，仅仅是假设了物质世界的存在能够得到证明。严格地说，这样一门科学是具有科学性的或者说是演证的。我们借以从特殊事实达到普遍法则的归纳来自于自然的一致性原则。哲学家相信，经常发生的东西在同样的条件下还会再次发生，因为他假设了自然中的一致性体系。每一位实验哲学家都是一个一神论者，不管他知道与否；因为，根据任何合理的理由都不可
195 能相信自然中存在一个体系，而不相信一个有序的理智。空间和时间被描述为既不是实体，也不是性质，而是物质世界的附属物（adjuncts）或伴随物（concomitants）。除了和物体有关外，空间没有任何实际的存在；相似地，绵延被认为是存在的普遍条件，除了事物的存在和持存外也没有任何的实在。

通过植物生命和动物生命而向人的上升等级暗示了这样的一个进步可能已经发生过了。这个观点为蒙博多所主张，并在他的《古代形而上学》中得到了极为详尽的扩展。他认为，人是宇宙的整个

系统的一个类型；自然的顺序是这样的，即“必定存在着从植物到动物，以及从动物到人的进步，不仅在个体中，而且也在种类中。”他又说（和达尔文的理论严格一致），如果在个体中，在子宫中以及在死后都存在一种进步，那么在种类中应该存在着从纯粹的动物到理智生物的进步，这就不足为奇了。因此，他假设了一种自然状态，其中人仅仅是一个动物，没有衣服，没有房屋，没有火，四足爬行，不会使用言语。在这种状态中，理智还没有显露在活动中，人此刻还不能形成观念，也不可能有关于对错的任何看法。逐渐地，观念形成了，语言被发明了，虽然——蒙博多认为——离不了超自然的某种帮助。作为区别于仅仅对肉体的感觉是快乐的东西，对知识以及对善的爱也得到了发展；家庭开始联合在一起，政府加上 196
艺术和科学也产生了。他认为，这种理智的进步伴随着体格的退化，理智是以牺牲动物的本性为代价而得到滋养的。和野蛮人相比，当今的文明人已经在健康，在力量，在身材，在寿命，在自然的聪慧，以及在忍耐力方面都退化了。由于文明状态的那些非自然的习惯，人类必定还会逐渐地衰退下去，直到最后灭绝，除非被自然的某种灾变所消灭。然而，文明社会并不必然地是恶作剧的产物，因为我们的艺术、科学、宗教和哲学都来自于它。不过，他坚持认为，和古代文明相比，现代文明衰退了；古代世界中的哲学家和学者尽最大努力接受德行和科学，这些道德存在者期盼着来世，在那里他们可以达到本性能够达到的最大的完美。

当蒙博多从这些一般性中走下来，并诉诸事实时，他的理论便为人所鄙视了。由于对人类的可能的多样性印象深刻，他极为轻信地接受了关于人长着尾巴，或者在额头或胸部长着眼睛的故事，关于只有一条腿或者一条腿比另一条短的人种的故事，关于人长着狗的脑袋的故事，关于半人半兽的故事，甚至关于表现在雕塑中的斯芬克斯（狮身人面像）的故事；他还记录了一系列关于雄性人鱼（mermen）和美人鱼（mermaidens）存在的值得注意的证据。在论这个种族的退化时，他同样轻易地接受了适宜于他的理论的每个旅行者的传 197
说，无论是新的还是老的。在缺乏统计资料的时候，他提出了一个关于欧洲、亚洲以及近几个世纪以来的美洲人口逐渐下降的似乎非常可信的证据。当然，在试图通过事实来检验他的理论方面，他是对的；但是他偏爱古代世界的这种偏见压倒了他的判断；注意到这一点还是非常令人同情的，即在缺少可靠的数据，在他不懂自然科学，尤其是在他容易轻信这些情况下，他要区分真假是多么无能为力。今天，他对人类历史的描述，加上那些奇闻轶事的大杂烩，可能有助于满足好奇者的消遣；它也有助于记下一个世纪里我们在人类学中所走过的距离。

神学被描述为哲学的顶峰。通过自我的知识和关于世界的知识，人的心灵能够获得至上存在者的存在和属性的知识。正如早已暗示过的那样，蒙博多把神学和他的作为物质的动力（motive power）的心灵理论联系在一起。自然，或者遍布于所有无机物和有机物中的那个生机原则（animating principle）总是朝向一个目的，却没有关于目的的知识。因此，必定有一个更高的能力来提出这个目的，并指引着自然的活动。没有任何事物可以没有原因而存在；同样可以确定的是，必定存在一个自存的、必然的和永恒的第一因。这个原因必定是心灵，因为心灵是所有运动的原因，并且是唯一的动力因。
198 蒙博多保留着古老的动力因和物质因的区分，主张第一因作用于其上的未成定状的物质一直就存在；就像他所说的那样，它是“永恒原因的永恒产物”。除非承认作为推动能力的心灵和作为被推动者的物质之间的区分，否则，“一神论的体系就不可能建立在坚实的哲学基础上”。上帝的属性可以通过关于我们自己的知识以及关于**他的**成果的知识来发现。作为一个安排好了的体系，宇宙的完美表明它是一个至上的理智的成果，而上帝的善见之于世界的产物——它回答了它想要实现的目的，及其管理中。自然的恶被解释为产生于不变的自然律，并且和系统不可分离；道德恶则被解释为产生于给予人的自由意志这一礼物，以及他对什么是善和恶的错误判断。人和低等动物都可以享受本性能得到的一切幸福，因此，神意被证明是合理的。在这种神义论中，主要的观点是，宇宙必须被认为是一个理性的系统，虽然我们不能理解它的所有细节。

这个概要，虽然并不详尽，但是可以给予作者以公平的看法，他在其同胞们的手里“已经忍受了一些不公正”。遗憾的是，他过于重视物体必须被心灵推动这个原则。他对惯性（vis insita）的否认使他和牛顿的理论相冲突，他将之批评为包含着这样一种学说，即在第一推动力之后，物体会继续机械地运动下去。和巴克特以及其他人一道，他强加给物质以随意的无能力性（disability），并引入心灵的活动 199
性来帮助他摆脱困境。他的赋予所有物质以活力的要素心灵（elemental mind）的假设是通过随意运动的类比而获得的。但是，这种假设是错误的，即当有机体中发生的变化是为了回应意志时，人的心灵会给能量的储存增加些东西，而这种能量在物质世界中永恒地保持不变。由于这种假设的类比的失败，关于要素心灵的论证也就被清除掉了。蒙博多关于遍布宇宙的次级心灵的断言也并没有他想象的那样对他的一神论学说那么重要。关于这些有生命的原则的假设自身并没有保证向至上的能力的过渡；甚至可以说，在心灵的名义之下，运动能力依附于每一个物质粒子，它杜绝而不是需要求助于一个至上的心灵以作为运动的来源。因此，在他的一神论论证中，蒙博多被迫依靠熟悉的设计论证明和有限原因的不充足性来解释事物的起源。同样不幸的是，在断言从动物阶段到人的逐步上升中，他依靠的是绝对没有价值的证据，并且沉溺在他的与高贵的野蛮人相比较的文明人的体格退化这一业余嗜好中不能自拔。通过诸如这样一些怪癖，他向那些门外汉们（the Philistines）现出了原形。

但是在考虑到所有的特质之后，还是有大量的东西令我们肃然
起敬。他不仅能够，而且也的确研究了古代哲学。他的《古代形而 200
上学》尤其令人感兴趣，因为它提供了古代哲学和最近的思想间的联系，这种新思想认为，如我们所知，和实在取决于感觉的材料一样，它也取决于先天的要素，或心灵自身促成的或辨明的调节性原则。在某些方面，蒙博多比其他任何苏格兰的同时代人都更明智地持这种立场。无论是根据他自己的评价，还是在众人的眼里，和这些人相比，他显得有些落落寡合。但是，毕竟，相似性压过了差异性。在抛弃经验主义及其所导致的怀疑主义方面，他与他们的意见还是一致的。和他们一样，他主张心灵和物质的二元论。和他们的目标一样，他的伟大目标就是要确立心灵在宇宙中的至高无上性，并且重申对上帝、对自由以及对不朽的合理信仰。他对希腊哲学的
热情崇拜并没有妨碍他在这些方面成为他的国家以及那个时代的 201
产物。

11

亚当·弗格森（1723—1816）

在苏格兰哲学教授中，没有比亚当·弗格森（Adam Ferguson）更有趣的人物了。他热情、坚定和雄辩，是爱丁堡大学第一个赋予道德哲学教授职位以荣誉的人。他多彩的人生经验、他的历史知识以及他对古代伦理学体系的推崇都影响了他的思想，使他更加依靠对人性的扩展研究，而不是依靠心理学的分析。虽然他的著作现在受到忽视，但是，毫无疑问，他是苏格兰大都市的思想领袖之一，大学的学生和有名望的人都来听他的讲演。

弗格森是佩思郡（Perthshire）的洛吉莱特（Logierait）一个教区牧师的儿子。卡莱尔博士（Dr. Carlyle）说他是一个具有苏格兰高地的自豪感和气质的人。在圣安德鲁斯大学毕业之后，他就在爱
202 丁堡大学开始了神学课程，他的朋友和同学有罗伯逊（Robertson）、约翰·霍姆（John Home）、布莱尔（Blair）以及其他那些其名字已经和这个世纪的文学史和政治史联系在一起的人。在结束课程前，由于他的盖尔语（Gaelic）知识的缘故他被授予著名的苏格兰高地警卫团（Black Watch）的牧师职（chaplaincy）。随军团到达欧洲大陆后，他出现在丰特内战役（Battle of Fontenoy）中，在那里他和战斗纵队一起投入了战斗。沃特·斯科特爵士（Sir Walter Scott）对下面这个版本的故事负责：

> “随着军团推进到丰特内战场，指挥官罗伯特·门罗爵士（Sir Robert Monro）惊讶地发现这位牧师站在纵队的最前面，手里握着大砍刀。他要求他到后面和外科医生们待在一起，亚当·弗格森拒绝了这个提议。罗伯特爵士详细地告诉他，他的委任状并没有授权

> 他参与担任的这个职务。‘我的委任状到头了，’这位好战的牧师说道，然后把它扔给了他的上校。很容易假定，这件事只是作为一个好的笑话而被记住的，但是未来的罗马历史学家们分享了那个可怕日子里的荣耀和危险，在那里，根据法国人自己的解释，‘那些苏格兰高地的狂怒者们朝他们冲过来，其程度比暴风雨驱使的大海还要猛烈’。”

毫不奇怪，他在士兵中很有声望，并且对他们有很大的影响。

1754 年从军团退伍时，他放弃了教会的职业，更加倾心于古老的 203
异教徒的伦理学，而不是教会的义务。他接替休谟担任律师公会的图
书管理员，一年后他接受了比特勋爵（Lord Bute）家的私人教师职
位。1759 年，他被任命为爱丁堡大学的自然哲学教授。他的朋友休
谟赞扬他在三个月的时间里就已经掌握了一门大学时才学习过的科
目，并且还足以教授它。弗格森是扑克牌俱乐部（Poker Club）的精
神领袖之一，这个俱乐部是对文人学士和律师们很有吸引力的中
心，在这里，智慧和红葡萄酒同样自由地流淌着。1764 年，他接替
詹姆斯·巴尔弗（James Balfour）担任道德哲学教授职位。1767 年，
他出版了《论市民社会的历史》(*Essay on the History of Civil Society*)。
休谟认为它与弗格森的才华不相称，预言它的流行很快就会消散。然
而，因为特有的慷慨，他还是为它的成功感到高兴。这本书迅速地在
大不列颠和欧洲大陆获得了声望，并且在这个世纪末之前一共出了 6
版。《道德哲学原理》(*Institutes of Moral Philosophy*）出版于 1769 年。
这本书也很成功，并且被一些外国的大学用作教科书。1774 年，弗
格森请假陪年轻的切斯特菲尔德伯爵（Earl of Chesterfield）去旅行。
他的请求被镇议会拒绝，但是弗格森从来都不缺乏自我决断：他自
己处理这件事情，然后缺席一年，让他的同事逻辑学教授约翰·布
鲁斯（John Bruce）指导他的班级。当他回来时，发现自己已被解
职。但是他抗争，并且战胜了议会，从最高民事法庭那里得到复职 204
的决议。1778 年，他被任命为一个委员会的秘书，这个委员会被派
往美洲就导致大不列颠和殖民地之间战争的那些争议点进行商谈。
这一次，他在大学里的位置由杜阁尔德·斯图尔特代替。返回后，
他又于 1783 年出版了《罗马共和国的发展和终结史》(*History of the*

Progress and Termination of the Roman Republic）。

由于中风，1785年他辞去了教授职位。他过去一直习惯于根据笔记进行授课，任意发挥生动言辞；因此，他空闲的头几年就专门用于整理他的教学内容。他的《道德科学和政治科学原则》（*Principles of Moral and Political Science*）出版于1792年，主要包括“对在爱丁堡学院所作的演讲的回顾”。第二年，他作了一次意大利之旅，并且在那里受到了很好的接待。在换了几次居所之后，弗格森于1816年死于圣安德鲁斯。由于饮食有度，他得以活到93岁。在他退休离职后，科伯恩勋爵（Lord Cockburn）曾在《他的时代的回忆录》（*Memorials of His Time*）中对他的相貌作过详细的描述：

> 在很年轻的时候，他是个英俊而果敢的人……然而，时间和疾病一直在困扰着他。当我第一次认识他时，他的头发白而柔软；他的眼睛浅蓝而有活力；他的脸颊点缀着碎红，就像秋天的苹果一样，但是气色好而健康；他的嘴唇很薄，下唇有点
> 205 儿翘。一次严重的中风降低了他的本能活力，虽然没有留下任何外部的印记，他仍然需要相当大的人造热。因此，他的服装包括带皮毛的半长筒靴，马裤，带有大口袋的长背心，单排扣的外套，带皮毛的厚大衣，以及通常带有系在下巴下面的缎带的呢帽。他的步法和神态是高贵的；他的手势缓慢；他的表情充满了庄严和从容的热情。他看上去像个来自于拉普兰（Lapland）的哲学家。

弗格森的显著特征之一就是他轻松的乐观主义。与其说他在过去和现在中洞察人的真正本性，还不如说是在他所渴望的环境里。他的幸福不是见之于实现，而是在活动中。人们有时候所抱怨的行为的动机实际上是一件幸事；人生中最生气勃勃的时候也就是危险和困境的信号，而不是安全和安逸的请柬。对人生不幸的反思经常是无精神（languor）和无职业（inoccupation）的结果，因此在那些积极努力的人身上通常很少听闻这些。

> 在每条街道，在每个村庄，在每块田野，我们遇到的绝大

> 多数人都表现出愉快或粗心的一面，冷淡的、镇定的、专心的一面或生气勃勃的一面。劳动者向他的团队吹口哨，机械工在职业中自由自在；嬉戏者和无忧无虑者感觉到一系列的快乐，但是我们并不知道它的源泉；即使是那些证明了人生苦难的 206
> 人，当专注于他们的论证时，也会摆脱了他们的悲伤，并在证明人是不幸的过程中找到一点可以宽恕的娱乐。

弗格森喜欢那个古老的把人生比作一场游戏的说法，不管赌注是大还是小，都要玩得巧妙，玩得漂亮；这种游戏他看见在大学校园中玩过，在轮船上玩过，在敌人面前玩过，其从容和在最安全的情境中所发现的一样，甚至还更有过之。如果战争有其危险，那么一个主张男子汉德行（manly virtue）的学派也可能如此。最坏，它只是一种疾病（distemper），自然的造物主借以规定我们对人生的逃避。作为一个公开承认的斯多葛学派的崇拜者，他遵循他们的苦行道德（strenuous morality）以及他们把人看作是一个社会有机体的成员并且和宇宙的秩序相关的概念；但是在给予仁爱的感情以充分的自由时，他又尽可能地远离斯多葛式的骄傲或冷酷。对于他来说，完美（perfection）这个概念是道德赞同的原则，所以他详细论述了个体和种族的进步性本质。此刻的不完全性（the incompleteness of the present）不是被描述为对抱负的限制，而是对进一步努力的激励，以及鼓舞对于未来的希望，无论是现在还是以后。在弗格森的那些句子的内容里，读者可能还会一再被提醒罗伯特·勃朗宁（Robert Browning）后来在诗中所表达的那种伦理学说。

《论市民社会的历史》是在孟德斯鸠的《论法的精神》（*Esprit des*
Lois）的影响下写成的，它试图将国家按照它们的显著特征加以归 207
类，并且追溯它们的发展或衰落的条件。第一部分——我们在这里只关注它——论述人性的一般特征。弗格森将关于人来自于低级动物的状态，或一切人反对一切人的战争状态这些假设都当作是无用的而搁置一边，他把人当作一开始就是一个社会的存在者。野蛮人的状态，和公民的状态一样，都是这个旅行者注定要经历的阶段。他的行为标准必须要在他的知性的最好概念以及他的心理的最佳活动中寻找，从而可以展示他能够达到的完美。在人性的原则中，弗格森

首先提到的是倾心于自我保存的天性。在这里他指出，按照巴特勒的精神，开明的利己心（enlightened self-regard）经常会限制可能促使他们去做和已知利益相反的行为的那些欲望，而远非概括在对个人利益考虑的所有欲望。还有，他坚持认为，在人类之中，既存在分歧的原则，也存在一致的原则。人不仅有与他人交往的习性；他不仅发现这么做符合自己的利益；而且他还感觉到一种对个人利益或安全的考虑所压制不住的激情。只有在独处和冷静的反思时，思想家们才能把社会的形成归之于对利益的预期。人的最幸福的感情，以及差不多他的理性特征的全部，都应归功于社会。分歧的种
208 子来自不同国家以及同一个社会中的不同部分之间的对立和竞争；但即使战争状态也可能会发展出慷慨的德行和促进民族的一致。在描述理智能力时，弗格森尤其详述了洞察自然的一致性的能力。道德情感也是人类的普遍品质之一。作为活动者或旁观者，我们可以感觉到道德区分的实在性；在这一点上，我们的感觉性（sensibility），加上审慎和理性的能力就构成了我们的道德本性的基础。他没有试着进一步解释道德。他说，我们必定会在每一个研究的结论里碰到我们解释不了的事实；当我们问一个人，他所说的词**对**是什么意思时，我们就是在“要求他解释他的心灵的原始样态，以及他最终会归之于它的情感为何物。”我们为自己主张的一种权利是可以扩展至我们的同胞的人道和诚实。“一个有感情，且拥有原则的人，作为个体，他只不过是整体的一个要求得到尊重的部分。按照那个原则，他就发现了所有德行的充分基础。”更多的幸福是来自于社会的情感，而不是利己的情感。

这些多少有点模糊的结论在《道德科学和政治科学原则》中得到了极大的扩充。在导言中，弗格森区分了作为历史对象的人一在这里，我们收集事实，按照实际情况阐明其本质，以及作为道德科学对象的人——在这里，我们尝试去理解他应该是什么。因此，他把自己的著作划分为两部分，第一部分涉及有关人的本质的事实，第
209 二部分涉及在个人行为、法律以及政治制度中的权利原则。在第一部分中，他详细论述了人的社会本质。“在这个伟大的机体中没有任何一个成员可以脱离整体；如果没有他人的参与，就没有人能享有善，或遭受恶。”他设想，人之所以区别于低级动物，不仅是他在语

言中所拥有的这种优越的交流手段，而且更因为他有自由选择的能力、关于目的的理性概念，以及他的活动的多样性和进步性特征。接下来关于人的心灵的概述，其内容多数都是弗格森的前人们已经给出过的东西。他赞同里德的知觉理论，反对观念论的修辞性语言。像里德一样，他也认为物质世界因果关系的详细本质是我们所不知道的，并且猜想原因的观念是由心灵根据我们的精神努力到它们的预期的结果而构造出来的。他坚持意志自由，理由是人可以意识到他的选择能力。在任何特殊的事例中，他的意志不可能出自任何原因，除了他自己，唯有他可以解释他的选择。每一个理性的行为都有一个动机，但是在众多呈现给它的考虑中，心灵才是它自己的决断的原因。虽然一个人有他做某事的理由，但他仍旧是作出行为的那个人，因此可能会招致有关弱点和愚蠢的指责。道德律针对的是评价和选择的能力，道德的根本法必定是对人性可以达到的最
高善的表述。把对道德赞同和不赞同的解释归结为个人利益，或大 210
众的功利，或事物的理性，或同情，这些使得善恶的区分比它通常看上去的样子更微弱。这些尝试窒息了道德，或者，就同情来说，预设了一个道德的先天标准，人们就是据此来判断同情的。在讨论恶的起源的困难时，弗格森求助于自由，认为它使堕落成为可能。同时，他指出，生命可以变为智慧和德行的学校，一个注定达到完美的存在者必定源自于缺陷。他总是强调个体和种族的进步的本质。即使证明了人起源于战争状态或野蛮，那么这一点仍然是真实的，即人是为社会和获得理性而生的，他早晚必定会找到通往它们的途径。人的心灵是多变的和可塑的，但是迄今为止，他的性格却可能是由习惯固定下来的，而曾经被获得的东西就可能一代代地传递下去。

> 因此，人被赋予一种可以在他自己的倾向或官能的实际状态中识别不太正确的（amiss）或有缺陷的（defective）东西的能力，这不是徒劳无益的。他有条件领会远远超出他的实际成就的完美，这也不是徒劳无益的。对他来说，其中一个不是没有用的遗憾话题，而另一个也不是无意义尝试的激动。那些导致他去做出的最小的努力为习惯奠定了基础，并且指向他注定要去推动的进步的目标，无论有多么缓慢。 211

对错的区分是和人性同时的，但是人们可以在按照它行动以及运用这个区分上有所进步。对人可能的进步自然地就产生了一个来世的问题。围绕这个论题的不确定性可能意在告诫，即我们应该致力于我们现在的任务，而不是通过期待来世从它转移到我们不能归之于其的东西上，除了现在被指定给我们的角色的虔诚表演外。但是心灵和身体之间的差异使我们期望，它们会被不同地加以对待，关于来世的预测科学（prognostics）可能从人的理智活动以及他的自我判断的能力中推断出。有理由认为，未来——不管它会保留给谁——会适合于道德行为者，而且和现在一样，会是一个有赏有罚的状态。

在第二部分中，弗格森需要面对的主要问题是关于人的至上目的的老问题，或者，如他表述的那样，由人性产生的特殊的善。道德科学要求一些普遍的陈述，它们是那些适合于决定道德行为者在他们每一个行为的细节中选择的东西。弗格森提议通过考虑我们通常借以区分欲望的对象和反感的对象的那些名字来回答这个问题。这些是：快乐和痛苦，美和丑，卓越和缺陷，善和恶，幸运和厄运；或者，用一种他认为足以包括所有这些的形式，即幸福和痛
212 苦。人生更可取的快乐在于有德行的活动，以及完全相信天意的智慧和善良。总体的快乐并不能成为评价的恰当标准，因为我们必须明确规定我们的快乐，选择只为德行所制约的那一种。此外，美和丑可以被归结为卓越和缺陷。弗格森同意埃里森（Alison）的观点——他的《论趣味的本质和原则》（*Essays on the nature and principles of taste*）最近刚出版，即物质对象不可能给予任何美感，除非和心灵的某种品质或天性相联系。实际上，所有的美都是心灵的美，要么表示造物主的智慧和善良，要么就表示**他的**造物的善意和秉性。因此，除了卓越之外，美没有任何意义。人们对卓越有两重的兴趣，即既作为沉思的愉快的对象，又作为要实现的目的。人如此构造，以至于能够知觉卓越，而去知觉就是去崇拜以及把它看作是高于快乐、利益或安全。

那么，什么是人的具体的卓越呢？为了回答这个问题，弗格森求助于智慧（wisdom）、正义（justice）、节制（temperance）和坚毅（fortitude）这四个根本的德行，包括在正义这个更大意义下的仁慈（benefi-

cence)，又把智慧定义为“对各种考量的公正的洞察，我们正是依赖于它们来获得幸福以及平静地拥有用来管理人生的那些官能”。幸运和厄运也是以斯多葛主义的方式来处理的。财富的礼物是只有在它们被利用时才有价值；“合理地以及适当地拥有它们就够了。”德行同时是更可取的快乐和对我们置身于其中的处境的恰当使用。最后，
人的特别的善可以概括在幸福这个标题之下，它只有通过智慧、仁 *213*
慈、坚毅和节制的持续习惯才得获得。或者，像他用另外一句话说的那样，始终以完美为目标。

> 因此，如果我们被问及，什么是人的心灵中道德赞同的原则，我们可以回答，是完美或卓越的观念，这是理智的和联系的存在者自己形成的；在每一个尊敬或轻蔑的情感里，以及在每一个赞扬或谴责的表述里，他都会涉及它。

他完全承认在不同的国家和个体中道德判断的不同，但是他认为，当我们深入到一个行为的目的时，就不存在任何有关善和恶的本质的彻底差异。关于行为的有益或有害的结果的不同观点可能使人在行动和判断时非常不同，但是在所有的情形中，最重要的德行都必定被赞同。

虽然弗格森因此强调德行、卓越和完美，但是我们仍然对他愿意用幸福的观念来代替这些而感到吃惊。一般来说，他提到的幸福的确要与快乐区分开来。但是，他仍然告诉我们，“善恶的区分源自于享乐和痛苦的能力”；并把善定义为“构成幸福的、可以享受的东西”。他把幸福当作是“知觉的存在者特有的”，并且是由习惯的、
持久的以及被认为是安全的享乐所构成的。而当他谈到道德的义务 *214*
和处罚这个重要的论题时，他主张，自由行为者的意志只有在把幸福作为德行的奖赏，把痛苦作为德行的惩罚时才能被决定。如他所说，不管德行是它自己的奖赏，还是通过外在的命令系之于它，这个原则都是一样的。因此，我们终究还是被引到了一种改良了的快乐主义（modified hedonism）上来。被德行的习惯性运用所限制的享乐，就既成为道德行为的目的，也成为道德行为的动机。

很难调和这个结论与弗格森对与伊壁鸠鲁哲学相对的斯多葛的

偏爱，以及他经常所作的断言，即一个奋发的、智慧的、仁慈的心
灵的活动本身就是我们应该追求的非常的善。对于弗格森的心灵来
说，也许，人的目的是否从德行或幸福的角度陈述，似乎并不重
要。他深深地相信，唯一真实和持久的幸福是要通过德性活动获
得。在哲学史上，从苏格拉底到密尔，德行和享乐的观念一再被一
些人结合在一起，他们觉得，和弗格森一样，他们能够在德性的生
活中找到他们的幸福。但是道德哲学家必须在两种学说之间作出选
择：把至善置于德性活动之中的学说，它把随之而来的快乐当作附
属物或补充成分；以及相反的学说，认为道德来自于人的能感知的
本性，因此能在享乐中发现目的。在尝试将这两种观点结合在一起
215 时，弗格森留给我们的是一个未取得一致的困难。这种困惑可能部
分地是由于《道德科学和政治科学原则》那种多少有点儿大而松的
修辞风格。但是从他的著作的一般要旨来看，不可怀疑的是，人的
官能的最全面的使用——除了对快乐或利益的考虑外——是他心中最
为突出的目的。他的主要思想是卓越或完美，而不是享受意义上的
幸福；正如库辛（Cousin）说过的那样，完美的原则同时比仁爱的原
则和同情的原则更理性和更全面，他的一些前辈就曾坚持这些原
则。正是一种真实的本能把弗格森送还到古老的古希腊思想家那
里；在他们的指导下，他给予了我们许多与后来思想一致的东西。
当他说到道德的普遍立场以及作为一个社会的和进步的存在者——
其本质是由他可能成为的东西而不是他实际所是的东西来判断——
时，他尤为明确和高尚。在18世纪苏格兰的文学史和社会史中，弗
格森始终会有一席荣誉之地，虽然他可能会被作为一个道德教师铭
216 记，而不是作为一个道德哲学家。

12

杜阁尔德·斯图尔特（1753—1828）

里德的衣钵落到了杜阁尔德·斯图尔特的身上，他吸收了其导师的精神，并且采取了他的方法。斯图尔特很少宣称原创性，但是他在文化和解释才能上却极大地超过了里德，在他手里，这个民族的哲学获得了更多的魅力（grace）和雅致（polish）。

1753年11月22日，杜阁尔德·斯图尔特出生于爱丁堡大学，他的父亲就是这所大学的数学教授。他的早年部分是在老学校的住宅里度过，部分是在艾尔郡（Ayrshire）卡德林（Catrine）他父亲的房子里度过。他的健康状况既虚弱，又不稳定。从中学（High School）——在这里，他爱上了拉丁诗——毕业后，他于1765年上了大学，并于1769年完成了课程。我们感到吃惊的是，男孩子们在这么早的年纪就被送到苏格兰的大学中。大学教育在某些方面必定还是基础的，但是不可怀疑的是，它经常起的是刺激物的作用。当时应付考试的技巧已经不得而知；新鲜的理智和健全的好奇心都未受损伤；如果因为缺乏更为精确的知识而损失许多的话，那么却会得到更大的自由。

在父亲的指导下，斯图尔特擅长数学，他的著作证明了他在数学科学的本质和方法上的有创见的反思。培根和牛顿的影响盛行于大学中，人的心灵的归纳科学似乎只是物理学研究的成功的自然结果。逻辑学和形而上学教授，约翰·斯蒂文森博士（Dr. John Stevenson）早已在教授洛克的哲学；但是，在他的《里德的生平》中（Life of Reid），斯图尔特带着明显的满足回忆道，弗格森是第一个称赞里德的成功的人；自然哲学教授罗素，在讨论实验科学的对象和规则时，高度赞扬了里德的哲学；而70岁的斯蒂文森也“对一个颠覆了他教了四十年的那些理论的体系持欢迎的接纳态度。”斯图尔特最早喜欢上哲学研究要归功于这些人；里德本人证实了他形成的这个印象，因为斯图尔特于1771—1772年听了他的课程。他很高兴能够深信不疑地接受他的老师置于他之前的那些学说。他的生命的任务就是继续加盖它们的基础。

由于他的父亲健康衰退，杜阁尔德·斯图尔特在19岁时就被要
218 求在爱丁堡大学教授数学课，并在他22岁那年被任命为副教授。1778年，他在本已繁重的职务中又增加了一项，即在弗格森缺席期间指导道德哲学课。作为一个教师，他在这两个科目中都做得非常成功；1785年，在弗格森退休时，他被任命为道德哲学教授。在这里，他找到了他的真正的领域，在二十五年的时期里他产生了强有力的和不断上升的影响，不仅吸引了来自苏格兰各地的学生，也吸引了来自英格兰、欧洲大陆以及美洲的学生。他的讲课并不局限于严格意义上的道德哲学，而是偏离了对人类心灵的研究，包括根本的真理理论（theory of fundamental truths）、自然神学、政治科学、趣味理论以及科学研究的方法。在所有这些论题上，他打开了他并没有自称已经穷尽了的思想领域。他的讲课的魅力比从他的著作可以推理出的东西要大得多，尽管它们也是清晰的和巧妙的。约翰·汤姆逊博士（Dr. John Thomson）曾说，在他的人生中印象最深的两样东西，是西登斯夫人（Mrs. Siddons）的表演和杜阁尔德·斯图尔特的雄辩。科伯恩勋爵在他的《回忆录》中深情地称赞斯图尔特，把他看成是一个启发式的演说家。

> “他大约中等身材，”科伯恩写道，“四肢乏力，外表虚弱，步法和样子给人一种纤弱的感觉。他的额头大而秃，他的眉毛很茂密，他的眼睛是灰色的，但是有悟性，能够传达任何情
> 219 感，从愤怒到怜悯，从平静的感觉到由衷的幽默；它们还得到他的双唇的有力帮助，虽然它们很大，然而很灵活且善于表达。他的声音非常令人愉快；正如他做到的那样，一个轻微的颤音只是使其语调变得更加柔和。他的耳朵——既适合于欣赏音乐，也适合于听演说——非常敏锐；他是我听说过的最优秀的读者……一切事物都经过了他的优美趣味的提纯和提升；不仅是

> 通过他对外在的自然或艺术中具有吸引力的东西的知觉，而且 133
> 也通过令人敬畏的道德的趣味，虽然它有魅力，而且是成功的主要原因，他用这种成功（像麦金塔什说过的那样）将对德行的爱注入整个一代学生身上……他的聪明的学生没有一个不尊重哲学，或者对他的原则不忠实，而不感觉到罪恶，并且这种罪恶会由于回忆斯图尔特教给他们的道德而加剧。”

他为大众所知，不仅是因为他献身于他最喜爱的那些学科，和他的雄辩的名声，而且更是因为他在政治学和经济学中的自由主义观点——虽然他躲避着学术争论。他分享法国大革命之初在每一个慷慨的心灵中所激发起的希望；而当这些逐渐消失时，他仍然保持着对人类进步的热烈的信仰，寄望于未来有一天旧时偏见的垮台、知识的传播和自由精神的成长。他从亚当·斯密和法国的经济学家那里学到自由贸易学说，他用极具说服力的雄辩敦促撤销不 220
必要的限制，主张最全面的自由和每个公民的权利是相容的。在这些方面，他是个人主义的先驱者，这种个人主义注定要发展于大不列颠的立法中。“他的门徒，”詹姆斯·麦金塔什爵士（Sir James Mackintosh）说，“都在他的最好的著作里。”当我们记住他的学生中有沃特·斯科特爵士（Sir Walter Scott）、弗兰西斯·杰弗里（Francis Jeffery）、弗兰西斯·霍纳（Francis Horner）、托马斯·布朗（Thomas Brown）、科伯恩勋爵、西登尼·史密斯（Sydney Smith）、帕默斯顿勋爵（Lord Palmerton）、布洛汉姆勋爵（Lord Brougham）、约翰·罗素勋爵（Sir John Russell）、罗伯特·伊格里斯爵士（Sir Robert Inglis）、麦克维·纳皮尔（Macvey Napier）、科克伦勋爵（Lord Cochrane）、阿奇博尔德·埃里森（Archibald Alison），以及其他许多留名于这个世纪历史上的人时，我们可能会认识到他有多么伟大。

1810 年，由于健康衰退，斯图尔特离开了他的积极有为的教授职位，而让位给了托马斯·布朗，他当时被任命为副教授。退休以后，斯图尔特大部分的时间都居住在金内尔（Kinneil House），距离爱丁堡西边大约 20 英里远。在这里，他专心于完成他早就开始实行的文学计划。1792 年，他出版了他的《人类心灵哲学要义》（*Elements of the Philosophy of the Human Mind*）的第一卷，并且暗示希望在这部著作的剩余部分完成对理智能力的分析之后，他将会在随后出版的作品中论及作为一个主动的和道德的存在者的人，以及作为一个政治社会的成员的人。《要义》的第二卷和第三卷延迟了很长时间，分别出版于1814年和1827年。1793年，他出版了《道德哲学
221 纲要》(*Outlines of Moral Philosophy*)，作为对他的所有场合讲演的概要。一卷本的《哲学论文集》(*Philosophical Essays*) 出版于1810年。他为《大英百科全书》(*Encyclopaedia of Britannica*) 撰写的《论形而上学、伦理学和政治哲学的发展》(*Dissertation on the Progress of Metaphysical, Ethical and Political Philosophy*) 以两部分出版，第一部分出版于1821年。《主动能力和道德能力的哲学》(*Philosophy of Active and Moral Powers*) 出版于他死前几周。他是亚当·斯密、托马斯·里德以及威廉·罗伯特森传记的作者。由威廉汉密尔顿爵士编辑的他的文集包括取自他的原始手稿的论政治经济学的讲演，并补充以他的学生们的笔记。其他的手稿，包括他的通信，则不幸都被毁掉了。

1820年，在布朗死后，斯图尔特辞去了教授职位。1822年，他得了中风，不过并没有永久地影响他的精神活动，他继续愉快地工作直到终点，这发生在1828年6月11日第二次中风之后。为了纪念他而树立在爱丁堡的卡尔顿山 (Calton Hill) 的纪念碑证明了他受到的尊重。

坦率地说，斯图尔特的起点是心理学的。他反对研究超出人类官能限制之外或者与人生事务没有任何关系的论题，要求留意人类心灵的哲学，这种哲学试图研究意识的事实，以及确定它们的法则。他说，严格说来，我们意识不到心灵的存在；我们只是意识到感觉、思想和意志，因而暗示了某个在感觉、思维和运用意志的东
222 西的存在。正如自然哲学通过致力于物质的性质而获得了各种发现一样，按照斯图尔特的观点，精神哲学也只有通过对心灵现象的反思才有可能希望取得成功。所有的人生追求都和人类心灵的科学联系在一起，然而，它却不从其他任何科学借取原则。它为智力教育和道德教育提供线索；它通过规定研究的规则来防止错误；只有通过对心灵的分析，才能为艺术的进步打下一个确定的基础。智力的教化和道德的教化必定是启蒙哲学 (enlightened philosophy) 的伟大目

标，而幸福总是和精神能力获得的完美程度相当。因此，从根本上说，斯图尔特不是一个形而上学家。他主要关心的是，“被看作是一个伟大整体的人性”。正如维奇（Veitch）在他的《杜阁尔德·斯图尔特回忆录》(*Memoir of Dugald Stewart*）中所说的那样，他是“杰出的心理学和伦理学的观察家”。他对心理学采取了一种非常全面的观点，包括在其范围内的野蛮社会和文明社会的各个方面，从婴儿期到老年的不同阶段的特点，不同天职（callings）和职业（professions）的影响，以及人类思想的记录。他对“教育万能”(omnipotence of education）的信念——即“遗传和环境”(nature and nurture）这个对子还没有出现的时代里特有的信念，因为从那时起它就已经处于遗传学说的影响之下了——强化了他对心理学分析的实践价值的信心。

然而，斯图尔特并不完全忠实于他宣称的目的，即将自己限制 223
于人类心灵的归纳考察，首先是确定现象，然后是从这些现象上升到它们所例证的法则或一致性。正是在将此主张为哲学的恰当对象的这个行为中，他承认他对于心灵和物质的信念是不能够被还原到现象水平的实在。通过对意识的考察，他试图确立基本真理或理性要素的实在性，它们必然地包含于我们的一切知识中。这些是更为严格意义上的哲学问题；我们这里主要关心的就是他对这些问题的论述，虽然这在他的多产的著作中只构成一个相对较小的部分。

斯图尔特的最终信念理论在所有本质的方面都与里德的常识哲学一致。要义就在于，虽然我们的知识起源于感觉，然而作用于我们的感觉的印象提供了心灵——通过其构造的法则——去知觉物质世界以及理解其他的直觉真理的时机。因此，存在着人类信念的根本法则，或人类理性的基本要素。斯图尔特暗示，这些名称要优于“常识的原则”。严格地说，信念的基本法则并不是原则，因为不可能根据对其他材料的抽象推演出任何结论。他宣称常识这个词是模糊的和歧义的，它助长了这样一种观念，即哲学的决断转向诉诸大众的声音。同时，他也为普遍同意（universal consent）的论证进行
辩护，认为它实际上是从学派的推理转而诉诸人类理性之光。他赞 224
同地引用了先于里德的布菲尔（Buffier）所构造的标准：其一，“被假定为常识原理的真理应该是这些，即任何辩论者都既不可能为之辩护，也不可能对其加以攻击，而是通过既不比被争论的命题更明

显，也不比它们更确定的那些命题”；其二，“它们的实际影响应该甚至扩展至那些假装质疑它们权威的个体。”

在对基本真理的列举中，斯图尔特比里德更谨慎。尤其在他的《要义》论述信念的根本法则的那一章中，他首先提到了数学公理，因为和随后要考虑的我们知识的更抽象的要素相比，证明一个更为容易的讨论话题是合适的。他认为，数学科学的整个结构都依赖于定义，因此这些科学是假设的。我们试图确定从设想的假定中得出的结果，而不是关于实际存在的真理。但是，公理依然是必然的。在所有的数学推理中，这些命题如“整体大于部分”，“和同一个事物相等的事物”分别相等，其真理性是已经预设了的。没有这些公理，进步是不可能的，因此它们被归为基本真理或基础真理。

“人类理性的源始部分”的第二个和更为复杂的划分包括信念法
225 则，与之不可分割地联系在一起的是对意识、知觉、记忆以及演证推理的使用。意识向我们保证了各种精神现象的当下存在，并且必然包含着对在感觉和思维的自我的存在的信念。在日常的人生追求中，我们必须承认记忆的证据；没有它，心灵在其中经过的一步步的任何演证过程都将是不可能的。实际上，演绎的过程可以被归结为直觉和记忆的联合活动。对于人格同一性的信念也预设了记忆。然而，这种信念却是知性的最简单和最本质的要素之一。它不可能被解释；它不可能通过任何逐渐的过程而表明已经产生；通过形而上学的讨论也不可能提供任何新的解释。所有能够做到的就是仅仅陈述事实。

我们通过知觉获得的关于一个独立的物质世界的知识也被描述为信念的根本法则。关于这个论题，斯图尔特自始至终承认自己是里德的门徒。他抛弃了这个学说，即在知觉的心灵和被知觉的对象之间存在着联系的中介。像他的前辈那样，他也强调感觉和知觉的区分。心灵如此构成，以至于外部对象作用于感觉器官而产生的印象为感觉所伴随，这些感觉——尤其是触觉和视觉——又为对物体的存在和性质的知觉所伴随，而印象就是通过它们产生的。所有这个过程的步骤都同样是不可理解的。我们不能解释知觉是如何由于感
226 觉的缘故而产生的，同样也不能解释意志能借以推动身体的神秘影响。关于这两个论题，我们的思辨都必定被还原为事实的陈述。只

有感觉足以使我们相信自己的存在，通过记忆和其他精神活动的帮 137
助，它也暗示了数的观念、绵延的观念、因果的观念，以及人格同一性的观念；但是知觉对于向我们揭示一个独立的物质世界的存在是必需的。斯图尔特承认第一性质和第二性质的学说是在作为物质的“数学情感”(mathematical affections）的广延和形状，以及他将之列为第一性质的其他性质，如硬和软、粗糙和平滑之间所作的区分。我们关于广延或空间的必然存在的信念，虽然是由感觉引起，但必须被看作是人类知识的终极的和必不可少的法则。其他的第一性质，虽然包含着外在性（externality/outness）的观念，但是却向我们暗示，作为物质的属性，它们独立于作为有知觉的存在者的我们的存在之外。而时间的观念，作为同样独立于人类的心灵和物质宇宙，也会不可抗拒地呈现于我们的思想中。

虽然因此将心灵和物质设为相互直接对立，和里德一样，斯图尔特认为我们关于任何一者的知识都仅仅是相对的。如果被要求解
释我们所说的物质是什么意思，我们所能做的只是列举它的性质， 227
相似地，如果被要求解释心灵是什么意思，我们只能求助于我们直接意识到的现象。另外和里德一样的是，他也认为心灵和物质不能完全被归结为它们的现象或性质。我们必须相信作为包含于意识现象中，以及在一个拥有为我们的知觉所认识的那些属性的物质世界中的自我的存在。除了其状态或活动，心灵不可能被认识，以及除了其性质，物质是不可认识的，这显然是真的。但是，虽然坚持心灵和物质的实体性本质，斯图尔特把我们关于其中任何一者的相对知识的学说都推进得比里德更远。他甚至说，我们对其中任何一个的本质都是完全无知的。这种表白无知的结果——当我们考虑汉密尔顿的哲学时，将会被看得更全面——是提出了这个问题，即我们是否有权利断言心灵或物质的非常纯粹的现象性存在。

在斯图尔特注意到的其他根本信念中，最重要的就是因果关系法则、对自然的恒常性的预期，以及道德官能的命令。关于因果关系的问题，斯图尔特保留了动力因和物理因的区分。他相信休谟已经向哲学家们清楚地表明，如果物理事件之间存在任何联系，那么它们必定永远是我们所看不到的。动力因或能力是心灵的一种属性，我们关于它的知识是从我们的随意施动（voluntary exertions）的

经验中获得的。物体是被动的；心灵是唯一在运动和在支配的行为
228 者。然而，我们发现自己由于我们本性的源始法则而被迫相信，物质宇宙中的每一个变化都必定有一个原因。这种信念不是推理的结果，它也不可能产生于对特殊事实的经验，因为它是必然的。于是，把能量或主动能力的实在性假定为心灵的一种属性，你也就假定了需要把心灵作为宇宙所有现象的原因。斯图尔特因此将上帝的存在——作为物质世界中的恒常活动的原因和动力因——建立在两个前提之上：首先，凡是开始存在的事物都必定有一个原因，第二，各种手段相结合共同促成一个目的，这必然包含着理智。以此方式理解的对于动力因的信念并没有排除自由。斯图尔特坚决地主张人类意志的自由。他认为，把意志归之于心灵自身之外的各种原因的效能是荒谬的。在他看来，它与这个同一性命题并无二致，即理智的和主动的存在者拥有自我决断的能力。

否认物质世界中的能力迫使斯图尔特和贝克莱以及带有怀疑主义基调的休谟一样，把物理的因果关系归结为现象的恒常结合。物理的原因和结果只是作为先行者和伴随者而为我们所知，我们称之为原因的事件是恒常的在先者，以及其他事件的记号（sign）。因此，就我们看来，自然现象之间不存在任何必然联系；但是自然秩序的恒常性被普遍地承认，并且预设在我们关于偶然真理的一切推
229 理中。“自然的普遍法则在将来会和在过去一样继续一致地活动”这一预见在斯图尔特列举的基本真理中就已经出现了。在其他地方，他将之说成是一个奇怪的问题，给予它的实际重视超过了他认为必需的程度，不管是自然一致性的信念是否能被观念联想所解释，还是它是否必须被看作人类知性的源始法则。

按照斯图尔特的分析，道德官能包括对行为对错的知觉；产生于这种知觉的快乐或痛苦的情感；以及，第三，对行为者的优缺点的知觉。必须坚持道德区分的实在性和不变性；如果道德感的名称被认为是通过使用来制裁的话，那么我们对对错的知觉就应该被看作不是和感觉，而是和我们关于第一性质的知识相似。“对和错这两个词表达了行为的性质，而不仅仅是在我们的心灵中激起某种愉快或不愉快的情感的能力。”和巴特勒一样，他认为良心拥有至高无上的权威，而且必然包含着责任。人类道德判断的多样性并没有动摇

他对人们关于义务的根本规则之观点的一致性的信念。他认为，通过人置身于其中的不同的条件，不管是物理条件还是社会条件；通过他们思辨观点的多样性；通过相同行为的不同道德含义——由于不同的幸福概念或按不同的外在惯例（external observances）而表达的相同性情，解释这种多样性是可能的。人的道德构成预设了他在善 230
恶之间自由选择之意义上的自由意志，并且构成了他的来世信念的真正基础。

因此，当斯图尔特关于我们的根本信念的思辨被归拢在一起时，就不可能拒绝这样一个结论，即他已经超越了他起初保证的心理学方法。他并不满意于审视内心以找到对他来说似乎是不容置疑的真理；他也不像里德那样如此轻易和暧昧地诉诸常人的观点。在他看来，甚至普遍同意的裁定也必须通过反思的提纯。当他试图将分析带至它可以到达的程度，他真的洞见到了哲学的真正方法。遗憾的是，斯图尔特没有更牢固地掌握这个方法，这在他的讨论中经常有所暗示；尤其是由于不完善的知识，他没有理解康德在他的同时代人面前放置的问题。他说起《纯粹理性批判》的作者时的那种优越感和半轻视的方式，与他在详细讨论其著作已经被遗忘的那些第五流的英国哲学家们的观点时煞费苦心的谦恭有礼形成了鲜明的对比。他太轻易地想当然认为哲学的主要问题已经被解决了。几乎在每一点上，他的沉思结果都和里德通过更粗糙的方法达到的结果相一致；而在里德不同意大众观点的地方，比如他对能力的论述， 231
斯图尔特也效仿他的样子。因此，他的名声不是取决于他对苏格兰哲学的任何原创性的贡献，而是取决于他的开明（liberality），对文化的热爱，他的清晰性和坦率，他的多方面的理智活动，以及他的雄辩的传统。由于过于宽泛，所以在活力和新鲜性上存在着不足。这股思辨之流，在他的思想中流向许多且各不不同的渠道，已经丧失了它早先的力量了。 232

13

托马斯·布朗 (1778—1820)

由杜阁尔德·斯图尔特传下来的苏格兰哲学传统被他的天才学生托马斯·布朗愉快地传承了。他也相信研究的心理学方法和首要真理（primary truth）的有效性。但是他本人尤其致力于对精神现象的分析，因此更加关注心理学，其中联想法则扮演着主要的角色，而不是对第一原则进行耐心的和长时间的沉思。他的思想有着双重的兴趣，部分产生于他和之前的那些苏格兰哲学家们的联系，部分产生于他和以密尔和贝恩（Bain）为代表的后期的、非常不同的学派之间的亲和性（affinity）。

托马斯·布朗（Thomas Brown）是柯克马布莱克（Kirkmabreck）令人尊敬的萨缪尔·布朗（Rev. Samuel Brown）最小的儿子，出生于1778年1月9日。他的父亲一年半后去世，小布朗在爱丁堡接受了
233 启蒙教育之后被送到伦敦附近的学校上学。在孩提时代，他的阅读也是很广泛的，因此他对古典文学非常熟稔。返回爱丁堡时，他上了这所大学，他愉快地听了杜阁尔德·斯图尔特的各种讲演。他的第一部著作是《达尔文博士的动物学评论》[1]（*Observations on Dr. Darwin's Zoonomia*），这本书出版时他还不到20岁。1797年，他参加了一个被命名为物理学学会（Academy of Physics）的学会促进活动。在他的同事中有，布罗汉姆（Brougham）、瑞迪（Reddie）、亨利·厄尔斯金（Henry Erskine）、约翰·雷登（John Leyden）、西登尼·史密斯（Sydney Smith）、霍纳（Horner）和杰弗里（Jeffery）。《爱

① 对布朗的有趣的描述，他和伊拉斯莫斯·达尔文（Erasmus Darwin）的关系，以及他与里德和斯图尔特的关系都见之于哈奇森·斯特林（Hutchison Stirling）的《达尔文主义》（Darwinianism）一书。

丁堡评论》(*Edinburgh Review*)就是源于这一小群人。布朗是早几期的投稿人，第二期中论康德的文章——以查尔斯·威勒斯(Charles Villers)的《康德的哲学》(*Philosophie de Kant*)为基础——就是出自他的手笔。他又转而学习医学，并于1803年取得博士学位。几个月后，他出版了两卷诗。他接下来出版的作品是《因果关系研究》(*An Inquiry into the Relation of Cause and Effect*)。这本著作的直接动机是一个争议，其产生和任命约翰·莱斯利(John Leslie)担任数学教授职位有关。爱丁堡的牧师们似乎认为，他们有着规定的权利任命大学的教授职位，无论什么时候他们都能提供出一名令人尊敬的候选人来；虽然莱斯利的杰出是不可否认的，但是他也受到异端呼声的攻击，因为在他论热量的著作的一个注脚里，他表达了对休谟关于因果关系论述的赞同。在经过镇议会——其中，热爱权力的温和主义派 *234*
投票排斥莱斯利，而福音主义派则支持这个被假定的休谟追随者——激烈的辩论之后，这个案例最后以微弱多数支持莱斯利通过。这个杰出案例的最值得纪念的结果就是布朗的《因果关系研究》，它严格地论述了因果关系的哲学方面，在1818年出的第三版中被扩展成其成熟的和最终的形式。

布朗和格里高利博士(Dr. Gregory)合伙开了几年律所，但是他很愿意接受斯图尔特的邀请来临时负责道德哲学的课程；他取得了非常大的成功，以至于1810年斯图尔特从职务中退休下来时，布朗就被推选为副教授。他的讲演，正如我们现在看到的出版样式那样，实际上都是他在担任教授职位的第一年里所作的。它们是日复一日地写成的，他的传记作者，威尔什博士(Dr. Welsh)告诉我们，他的许多理论都是在他写作期间想到的。作为一位教授，布朗是杜阁尔德·斯图尔特适合的继承者。他的讲演弥漫着经过提炼的热情，虽然有点儿冗长，但是表述清晰，讲起来很出色。他理论的精巧挑战着人们的注意力，他的亲切和情绪性的本性赢得了听众们的喜爱，包括牧师、较为年轻的学生以及那些法官和律师成员。他波澜不惊的一生的剩余部分主要是致力于他的职位上的责任、友谊以及诗歌创作——它们现在已经被人遗忘，但是它们给予他的快乐甚至 *235*
比他的哲学成果所给的还要大。没有任何地方比在自己的家里更让他感到幸福，他与母亲和姐妹们一起住在家里，并且和他的朋友们保持着活跃的交流。他构想了一些文学活动的计划，包括出版一本关于心灵生理学（Physiology of Mind）的教材、伦理学文集（Ethical Essays）以及物理研究哲学（Philosophy of Physical Inquiry）方面的著作；但是，他甚至没有活到完成其中的第一个计划。他从来都不是个强健的人，1820 年初，他被致命的疾病所击倒。气候的变化也没能阻止疾病的发展，那一年的 4 月 2 日，他那温柔和蔼的灵魂逝去了。在他生病期间，威尔什博士说，他唯一的焦虑就是那些对他友爱的人由他所产生的悲伤。他的这位传记作者把他描述为中等以上身材，棕色头发，体格匀称，前额大而突出，眼睛深灰色，睫毛很长，他的表情一般属于那种平静的反思。

正如布朗坦率承认的那样，《因果关系研究》主要是对休谟的反思。原因和结果之间的必然性联系的观念对休谟来说是一个思辨之谜；而他以怀疑主义的方式将对因果关系的信念归结为依赖于我们对事件联结的习惯性联想。里德和斯图尔特暗中把休谟的怀疑主义陈述作为他们的实际教义的一部分，即除了先行关系和序列关系外，在物理事件的接续中不可能察觉到任何东西。但是，正如我们
236 看到的那样，他们区分了物理因和动力因，并把能力或效能唯独归因于心灵；而且，他们把对于因果关系原则和自然的一致性原则的信念假定为理性的终极论据。布朗的立场的独特性就在于，他将物理因和动力因的区分斥之为虚幻的；他认为休谟在把整个的因果关系归结为先行关系和伴随关系是正确的；但是同时，他主张，我们从过去到未来的推理，从已知到未知的推理都依赖于直觉的信念，即必须将某个在先的事实看作是每一个变化的原因，以及精确相似的条件会产生精确相似的结果。因此，一方面，他赞同直觉主义者；而另一方面，他又赞同经验主义者。

里德和斯图尔特在物理因果性问题上的投降给布朗留下了一个较为容易的任务。如果在物理现象的广泛领域中除了事件的有秩序的序列外什么都看不到的话，那么就不可能揭示心灵和物体之间的任何更密切的关系。布朗认为，在先性（priority）和不变性（invariableness）是原因中的唯一要素，仅仅这些就可以用诸如能力（power）、属性（property）和性质（quality）这些词来表达。当我们把感觉性质归之于外部对象时，我们的意思只是说，在某些条件下这些

对象是伴随的感情的不变的先行者。相似地，当我们的身体结构发生变化时，如某些感情的结果，如在脸红或者哭泣，或者对意志作出反应的肢体的运动，我们就只会意识到先行关系和伴随关系。在随意运动中，没有表现出任何神秘的能力；先行者总是一个欲望， 237
加上一个被欲求的事件将会立即伴随发生的信念。否则，如果我们把自己局限于仅仅是精神的东西上，那么我们的思想的系列就不是归因于意志的任意控制了；在这里，分析也揭示出，除了一个感情接一个感情的有序序列外别无他物。因此，随意回忆（voluntary recollection）的原因就见之于一个模糊的欲望和相关观念的自然顺序之间的持续不断，这导致了清楚的记忆。他认为，甚至上帝的能力都必须归结为不变的先行关系。“那个**存在者**拥有无限的能力，他的每个意志都会直接和不变地伴随着其对象的存在。”

在此程度上，布朗强化了休谟的怀疑主义。对他自己来说，他看不出在一个把因果关系归结为序列的不变性的理论中有任何怀疑主义的东西。他和休谟的争执在于，由于受观念起源的错误理论的误导，他没有完全接受作为直觉的因果关系的信念。从这个观点来看，布朗使休谟的怀疑主义结论，包括他的信念理论受到了有力的批判。虽然依赖于这种立场，即“正是由于直觉，才得以忽略我们的视觉所不能穿透的黑暗”，他指出，休谟本人也以最全面和最鲜明的方式承认了对因果关系原则的普遍信念。

布朗的《因果关系研究》仍旧是迄今所作的把因果关系归结为不变的序列，以及将这个分析应用于所有现象而无一例外的最有创造性和最为详尽的尝试。然而，在关于休谟那章中所说的内容之 238
后，它几乎不需要什么评论了。其首要和根本的错误在于忽视了这个事实，即在其每一个变化中，物理的宇宙实际上都被质量和运动的等价物联系在一起。的确，在心灵和物体的联系中不可能指出任何这样的等价物。我们不可能说出，作用于神经的印象是如何激发感觉，或者神经中心的能量是如何由于意志的缘故而被释放的。如果世界的秘密在我们面前揭开，我们或许能够辨明物体和心灵必须如其所是地联系着；但是，就我们目前的知识状态而言，我们必须满足于它们的联系这一事实，而将我们对未来和未知的推理建立在那个一致性的假设之上，这在科学中，以及在实际生活中都同样被视为当然。在开始研究物理现象的联系之后，我们就已经步入了不同的领域，我们接着要研究的是心灵和物体之间的关系。当我们将注意力集中在精神现象的相互关系上时，我们已经又进了一步。当心灵从一个观念转到另一个观念，或者当动机导致意志时，在物理意义上不存在任何的等价物。但是，在这些当中的第一个情形里，观念之间的联系见之于某个对于二者是共同的要素；而在第二个情形中，我们知道我们为什么驱使意志，在这种知识里，联系被揭示出来。我们的知识的每一个领域都有自己的独特之处；布朗错在有缺陷的分析，这导致他设想，通过否认这种联系，他就把具有如此
239 各不相同特征的序列都置于同一个法则之下了。

在他的《论人类心灵的哲学》(*Lectures on the Philosophy of the Human Mind*) 中，布朗把心灵哲学与物理科学放在同一水平上。他说，“必须要考虑相同的伟大对象，而不是其他任何东西——对复杂事物的分析，以及对分别作为先行者和伴随者的现象序列的观察和安排。”然而，他考虑到我们的知识的局限性问题；在几乎将我们的知识限制于现象的同时，他也宣称，由于我们本性的构造，我们必须把现象归之于某个永恒的主体，永恒实体心灵的本质，永恒实体物质的本质，它们同样都是未知的。他坚持直觉信念的首要重要性，认为它们对于理论和实践同样是必要的。对于这些原则的断言，他认为，被里德和其他人弄得过长；他指责它们的不适当的增加是，“通过引诱我们习惯于太快地默许那种安逸的和懒惰的信仰，即认为我们不需要再继续下去，仿佛我们已经前进到了我们的官能所能允许的尽头，从而阻碍了哲学研究的活力。”他并不尝试详尽列举各种基本真理；但是他尤其详细地阐述了人格同一性的信念、因果关系原则和作为被赞同的单纯情感所保证的道德的基本区分。

精神现象——布朗给它起了“情感”(feelings) 这个不当的名字——被划分为外在的情感 (external affections) 和内在的情感 (in-
240 ternal affections)；后者又被细分为理智 (intellect) 状态和感情 (emotion) 状态。他的知觉理论——和他的因果关系理论一起，构成了他的哲学的最重要的部分——包括在他对外在的感觉或感觉性情感 (sensitive affections) 的论述中。他非常坚决地抛弃了里德对观念体系的假设性反驳。大多数的哲学家并不像里德想象的那样不相信作为知觉和

被知觉的对象之间中间存在体（intermediate entity）的观念的存在。 145
他们所说的观念就是知觉自身；布朗同意这个信念，即我们直接认识到我们的感觉和知觉，而不是超出它们之外的物质世界。在感觉中，我们真正意识到的一切都是精神的情感；同样是心灵状态的知觉则是单独由感觉指涉的外部原因所构成。部分地由于我们本性的构造，部分地由于同样不可抗拒的联想的影响，我们不可能不将一个外部和独立的存在归之于我们的感觉的原因。清楚地区分肌肉感觉和其他感觉这个功劳属于布朗，在他之前它们都包括在触觉之下。他认为，我们关于物质世界的知识以及所有可以归在广延和阻力之下的那些性质的知识都归因于肌肉感觉。嗅觉、味觉、听觉、视觉或严格意义上的触觉，这些感觉都不会自然而然地向我们传达物质原因的必然性。这段参考是在我们目前的知识状态下作出的，
但是这些“获得的知觉”则是因为和肌肉感觉的联系。 241

由于他通常对分析的热爱，布朗试图将我们关于广延的知识也归结为在时间中为我们所知的肌肉感觉。与心灵同龄的时间的观念，包含着持续的长度和不可分性。缓慢地合上手，或者伸展开手臂，伴随它的可能是凭借压力的触觉，这给予了我们情感的序列，我们也因此获得长度的观念。通过触觉的经常重复，加上伴随收缩过程的感觉，就像合上手那样，两种感觉一起流动，不可能将纯粹的触觉和对长度的意识分别开来。但是，我们的感觉可以共在；当小孩子朝各种不同的方向运动他的手指时，他同时也就获得了“一定数量的关于最接近的和共在的长度的观念，而这就是宽度的观念”。以此方式获得的广延的知识起初将会是粗略的和模糊的，但是它会逐渐地变得越来越清晰和精确。然而，迄今为止，布朗还没有达到关于外部的独立实在的信念。在他看来，这个信念取决于阻力的肌肉感觉。在因果关系原则的指导下，小孩子会找寻他感觉到的阻力的原因；因为不能在自己的随意努力中找到这个原因，他知道他的感觉必定是由某个不是他自己的东西引起的。“广延，阻力：将这些简单的观念结合于某个不是我们自己的东西中，以及拥有物质
的观念，恰好就是相同的事物。”并不是由于任何特别的直觉，我们 242
才相信一个独立的物质世界的存在；这个信念是因果关系法则的结果，它迫使我们相信“某个激起阻止我们努力的感觉的东西”。知觉

因此就是感觉的外部原因的所指物。但是这个原因就其本质来说是不知道的；“我们因此视为具有广延的和阻力的东西仅仅是通过在我们的心灵中引起的感觉而为我们所知的”。在某种程度上，布朗愿意承认第一性质和第二性质之间的区分。广延和阻力是第一性质，因为“激起广延和阻力感觉的能力是恒常存在的（present），而且对于我们的物质观念是必不可少的”。但是，虽然我们被迫将这些感觉归结为一个外部原因，但是像其他感觉一样，它们仅仅是作为心灵的状态而为我们所知的。

因此，布朗的知觉理论的独特之处有三点，它们是：其一，他对肌肉感觉和触觉感觉的区分；其二，他把广延分析为感觉的经验加时间这个要素；其三，他把物质世界当作是感觉的未知原因。就所有这三点来说，布朗的理论都影响了后来大不列颠的思辨的进程。他对肌肉感觉的单独分类现在被普遍地接受，并且从他那个时代以来已经得到了极为详尽的阐述。为了经验主义，他把空间或广延归结为更简单的要素的做法也得到了阐发。但是，仍旧成问题的
243 是，从发生于一维时间中的、本身被坦率承认的主观感情出发，是否可能获得关于三维空间的知识。假设的真理绝不是得自于这个被承认的事实，即我们的广延知识受到我们的肌肉活动的感情的制约。在我们对物质世界的知觉中，空间可能是一个要素，感觉的感情构成了另一个要素。如果这样的话，通过对我们的知识的全部对象的抽象，我们就逐渐地获得了关于广延的独特知识，相似地，我们又获得关于感觉的观念；真正的分析存在于对具有它们的不同特性的两种要素的认识上，而不是试图将空间或广延归结为感觉这个要素。至少，依附于布朗陈述的一些困难仍然适用于他的假设的改进和详述过的版本。他一注意到运动的手指所指的各个不同方向，他就在预设他要去解释的关于广延的知识了，因为除了在空间中方向和运动没有任何意义。随后所有对于相似种类东西的解释都有相似的瑕疵。如果，为了防止任何对广延观念的非正当的引介，我们将自己严格地限制于对时间中共在或接续的感情的沉思，那么似乎就不可能从诸如此类的因素推出广延的知识。特别地，肌肉活动的感情明显地区别于伴随着它的空间的知识。就第三个论点来说，布
244 朗把物质世界论述为感觉的未知的原因，这和赫尔伯特·斯宾塞先

生的形变实在论（Transfigured Realism）极为相似，其中物质扮演着我们关于阻力感的未知的相关物的角色。但是如果因果关系被归结为不变的序列，那么这个过渡就不可能被证明是正当的。没有任何这样的序列可以使我们超越现象；因此，主观的观念主义者们在将物质世界还原为一个有序的感觉的序列时，仅仅是把布朗的前提带到了它们的逻辑结局。

布朗的《论人类心灵的哲学》出版于他死后。由于其文学上而不是思辨上的功劳，这本书极为流行。仅仅在大不列颠，它在三十年里就出了十九版。它也受到汉密尔顿和其他人的批评。既然对其兴趣的新鲜劲已经过去，布朗在苏格兰思想家次序中的位置就可以得到更加准确的评判了，虽然他对哲学的贡献价值可能仍然为反对派别的批评者们所怀疑。今天，想拿起《论人类心灵的哲学》的读者没有一个可能会对它所表现出来的令人称赞的坦率、对真理的热爱以及德行而吝惜他的崇敬之情。 *245*

14

托马斯·查尔默斯（1780—1847）

在苏格兰的杰出人物中，托马斯·查尔默斯（Thomas Chalmers）将会长久地被记住，但是他的名字却只在很小的程度上和哲学有关。1823年，当他作为一名传道士如日中天，努力地参与格拉斯哥的社会改革时，他收到一份请他担任圣安德鲁斯大学道德哲学教授的邀请。因为喜爱这所他曾学习和教过的“古代的和深受热爱的大学”，他很想接受这份邀请，更何况，正如他解释的那样，因为他的健康在太大的压力之下已经垮了，也因为他想要空闲来进一步研究政治经济学。

他在圣安德鲁斯大学所作的演讲部分地来自于他的《论道德哲学》（*Essays on Moral Philosophy*）里，当时是以第12卷的形式出版于他的选集中。他把道德哲学看作是关于义务的哲学，因此不像他的
246 许多前人和同时代人，他将之区别于精神科学。他采取了巴特勒的关于良心的至高无上性的观点，区分了情感和意志，强调所有道德行为或不道德行为的自主性特征（voluntary character）。同时，他指出，注意是一个自主行为，所以通过选择我们注意的对象，我们可以控制自己的情感。正义和仁慈被当作是关于完美和不完美的责任的义务，并且与愤怒和感恩的情感联系在一起。他也认为，即使否认自由意志而承认必然性，道德的区分也不会被推翻。他对这些论题的论述既大又冗长。他的学说的实际意义总是会出现于他的心中，而他也习惯以布道者的身份谈论正义（righteousness）。他的论伦理学的讲演体现了许多健全的道德教义和智慧的忠告，但是由于不断闪现的雄辩和幽默的轶事而变得很有趣味，而他与学生之间的无拘束的交流也提高了一个强有力的和热情的心灵的影响。他的教室

里挤满了学生和临时的听众，他的雄辩的喷发博得阵阵喝彩，但通 149
常表现为“单调的赞同”。他表示过异议，但是他的听众们的共鸣的热情却无法压制下来。

他的讲演的最显著特色是，它们将伦理学和基督教的学说联系在一起。他的传记作者汉娜博士（Dr. Hanna）告诉我们，这些讲演包括两个部分，第一部分论述世界上人与人之间的道德，以及联系着地球和天堂的道德；第二部分涉及自然神学。论自然神学这部分
后来进行了重构，并出现于他的文集中。在这部分论题中，他试图 247
证明自然宗教的不充分性，认为学生们应该从这些观察中期待基督教神学。因此，他被导向了关于基督宗教的本质和证据的普遍陈述，以结束否则可能会被自然之光不完美地认识到的东西。他常常说，他不是把道德哲学看作一门终结性的科学，而是看作一门基本的科学，这门科学不是将其门徒带向如此众多的权威断言或实际真理，而是使他们得到如此众多的迫切需要之物（desiderata），因为顺应（adjustment）只可能见之于基督教的学说中。对他来说，没有什么东西比他的论题中他称之为“从道德科学出发到基督教神学”的部分更为重要。

查尔默斯的教义因此代表了他那个时代福音主义的复兴。也许，令人奇怪的是，在一个像苏格兰这样教会的影响如此之大的国家里，道德哲学教授会把基督教学说作为一门学科单独地进行论述，从而与之保持一定的距离。查尔默斯是这个规则的值得注意的例外。在圣安德鲁斯大学教了五年之后，他在爱丁堡大学找到了能发挥他能量的更宽广和更适合的领域，在那里，他接受了神学教授
职位。 248

15

威廉·汉密尔顿爵士（1788—1856）

斯图尔特去世时，大不列颠的哲学正处于衰落的状态。由休谟的怀疑主义和里德的常识哲学所带来的推动力已几乎消失殆尽；托马斯·查尔默斯（Thomas Chalmers）和约翰·威尔逊（John Wilson）的不严密的雄辩和热情已经无力唤起哲学问题中的真正兴趣，就像他们的一些苏格兰形而上学或伦理学教授职位的同事们更为枯燥乏味的讲课一样。1829年，托马斯·卡莱尔（Thomas Carlyle）在他隐居的克莱根普特陶克（Craigenputtock）阅读《时代的印记》（*Signs of the Times*）时表达了他的信念，即在大不列颠，虽然物理科学正在越来越引人尊重和注意，但是心灵的哲学却早已"随着它的最后一位善良的培育者，斯图尔特教授，而最终逐渐地消失了。"在英格兰的大学中，以及对于公众来说，哲学几乎完全被忽视了。1830年时威
249 廉·汉密尔顿爵士宣称，法国在库辛和乔弗里的影响之下哲学的复兴和大不列颠的漠不关心之间的对比绝不是对后者的奉承。他又补充道，"对于这些思辨的所有兴趣现在似乎都绝种了。"密尔（J. S. Mill）于1835年关于哲学的内在价值和实际遭忽视的证据也同样地有力。他抱怨说，大学早已忽视了它们的义务，哲学在英格兰的受教育阶层中也已经"越来越变得寡味和不名誉"，直到"没有致力于研究作为真理的真理和为思想而思想的阅读大众和思考大众的任何残迹，"而这超出了数学科学和物理科学之外。卡莱尔、汉密尔顿和密尔的抱怨是去除这种漠不关心的必然前奏。我们现在必须追溯汉密尔顿在参与的这个复兴中的角色。无论他对哲学的积极贡献的价值是什么，不可怀疑的是他对大不列颠随后的思辨史所产生的直接或间接的影响。

威廉·汉密尔顿（William Hamilton）1788 年出生于格拉斯哥，他的家庭曾经积极参加过从弗洛登（Flodden field）到鲍斯维尔桥（Bothwell Bridge）的苏格兰战役。更近，连续三位汉密尔顿担任格拉斯哥大学的解剖学教授职位，特别是汉密尔顿博士，即这位哲学家的父亲，据说在能力上超过了他的前人们。当罗伯特·威
廉——位于杜拉姆克罗格（Drumclog）和鲍斯维尔桥的盟约 250
者（Covenanters）的领袖——婉拒就任从男爵这个爵位，因为如果不承认“一个不受公约约束的国王”（an uncovenanted king）他就不能这么做，于是，他的从男爵爵位被中止了，不过后来威廉爵士又重获了这个爵位。威廉·汉密尔顿爵士因此来自一个好战的、有学问的家族，在他处理争议以及热爱学问方面的坚定精神中可以追溯到这种遗传的影响。

在格拉斯哥大学完成艺术课程之后，年轻的汉密尔顿又在爱丁堡进行医学学习；但是他的医学职业之路被格拉斯哥大学授予他斯奈尔奖学金（Snell exhibition）而打断，这个奖学金要求获奖者到牛津大学学习。在这里，他自己开始了一系列的学习，而从导师的教育那里所获很少，但是因为他声称精通的书籍的数目和特点而使考察者们大吃一惊。在他住牛津的时间里——从 1807 年到 1810 年——哲学在学校中仅仅是作为一个名称的影子而苟延残喘着。逻辑学和形而上学教授职位已经被废止，道德哲学教授职位就是一个闲职。一个有抱负的学生也许会为自己安排整个希腊哲学和罗马哲学的考试——就像汉密尔顿实际所作的那样，但是他的知识专业是以古典文学的名义来定的，而不是哲学。正如汉密尔顿后来所说的那样，不能够指望大众审查员就他们不理解的东西提出问题。

返回爱丁堡时，汉密尔顿取得了苏格兰律师协会的律师资格，随后不久，他弄清了他从普莱斯顿的汉密尔顿家族血统得来的从男
爵爵位这个头衔。作为一名没有多少职业工作的律师成员，他继续 251
从事他最喜爱的研究，并于托马斯·布朗去世时成为道德哲学的候选人。他的申请得到了杜阁尔德·斯图尔特的支持，但是沃特·斯科特爵士（Sir Walter Scott）和托利党人支持约翰·威尔逊；在镇议

会中，托利党人正处于上升期，于是威尔逊以较大多数票当选。①第二年，国内史的教授职位（chair of civil history）被授予了汉密尔顿；但是由于这个科目并不包含在艺术课程中，所以学生数很少，1833 年，出于经济方面的动机，这个教授职位所给的薪水被停止了。直到 1829 年，汉密尔顿出色地证明了他的思辨才华。那一年，他向《爱丁堡评论》（*Edinburgh Review*）投递了他的“论无条件者的哲学”的著名文章，由于其敏锐而直接的风格、结论的大胆以及批评的自由和活力，这篇文章立刻将他置于最重要的哲学家行列。威廉爵士现在处于他的身体和理智力量的全盛期；经常有机会见到他
252 的卡莱尔带着敬佩之情说起“他那好看、结实的中等身材；说起他那张最爽朗、严肃、四方、立体、然而又像鹰样的脸”；说起他那开朗、和蔼的举止，和他那简单、独立的习性；说起他那“洪亮、漫不经心而又悦耳动听的男高音，这种声音显示着严肃和爽朗；偶尔也说起他那轻声的忠告，背后很可能暗示着道德愤慨和热情。”

在接下来的十年里，他给《爱丁堡评论》的第一篇投稿之后紧接着的是论哲学、文学和教育的论题方面的其他文章，所有文章都带有大师手笔的痕迹。1836 年，他被选为爱丁堡大学逻辑学和形而上学教授，以接替戴维·里奇博士（Dr. David Ritchie），他担任这个职位 28 年，但是罗伯特·克里斯钦爵士（Sir Robert Christison）说他“在冰壶场上（curling pond）要比在教授职位上更出色。”汉密尔顿为镇议会的干预而感到困窘，不久他就与之发生了激烈的争议，麦克道格尔教授（Professor MacDougall）说，就是回答议会他是否在驳斥波菲利（Porphyry）。但是他现在早已获得了地位，他的演讲构成了苏格兰哲学史上的一个新纪元。在深度上，如果不是在广度上的话，他对他的学生们——或者至少那些有思辨学习

① 约翰·威尔逊，诗人、小说家、散文家和批评家，从 1820 年到 1853 年去世一直担任爱丁堡大学的道德哲学教授职位。作为一个文学家，他获得了极大的名声，这主要是通过他以克里斯托弗·诺斯为名所办的《黑森林杂志》（*Blackwood's Magazine*）这个贡献；在个人方面，由于他的强烈的活力、他的雄辩、他的幽默和他的慷慨冲动，他赢得了人们的崇敬。他的演讲大部分都具有散漫的特点，更多的是诉诸想象力和情感而不是思辨的理智；但是作为威尔逊的一个老学生，维奇教授说，“他的一些分析是非常卓越的，尤其是关于想象力的分析，”并且对这些演讲没有被出版而感到遗憾。

的倾向或能力的人——所产生的影响是其他任何在大不列颠出现过的哲学理论教师所不能相提并论的。1844 年，他得了中风，不过康
复后在助手的帮助下——他朗读一天演讲中的绝大部分——仍足以履 253
行他的教授职责。尽管他的身体衰退了，但是他的精神力量没有任何可以明显察觉的衰退。在他生命的这段时期里，他出版了由他编辑的里德的著作集，还有注释和论文，并重新出版了他以“论哲学和文学、教育以及大学改革”（Discussions on Philosophy and Literature, Education and University Reform）为名向《爱丁堡评论》所投的稿件，加上一些重要的补充，还编辑了杜阁尔德 · 斯图尔特的著作集。1856 年 5 月，一个曾经非凡地致力于学问和思想的生命走到了光荣的终点。

汉密尔顿留给他的那些最能评价他的功绩的同时代人的印象没有谁比费瑞尔教授的雄辩之词传达得更好的了：

> 无论在道德上还是理智上，威廉 · 汉密尔顿爵士都是伟大中之最伟大者。我是在他令人称道的全盛时期认识他的，当时他的身躯就像一个在呼吸的理智（breathing intellect），他的灵魂如同乘上老鹰的翅膀能够飞越一切知识大山的顶峰。他似乎通过神的权利掌握了所有的学问。他像一个公平的继承人一样继承这一切，就如同一个国王继承他的王位。所有的文学领域都铺展在他的眼前；所有的科学大道都在他的支配下打开。一个更为简单和宏大的自然绝不是从黑暗中进入人类的生活；一个更为真实和具有人性的上帝也从未被制造出来。我从他那儿学
> 到的比其他所有的哲学家加在一起还要多——我同意的和不同 254
> 意的是一样多。他对哲学的贡献是伟大的，但是他本人要伟大得多。

如果这些就是留在费瑞尔——他树立了反对汉密尔顿延续苏格兰哲学的标准——心灵上的印象的话，那么威廉爵士对他的学生们的心灵产生了支配性的影响，就不足为奇了。就这些当中的一些而言，他的影响过于强大以至于阻碍了他们思想的自由发展。在哲学中，他像个巨人矗立于围绕他的侏儒里；很自然，他应该像个权威一

样说话，以及作为一个非常有资格被听到者而被人倾听。他的敏锐的和旺盛的理智、他的无与伦比的博学以及他对哲学价值的深切信仰都产生了无法抹去的影响，很少有人会大胆质疑以如此令人难忘的方式呈现出的哲学。他说话勇敢，以至于对批评提出异议；但是不幸的是，在他的一生中没有人提出过任何名副其实的批评。J. S. 密尔对他的哲学的考察以及哈奇森·斯特林博士对他的知觉理论的分析都是直到他死后才出版；说也奇怪，这两位批评者没有一个熟悉汉密尔顿的著作，直到他去世之后。直到那时，密尔才只读了《论哲学和文学、教育以及大学改革》(*Discussions on philosophy and literature, education and university reform*)；但是，在他研究了《论形而上学和逻辑》(*Lectures on Metaphysics and Logic*) 和《论里德》(*Dissertations on Reid*) 后，他对这些的评价作了很大的改动。在苏格兰，至少，只有汉密尔顿在支配着。然而，年华的流逝迅速地淡化了那些承认他是他们导师
255 的人的身份；既然争议的尘埃已经平息，那么把他看作实际之所是，并给予他在这个民族的哲学史中应有的地位就应该更加容易。

对于我们的目的来说，几乎不需要谈到《论形而上学和逻辑》。这些在更大的程度上涉及心理学，而不是严格意义上的哲学；此外，正如维奇教授告诉我们的那样，它们是汉密尔顿紧接着任命后的两个学期中写成的，而且“从未在实质上改变过，它们只作过偶尔的文字改动”。他对哲学的最重要的贡献见之于他的论“无条件者的哲学”(Philosophy of the Conditioned) 这篇文章，以及相关的附录；见之于他编辑的里德著作中的注释和论文，包含了他对常识哲学的成熟观点，尤其是与之有关的知觉学说。

贯穿于汉密尔顿的论无条件者的思辨的思想就是，人类的知识只有在某些条件下才是可能的，然而，正是通过这些条件，我们被迫相信一个超越的无条件的实在。我们的一切知识都是关于相对者和有限者。我们认识的所有事物都与知识的其他对象以及认识的心灵有关；因为是相对的和有限的，所以它是有条件的。由此得出结论，我们能够形成的关于无条件的存在的任何概念都是纯粹否定的。我们可以谈论绝对，但这只是对相对的否定；我们也可以谈论无限，但这仅仅是对有限的否定。“无条件者是不可认识的和不可设
256 想的；其观念只是对有条件者的否定，唯独它最后能够被确定地认

识或设想。”然而，在这个未知的和不可知的无条件者之内，又作了 155
无限者和绝对者的区分。无限者是无条件地不受限制的；绝对者是无条件地有限制的。二者都不可能确定地为心灵所构想。一方面，我们不能够设想一个整全（a whole）在时间上、空间上或程度上如此之大，以至于没有任何东西超越它；我们也不能够设想一个部分如此之小，以至于它不能被划分为更小的部分。因此，我们不能设想绝对者，或无条件的有限者。另一方面，我们不能在精神上实现一个无限的大，因为这就意味着部分的无限增加，而要完成它需要无限的时间；由于相似的理由，我们不能在思想中将部分的无限可分性进行到底。因此，我们不能设想无限，或无条件的无限者。我们因此就被限制于有条件的有限者，即这两个极端的折中。“思维就是设限”；在我们的最高知识里，我们绝不可能超出有限、相对和现象。然而，我们所知的有条件者必定是我们所不知的无条件的实在的表现。因为绝对者和无限者——无条件的有限者和无条件的无限者——是相互矛盾的；所以，虽然我们在思想中不能认识任何一者，但是我们被迫承认一个或另一个必定是真的。

> 有条件者是两个极端之间的中项——两个不受限制者（incon-
> ditionate），相互排斥，二者都不可能被设想为可能的，但是根据 257
> 矛盾论和排中律，一个必须被承认是必然的。按照这种观点，因此，我们的官能被表明是无力的，但不是虚假的。心灵不是被描述为可以设想两个相互拆台的命题同样地可能；而只是不能理解任何一个极端；然而，根据它们的相互矛盾，要被迫承认其中一个是真实的。我们因此被教以有益的教训，即思想的能力被构造成为存在的标准；我们被警告不要承认我们的知识领域是和我们的信仰领域必然共存的。由于神奇的启示，我们因此才意识到我们没有能力设想任何超越相对者和有限者的东西，从而受到对相信超越所有应受谴责的实在（reprehensible reality）的无条件者的存在的激励。

“有学识的无知”被宣称为知识的极致。信仰上帝依然是可能的，因为上帝，虽然被遮蔽了，仍会被启示出来；他同时为人所知，又不为人知。“但是，所有真宗教的最后的和最高的献祭必定是一个祭坛——献给那个未知的和不可知的上帝。”

在一个附录中，汉密尔顿继续将“可思维者的条件”（the conditions of the thinkable）加以体系化。确定的思维只有在这两个条件下
258 才是可能的，即不矛盾性和相对性。其中第一个既是思维的法则，又是事物的法则。在同一个时间拥有相矛盾的属性是不可能的，不管是对于思想来说还是在事实中；就两个相矛盾的陈述而言，一个必定为真，而另一个则必定为假。以此方式概括于不矛盾原则中的逻辑法则不会有被违反的危险。但是相对性的条件，虽然和思维法则同样具有说服力，却被汉密尔顿描述为并不必然是事物的法则。为了我们可以认识，必须存在主体和客体的关系，认识的心灵和被认识者的关系；而这不管知识的对象是否是自我的变体，还是作为属于非自我，或部分属于自我部分属于非自我而被认识的。再有，对象必须是在实体和属性的关系之下为我们所认识的，而且也是和时间、空间以及程度有关的。实体和属性这对范畴既扩展至物质及其属性，也扩展至心灵及其变量。汉密尔顿告诉我们，除了作为存在于某个基础或实体中，我们不可能想到性质或变量。然而，除了以否定的方式外，这种实体不可能为我们所设想。就其本身来说，它是不可设想的——“某些显现的性质的不可设想的对应物”。我们确定的知识因此仅仅是关于现象的；然而，对于我们来说，除了伴有对于实体——精神或物质的——的信念外，这种知识是不可能的。因此，被看作是实体的心灵和物质，就像绝对者和无限者一样，被从我们的确定知识的领域中排除了；它们只是我们被迫为现象界所
259 假设的不可认识的基础，我们真正可以认识的唯有现象。这个结论即，我们的一切知识，不管是关于心灵的还是关于物质的，都仅仅是现象，这被陈述于一段引人注目的文章中。

> 关于绝对的事物或事物本身，无论它们是外在，还是内在的，我们都一无所知，或者说，仅仅知道它们是不可认识的；我们意识到它们的不可理解的存在，也只是因为这是通过和我们的知识官能相关的某些性质而间接地和偶然地揭示给我们的，而这些性质我们也不能认为是无条件的、不相关的、自身

> 存在的和自行存在的。我们所知道的一切因此都是现象的——未知者的现象。所以，沉思物质世界和精神世界的哲学家在某种程度上只是一个无知的崇拜者。在他对宇宙的沉思中，哲学家的确就像沉思着盾牌上的暗影的伊利亚斯（Aeneas）；对于圣人和英雄，同样也可以这么说：敬畏地注视；对无知事物的影像感到欣喜（Miratur；rerumque ignarus，imagine gaudet.）。 157

一种以此方式承认人类的无知，宣称存在一种超越为我们所见现象的神秘实在（unsearchable reality）的哲学，同时诉诸谦逊和敬畏。幻想它可以穿透所有存在的神秘的理智傲慢受到了指责，而宗教信仰则得到了鼓励。正是这些特征使得汉密尔顿的无条件者的哲学对于苏格兰心灵来说尤其具有吸引力。但是，这个问题还是会被提起，即这样一种哲学是否与它试图为之辩护的宗教相容。在不可 260
知的实在——仅仅作为对所有我们实际所知的东西的否定而被揭示给我们，和神学信仰之间存在着巨大的鸿沟。很明显，汉密尔顿从未感觉到这种困难的压力。当我们试图评价他的无条件者理论的准确价值时，我们发现自己是在与虚空的抽象搏斗，然而事物的具体实在却逃避了我们的理解。一方的论证或另一方的论证表现为逻辑的运用，而不是尽我们可能最热切地试图去解决宇宙的意义和神秘。

汉密尔顿关于绝对者和无限者的对子就是康德的“二律背反”中两个改头换面的复制品。指出这一点是非常合法的，即心灵不可能产生于作为对空间或时间的准确表象的任何有限整体的概念，它也不能完全认识作为无限的任何一者。空间和时间中的无限者的神秘性出现于许多反思的心灵中，虽然作为对人类知识的有限性的证明还不为人们所熟悉。对这个论点的支持是公允之论，即人类的心灵不足以达到一个对宇宙的包罗万象的解释；康德也是以此方式使用这个论证的。但是，在把无条件者描述为对所有可认识者的否定之后，汉密尔顿接着又将之区分为在自身之内包含着绝对者和无限者这对立的两级。反驳马上就出现了，如果绝对者和无限者是对所有知识的否定，那么我们就不可能有任何根据断言它们是相对立的，甚至是不同的。关于它们的差异的一切知识从何产生？如果它 261

们是纯粹不可设想的，那么我们就没有任何权利断言它们是不同的或者矛盾的；而如果我们知道它们是相互对立的，那么它们之不可设想的特性就消失了。汉密尔顿把绝对者区分为对于相对者的否定，而无限者则是对有限者的否定。他说，无条件者只是一束否定——对处于极端对立的有条件者的否定，而且“纯粹是通过语言以及它们的不可理解性的共同特征的帮助而被束缚在一起”。但明显的是，有限者和相对者并不是对立的；它们甚至也不是不相同的。有限者和相对者的形式上的区分可以在语言中作出和体现；但这只是意味着相同的事物可以从不同的方面来看待。就汉密尔顿本人的学说而言，一者包含另一者。如果任何事物是有限的，它既与其部分相互联系，也和其他事物相联系；如果它是相对的，那么它就会受那些与之相联系的事物的限制，因而是有限的。因此，建立在相对和有限这一假设的区分基础上的绝对和无限的区分也就崩溃了。

尽管看上去可能有些奇怪，即汉密尔顿试图想出一条从有限者和有条件者到达无条件的实在的逻辑之路，但是他陷入了一系列逻辑错误。他把**绝对者**定义为**无条件的有限者**在字面上是一个矛盾。就事实的本质而言，受到限制的东西就是有限的。有限的空间假定
262 了超越的空间；时间中的开端或终点假定了超越过去和将来中的时间。同样的矛盾出现在绝对的整体和绝对的部分这些表述中。从表面上看，整体和部分是相关的词语：整体意味着部分；部分意味着某个它是其一部分的整体。因此我们不能将无条件这个词应用于空间或时间中的整体或部分。我们可以想到一个非常大的或非常小的数量，在这样做的时候我们的思想是确定的。然而，我们不能把这个或任何其他确定的数量看作是准确地表象了空间或时间；因此，无穷倒退或进步的思想，以及由此而来的空间或时间中的无限的神秘性就被暗示给了我们的心灵。

即使我们承认绝对者和无限者是逻辑上矛盾的，这也不会确立无条件者的实在性。如果用最简单的形式陈述，这个论证就是：无条件者必定要么是绝对者，要么是无限者；因此，无条件者存在。这显然是不一致的。当我们说 X 要么是 A 要么是非 A 时，我们假定了 X 是存在的；当我们说无条件者必定要么是此要么是彼时，我们

也假定了无条件者是存在的。如果根据其他理由我们没有任何权利断言一个无条件的实在，那么这个假设的析取命题就不能被应用； 263
我们只能够说，如果存在一个无条件者，那么它要么是这一个要么是另一个。因此，汉密尔顿的无条件的实在这个过渡是一个逻辑谬误的典型。如果我们的一切知识都是关于有条件者的，那么无条件者的实在性就不可能通过任何推理的过程得以确立。当赫尔伯特·斯宾塞先生说，按照汉密尔顿的前提，“我们不能够合理地断言超越现象的任何事物的存在”时，他是对的。如果无条件者是完全未知的，那么也就不存在断言其实在性的任何理由。说我们可以知道其存在这个事实，而同时又完全不知道其本质，这是徒劳的。局部知识（partial knowledge）对于每一个理智的断言来说至少是必需的。如果我们从将自己确立在所有可以认识的现象之内而开始的话，那么就没有任何逻辑手段能够使我们超越它。实际上，一个我们只能说它是不可认识的无条件者是不值得为之奋斗的。

汉密尔顿对精神实体和物质实体的论述可能会同样受到挑战。如果“作为实体，我们不知道什么是物质，以及不知道什么是心灵”，那么我们有什么权利断言任何一者的存在？基本的信念是假设的；对实体及其样态的承认据说是认识的条件之一。然而，这种答复与汉密尔顿的我们对作为实体的心灵和物质完全无知这一断言是不一致的。因为当然，如果我们有权断言一种关系，即它是否是实体及其样态的父/母亲还是孩子，那么我们必定拥有关于其中任何一者的某种知识。没有这种知识，我们对精神实体和物质实体的断 264
言——更不用说它们的差异——就落空了。坚持实体的实在性，我们就一定要给它某种明确的意义。坚持除了现象外我们对任何事物一无所知，我们就会陷入彻底的现象论。按任何一种观点，汉密尔顿所作的作为相关却分离的性质和实体的区分——性质遮蔽，但也揭示表现性质的实体——看上去都是站不住脚的。这个结论便被强加给我们，即作为未知的和不可知的基质（substrate），实体的实在性不能够得到确证。精神实体只是在贯穿于很快消逝的精神事实——这些事实是作为相同系列的部分而联系起来的——的统一性这一意义上才能够维系；物质实体是可理解的，仅仅因为我们可以认识到包括在同一事物内的性质（coinhering qualities）。不或多或少知道其性质，我们就不可能知道任何东西；相反地，不知道其所是（that it is），我们也就不可能知道事物是什么（what a thing is）。事物必定属于某种种类；如果我们问，除了性质外它们是什么，我们就会徒劳地使自己困惑，但这是我们自己所造成的难题之一。

在转向《论文集》（*Dissertations*）的时候——在这里，汉密尔顿更为明显地受到了先前苏格兰哲学的影响，我们似乎呼吸到了不同的空气。汉密尔顿的目标是以一种科学的方式重建常识哲学；但我们可能会发现在调和这种哲学与他的不可知哲学（philosophy of nesci-
265 ence）时的困难。

在他的“论常识哲学”（On the Philosophy of Common Sense）这篇论文中，汉密尔顿重复了苏格兰学派的原则，即存在着必须被承认为可靠的基本信念或意识的源始材料。不可能反驳任何无穷倒退证明的论题。必定存在着“具有自身明证性和需要自己承认的命题”，以及因为是终极的而必须被我们承认为其他真理的保证或标准的命题。即使一种宣称人类一切知识来自于特殊事实的经验的经验主义哲学，实际上也必定承认某种它必须诉诸的作为保证其过程的法则或原则。认知的基本要素，不管是偶然的还是必然的，都要在心灵自身的构造中来寻求。它们赞同自身，必须被承认为是真的。然而，汉密尔顿区分了仅仅就自身而言的意识材料和作为证明某个超越其自身之物的意识材料。在后一种情形中，虽然意识表达的实在性不可怀疑，但是怀疑其证据却是可能的，虽然不合法（illegitimate）。我意识到的任何精神状态的实在性都必须被认为是超出了问题的范围。的确，如果不怀疑我自己的怀疑，我不可能怀疑这样一种事实，而这种怀疑自身也是一种精神状态。但是，还存在其他的真理，虽然它们应该被承认为终极的真理，但如若没有这种理智的自杀它们可能会被抛弃。按照汉密尔顿的观点，这样一种真理就是
266 作为我们之外而被认识的物质世界的存在。他断言，我们在知觉中可以直接意识到一个物质的和广延的非自我。在这种情形中，我们可以怀疑意识的证据而不会因此证明我们的怀疑是错误的；但是我们不能怀疑这就是证据，因此我们无权拒绝它。这种拒绝是没有理由的，因为就像在生活中一样，在哲学中我们也必须依赖意识的真实性这个基础。这种每一个人都必须假定的真实性只有在表明意识

的表达相互冲突——要么在其自身中，要么在其后果中——时，才会被否证。“意识被假定为可靠的，直到它被证明是虚假的为止。”追问一个非广延的主体怎么能够直接认识到一个广延的客体是不合理的。我们不能够回答这个问题，但是我们无权怀疑这个事实，因为作为意识的源始材料它已经被给予了我们。因此，意识的真实性这个原则同时确立了心灵和物质的实在性；自然实在论或二元论是和意识的事实相一致的唯一学说，它教导说，心灵和物质相互区别，并且在知觉的每一个行为中被认出是这样的。我知道物质的实在，正如我知道我自己，不是“作为表象的，而是直接就存在于其自身的”。简单接受的这个真理是和意识的可靠性相容的唯一学说；在这个既受到反思的心灵又受到常人欢迎的学说中，常识和哲学调和起来了。 161

常识哲学因此试图完全地列举意识的源始材料，以及它们的合法 267
的后果。虽然是诉诸人类的自然信念，但是严格来说它还是哲学的和科学的，因为归根结底决断必定在于哲学家，而不会见之于“那些未加反思的众人（unreflective many）的未加发展的信念（undeveloped beliefs）”。批判分析的必要性得到了完全的承认。

> 哲学的第一个问题——它也是绝不容易实现的问题之一——因此通过理智的分析和批判而被挑选出来，纯化和确立基础的情感或信念（elementary feelings or beliefs），其中被给予所有人都持有的基础真理（elementary truths）。常识的论证就是对这些被解释和确定了的情感或信念的断言，作为对相对真理及其必然结果的证据。显然，这个论证依赖于作为一门艺术和作为一种习得的聪敏的哲学，并且不可能从哲学家的手中被消除，尽管他们经常犯错误。常识就像习惯法（common law）。每一个都可以作为决断的普遍规则而被确定下来；但是在一种情形中，它必须交由法官；而在另一种情形中，它必须交给哲学家来确定规则的内容；虽然在这两种情形中，常人（common man）可以因为惯例或事实而作为证人被引用，但是在任何一种情形中，他都不可能被允许作为律师或作为法官行使职权。

常识的源始原则借以区分的本质特征被汉密尔顿减少为四个。
268 第一，它们的不可理解性（incomprehensibility）。所谓不可理解性，他指的是我们的基本信念是不可解释的（inexplicable）；它们不能够诉诸任何可以得到解释的更高原则。第二，它们的简单性。如果是终极性的，那么一个认知或信念就不可能由更简单的要素所构成。第三，它们的必然性和普遍性，信念的普遍性来自于其必然性。非常奇怪的是，在这个标题之下，汉密尔顿不仅包括了诸如因果律、实体的法则和逻辑法则这些必然真理，而且还包括了诸如通过知觉为我们所知的那些偶然真理。第四，它们的比较性证据和确定性。常识的基本真理比任何其他真理都要更加明显和确定。在断言了必然性和普遍性之后，这个标题似乎是个多余物。

我们可能会很容易同意汉密尔顿的根本立场，即哲学必须预设意识的真实性。存在着某些我们不可能怀疑的基本信念，即使经验主义哲学也必须视此为当然，即我们能够认识那些呈现给我们的事实。汉密尔顿错了，不过不是错在主张我们的官能的真实性上，而是错在承认甚至通过揭示它们的基本表达的矛盾而怀疑它们的可能性。最彻底的怀疑主义仅仅通过使用理智就可以达到其结论，所以在宣称怀疑它的时候实际上却是在依赖它的帮助。因此，在研究意识的因素或材料时，我们自始至终是在把理智当作是达到真理的手
269 段。怀疑主义的范围因此必然被限制于对某种错误体系的归谬法上，而不是真理本身或者人类的理智。意识的真实性确立在最强的可能性基础之上。

在坚持批判分析的必要性时，汉密尔顿提出了远高出由里德或其他任何苏格兰思辨的前人们所占平台的哲学方法。因为他明确地抛弃了对“常人”（the vulgar）的诉诸，于是问题就产生了：他保留常识哲学的名称是否是对的？虽然承认它不是没有歧义的，但是汉密尔顿大量引用权威论证道，“常识这个词并非不适宜于用来表示所有人都共有的知识的源始来源。”值得注意的要点是，在像现在提出的这种哲学的方法中，我们有一个里德规定的相反的原则，即在决定哲学问题时，每个人都是一个合格的法官。哲学家的批判分析已经取代了常识，但是仍旧采取着它的名称。这个发展，虽然被掩饰了，却是一个实际的和重要的发展。但是当分析的必要性被承认

时，这个任务就必须要开始。我们需要确定什么认知或认知的要素是真正终极性的。尤其是，知觉的问题并不像汉密尔顿使我们相信的那样支持自然实在论而非常轻易地被解决。尽管他指责那些试图回避或者限定意识的公认事实的哲学家，人们会发现，在汉密尔顿所引用 270
的承认中，他们在批判研究之前就论及了人类的日常信念（ordinary beliefs），而不是在这些受到质疑和经过适当反思之后的意识的表达。以从笛卡尔那里所引的陈述为例：假设我们看到松树火炬自身以及听到松树火炬的声音，然而如果我们没有纯粹地感觉到运动，那么它如何能通过自身而存在（Putamus nos videre ipsam taedam，et audire ipsam companam：non vero solum sentire motus qui ab ipsis proveniunt）。这是一个关于日常信念的陈述，笛卡尔敢于反思性地质疑它和修正它；唯一值得问的问题就是，他的修正是否可以得到辩护。但是，虽然笛卡尔并不相信我们可以看见火炬自身，以及听到铃声自身，汉密尔顿也不会。那么，如果任何企图修正这个信念的人被谴责为否认意识的真实性，那汉密尔顿也不可能免除于他自己的不加区分的谴责。他不能一致地对别人否认研究的权利，而自己却要求这种权利。分析和批判的权利是被汉密尔顿指责的那些哲学家所曾要求的全部；当然，这是他们有资格要求的权利。汉密尔顿接着将这种权利全部加以使用。可以坦白地说，他的知觉哲学就在于他的分析，而不在于这个空洞的陈述，即我们可以直接认识到作为我们之外的物质实在。这个陈述的明显的简单性消失于他的分析过程之中。我们可以想象一下这给别人带来的尴尬，即他期望从汉密尔顿的最初陈述中获得对这个问题的简单和容易的解决，却在随后的论文中遇到一个区分接一个区分，一个限制接一个限制。 271

让我通过例证的方式来复活一下里德的**平常人**（plain man）。他很高兴从汉密尔顿那里听到，物质世界是直接为我们所知的，而且意识同时向我们保证心灵和物质的不同的实在性。他也许会说，“这恰好就是我一直以来所想的东西。”你会和所有审慎的人一样当然相信光和颜色正如它们存在于对象自身那样为我们所知，而不是作为存在于心灵中的感情？汉密尔顿的答复是，“相反，我和其他哲学家们一样认为，感觉是作为一种知觉心灵（sentient mind）的状态而为我们所知的。我走得更远，说它们是能动的有机体（animated organ-

ism）的感情；但是，作为能动的有机体仍然属于心灵。因此毫无歧义，光和颜色的感觉是主观的。我们不知道什么光和颜色存在于对象之中。我们并不是直接认识到第二性质，而是物质的第一性质，诸如广延和形状。”“很好，”这个平常人也许会说，“知道我们可以意识到广延的和有形状的物质对象是很重要。我理解你的意思是说，我们可以直接认识到诸如太阳这样的对象，不是作为真正发光的和有色的物体，而是作为实际存在于空间中的那儿，对吗？”汉密尔顿解释说，“我也不能承认这一点。我们的确意识到第一性质，但是仅仅在有机体之内。剩下的是推理的事情。当你说到广延事物的
272 直接知识时，你的陈述虽然迄今正确，但是并不完整。我们的空间知识不仅仅是在我们对广延的实在的意识中被后天地给予我们，而且我们还拥有空间的先天知识，它源于心灵，且对我们通过经验的空间知识是必不可少的。”我猜想，这将超出平常人能够轻易理解的程度；但是他也许会再次努力将他的常识信念掩藏在汉密尔顿的权威之下，说，“至少，你承认我们可以意识到实际存在于自身，并且还不同于心灵的物质世界的某个部分。”汉密尔顿必定答复说，“即使在那儿，你的陈述如果不是修正（correction），也需要修改（modification）。我们的一切知识都是相对的。对我们来说，心灵和物质只存在于它们的性质中，而这些性质对我们来说只是在其为我们所知时，以及我们的心灵能够认识它们时才存在。因此，无论我们知道的是什么都不是作为其实际的存在，而是仅仅作为向我们显现的存在而为我们所知的。”在这一点上，平常人也许会退出对话，感觉没有起初那样振奋，但还是和这个担保保持一致，即无论这些解释会是什么意思，它们都不可能摧毁一个像汉密尔顿这样杰出的思想家置于其哲学显著地方的断言这个事实，这个断言就是，我们可以直接认识到物质的实在。

在这个虚构的对话中所轻松概述的特征在《论文集》中得到了详尽的阐发。在区分了严格的感觉和严格的知觉后，汉密尔顿和心
273 理学家们一样普遍认为我们的感觉是知觉心灵的各种状态。同时，他认为，它们也是能动的有机体的状态。我们的感觉因此就同时是精神的感情和有机体的感情。这是如何可能的呢？他回答说，因为一方面能动的有机体属于自我，虽然另一方面它又是广延的和物

质的。

> 有机体是理解（apprehension）的领域，对于严格的感觉和严格的知觉都是如此；但是有这种差异：前者将之看成属于自我（ego），而后者则将之看成属于非自我（non-ego）；一者将之拉进自我领域之内，而另一者则将之排除在自我的领域之内。作为能动的，作为我们意识到的感情的对象，有机体属于我；在这些我认为是我自己的感情中，严格的感觉就是理解。作为物质的，作为广延的对象，形状、可分性，等等，有机体并不属于我，这个意识的单元；在这些我认为不是我的属性中，严格的知觉就是理解。

在一条注释中他补充道：

> 这样说可能不仅是个悖论，而且是个矛盾，即有机体同时在心灵之内，又在心灵之外；同时是主观的，又是客观的；同时是自我，又是非自我。但是确实是这样；所以我们必须承认它存在，除非一方面，作为物质主义者，我们将心灵等同于物质，或者另一方面，作为观念主义者，我们将物质等同于心灵。

在他的《论形而上学和逻辑》（*Lectures on Metaphysics and Logic*）中，汉密尔顿曾主张，心灵存在于神经有机体的每一个部分里——灵
魂既是整体中的一切，也是每个部分中的一切，因此我们没有任何 274
权利否认意识的证据，如在触觉中，灵魂就在手指尖上。在这里，他将他的学说又推进了一步，把能动的有机体看作是心灵和物质之间的中间项，从而带有二者的性质。因此，虽然在感觉中我们把有机体的感情意识为我们的感情，而在知觉中我们则直接认识到“客观存在的物质的某些本质的属性”。从这个观点出发，他保留和发展了关于物质的第一性质和第二性质的区分。

第一性质，他认为，包括在我们的既包含于空间又占据空间的物质的知识中，而且可以从这个双重概念中推演出来。充满空间

时，物体必然是在三维上广延的，并且拥有可分性、大小和形状这些属性。它必定还拥有终极的不可压缩性（incompressibility）这个属性，这个术语被用来表示任何广延的东西被从空间中排除出去或者完全地丧失其广延的属性之不可能性。从包含于空间——超出物体范围限制的空间——中的属性，他推出可动性（mobility），以及和其他物体有关的情况。全部的第一性质因此可以概括于这一事实，即我们必须把物质世界看作是存在于空间中。作为拥有这些第一性质的物质是直接为我们所知的。因为以此方式为人所知，我们还可以将第二性质归之于它，虽然它们在本质上是未知的，但是可以作为解释我们的感觉的原因而推断出。在我们的实际经验中，感觉和知觉是共存
275 的，感觉是知觉的条件（conditio sine qua non）。例如，作为在视觉中为我们所知的广延可以仅仅在颜色的感觉中以及通过颜色的感觉而被知道；作为在触觉中所知的广延，它可以仅仅在触感觉（sensations of touch）中以及通过触感觉而被知道。正如在感觉中我们可以意识到作为能动的有机体的感情，所以我们的感觉是全部伴随着对作为我们的有机体的样态的第一性质的意识。“我们甚至从未意识到我们的有机体的存在，除了它由于某种原因受到了影响；我们只意识到广延、形状和其他严格的知觉的对象，如实现于我们的知觉有机体的感情关系之中，如有广延的、有形状的物体，等等。”于是，第一性质仅仅作为肉体有机体（bodily organism）的性质而为我们所知。“在相对的、局部的和相互外在的感觉的意识中，我们拥有真正的理解，因此，拥有对被影响的有机体的直接知觉，它们是广延的、可分的和有形状的，等等。仅这一点就是自然实在论学说，就是常识学说。”里德错在认为，遥远的实在，或实际上任何外在于有机体的实在可以作为拥有第一性质而直接被理解。而只有在有机体中，我们才能直接认识这些性质，超出这一点的它们的存在通过推理而为我们所知。

但是，在知识中我们如何超越有机体而达到超有机体的世界呢？汉密尔顿用他的物质的第二—第一性质、第一性质和第二性质之间的中间项以及包含二者的学说来回答这个问题。按照汉密尔顿的观
276 点，这些性质“都包含在阻力或压力这个范畴之下了”。“我们意识到，我们的机械能受到阻碍，但不是被我们的有机体自身的任何东

西所阻碍。”在有机体的运动的这个对立面中，我们意识到我们自己的感觉；我们也意识到有机体之内的第一性质；第三，我们意识到我们的肌肉力量的阻力。作为在种类上和被认识为终极的不可压缩性的第一性质之不可逾越的阻力相似的东西，这种阻力可以清楚地被设想。因此，我们可以将与我们的有机体相关的物体意识为“有推力的、有阻力的和有附着力的物体。”对于外在的物体来说，我们转换了在我们的有机体中直接为我们所知的第一性质，而它们必然是来自于作为占据空间的物质的概念。我们因此就能够通过推理建立起为我们所知的极其多样的物质宇宙。

对于知觉的分析并未止于这里。虽然汉密尔顿主张，我们拥有作为物质的第一性质的广延的直接知识，但是他认为我们的空间知识并非完全以这种经验主义的方式获得。我们“知觉到空间中的广延是一个实际的事实（actual fact），”但是这并不能解释必然性和普遍性，它们系着在我们对它们的概念上。由于空间是我们的经验的必然条件或形式，因此它必定是知识的自然要素。这个论证所依赖的原则是，事实的经验只能告诉我们何物存在（what is）；它却不能给予我们何物必然存在（what must necessarily be）的知识。汉密尔顿
在他的最近的前人里德和康德那里发现了这条原则；但是他喜欢将 277
之回溯到莱布尼兹。然而，在这里，汉密尔顿尤其受惠于康德，因为康德已经明确地使用了这个论证以支持我们关于空间的先天知识。汉密尔顿的陈述在下面的段落中被给出：

> 空间或广延是思想的必然形式。我们不能认为它是不存在的；我们只能认为它是存在的。但是我们不是被迫去想象占据空间的任何事物的实在性，因为虽然不能把物质宇宙存在于其中的空间设想成虚无，我们却可以毫不费劲地在思想中将之消灭。所有存在于以及所有占据空间的东西因此都通过经验而为我们所知；我们获得、构造了它的概念。空间的观念因此是自然的或先天的；空间所包含的东西之观念则是外来的（adventitious）或后天的。

康德和汉密尔顿在这个论题上的差异是，前者把空间说成是感

觉的必然形式，而不是思想的必然形式，汉密尔顿对空间的先天认知不满意，认为这并没有排除我们对广延的后天知觉。

最后，我们必须尽可能地将汉密尔顿的知觉学说和他关于我们的一切知识的相对性的陈述联系起来。这种相对性被汉密尔顿在不止一个意义上断言过。他主张——对于我们现在的目的来说这是主要
278 的论点——我们的所有意识状态都只是由于和自我或精神实体相关而为我们所知的，相似地，物质的第一性质是由于和物质实体相关而为我们所知的。我们只知道现象，但是由于我们的本性的法则而被迫把现象归因于一个未知的实体。这个问题就产生了：如果实体是未知的，那么我们是如何区分精神实体和物质实体的呢？汉密尔顿的答复是，这两个系列的现象是相反的和不相容的，所以它们不能够被假设为共存于同一个实体中。但是，物质实体和精神实体同样是未知的和不可知的。所以，我们根本就不知道那些如其自身所是的物质事物。所有汉密尔顿断言我们的一切知识都是关于现象的这些段落都必须被当作是深思熟虑的陈述，即我们不知道实际之所是的事物，我们知道的仅仅是它们向我们显现的东西。简单地说，汉密尔顿的立场是，我们确实知道物质世界是实际存在的，因为物质的第一性质是直接为我们所知的，它们是非自我的样态或显现，和自我的样态完全不同，并且就是它的对立面。心灵及其意识的状态因此就不可以与物质实体及其性质相混淆。但是绝对地，或者在本质上，我们对这种物质实体一无所知。物质性质不能够被断言拥有独立的存在；对我们来说，它们是现象或外显，而不是事物本身实际之所是。达到这一点后，我们似乎离起初是汉密尔顿知觉哲学
279 中主要思想的东西越发的远了。我们的实际知识受限于其的现象或外显，它们在他的不可知哲学中又是什么，未知的实在的表象或折射？

值得注意的是，汉密尔顿满足于这个独断的陈述，即他的心灵和感觉中的神经有机体之联姻的奇特理论。但是我们可以追溯导致他借以主张它的思想过程。他主张，心灵存在于知觉的有机体的每一个部分。我们将我们的感觉局部化了。按照汉密尔顿的观点，这种局部化是意识的直接报告，因此要接受；虽然感觉的器官，从边缘到中心，必须在知觉中合作，但是“没有任何理由单独将心灵置

于极端的中心处。”也许有人答复说，没有任何理由把心灵置于任何地方；或许在起初似乎是直接知识的证据的东西中存在着一个推理的混合物，甚至是错误推理的混合物。心灵能够在神经的外头末端处进行感觉这个断言被各种困难所包围。如何解释，在一个神经变化从边缘延伸至中心之际，心灵只在边缘感觉？这个理论说心灵均等地遍及整个神经网络，那么怎么会当网络从末端激发至中心时，心灵只意识到处于末端的激发，而不是处于中心的激发呢？汉密尔顿的陈述，即在感觉中每一个神经纤维都被认为是一个点，而不是一条线，仅仅是一个陈述而已，一点儿也没有解释被激发的纤维在 280
遍及其整个的范围里没有被心灵识别出，而心灵被假设为存在于神经有机体的每一个部分，这是如何可能的。再者，还存在着许多情形，其中我们错误地将我们的感觉错误的定位，或者，严格来说，它们位于身体的不同部分。汉密尔顿本人求助于这个关键性例子，即脚被砍去后脚趾中的感觉被局部化。这使他说道，心灵和身体之间的联系可以与自然实在论调和起来，但是他不合理地补充说：“然而，我认为，把神经系统看作是一个整体，生机原则（animating principle）均等地和直接地与其中每一个部分相联系，这更加富有哲学性，只要每个部分和中心保持一致性。”对他的理论的这个修改意味着整个理论所依赖的意识诉求被抛弃了。毫无疑问，心灵被激发至感觉和知觉，通过它们，神经刺激被向内送到大脑；但是没有任何根据断言，心灵存在于神经有机体的每一个部分。

我们现在可以看出，汉密尔顿是如何被导向他的信条的，即作为知觉的有机体属于心灵。他的问题是，在感觉中，并通过感觉的心灵怎么会意识到物质世界的？或者，更具体些，在感觉中，并通过感觉的心灵是如何把身体有机体意识为物质的和广延的？正如我们看到的那样，汉密尔顿相信我们拥有作为实在而不是我们自己或 281
我们的精神状态的物质世界的直接知识。但是在被认为仅仅是精神现象或主观感情的感觉和被认为独立于心灵的物质有机体之间，似乎存在着一个固定了的巨大鸿沟。主观感情的意识如何也能够给予我们客观实在的知识？对于这一点，汉密尔顿的前人，里德和斯图尔特没有任何答案；他们只能说，事实如此。但是如果现在感觉并不专门是精神的——如果在感觉中，心灵和神经有机体是一的话，然而作为广延，它必须将之看作不是它自身——那么心灵和物质似乎就被更紧密地归在一起；呈现在知觉有机体（在感觉中和它是一）中的心灵可能同时把这种有机体认知为物质的和广延的。乍一看，这个理论确实好像缩小了心灵和物质之间的距离，打个比方说，它们被认为是两种不同的存在体。一旦把心灵看作是弥漫于有机体之中，那么就可以在其物质属性中认识那个有机体。困难在于，不用把心灵加以物质化以及打破心灵和物质的那种区分而形成这样一种概念，汉密尔顿正是在努力地建立这种区分。无论何时坚持这种区分或二元论，这一裂开的鸿沟就都和以前一样地宽；我们就和以前一样完全不能解释，通过一种主观的情感心灵如何意识到那与其自身完全不同的东西或者它的任何情感。汉密尔顿承认这一点，他
282 说："非广延的东西如何理解广延，不可分的东西如何度量可分的东西—对人来说，这是神秘中的神秘。"但是即使这个理论是对所有东西的有效解释，也没有任何证据表明在感觉中心灵和神经有机体是结合在一起的，所以心灵将这个受影响的有机体看作是属于它自己。这个悖论，即把有机体在一个方面当作是精神的，而在其他的方面把它当作是非精神的，只有在把前面所说的属于心灵的东西转给身体才能实现。无论我们的神经有机体中的感觉条件可能是如何地必然，我们必定还是不知道感觉事实中的这些神经变化；无论我们对这些变化的终极分析是什么，它们也不应与我们实际感觉到的感觉相混淆。

汉密尔顿断然认为，没有任何综合或感觉的精神构造能够自然而然地给予我们物质世界的知识。他的立场的力量在于他在严格的感觉和严格的知觉之间所作的区分。伴随着感觉的知觉被认为是终极的事实；对于汉密尔顿来说，有机体的知觉是我们关于超有机体世界的知识建立于其上的基础。他主张，每一个感觉都为我们的身体有机体的第一性质的知识所伴随。但是，是这样的吗？以听力为例。我们将声音的某些感觉区别于其他的声音。我们学会将这些感情和人或构成他们身体条件的各部分的对象联想在一起。通过经验，
283 我们认识到这些感觉所依赖的感觉器官中的其他条件。但是，在纯粹的声音感觉中以及通过它，并且除了任何联想和推理外，我们真的可以直接认识到我们的有机体，或者它的任何部分是广延的？我们并没

有在纯粹的声音感觉中彻底地认识到有广延的器官的知识，它没有自然而然地告诉我们耳朵或听觉神经的任何东西。嗅觉也是如此。在一个令人愉快的气味的感觉中，心灵认识到有机体是广延的和可分的？像这样的感觉，除了联想，是不会暗示位置（locality）的。“嗅觉怎么样呢？”哈奇森·斯特林博士就这一点问道。“就对气味的感觉而论，心灵意识到要仔细研究其斯奈德氏膜（Schneiderian membrane，鼻黏膜）吗？或者，味觉呢？就滋味（sapidity）的感觉而言，心灵重新作用于，还是被反射给受到味觉微粒（sapid particles）影响，以及作为按照不同味觉而被划分和计算的味觉总数？或者，听力呢？就声音的感觉而言，由于即刻的回响心灵同时收到自己的耳膜之墙，（它们）客观地认识到相同的东西？很明显，没有任何证据赞同其中任一情形中的肯定语！”这些思考可能使我们倾向于认为，在这个论题上，汉密尔顿走得太远了。当里德主张广延的知识只有通过主动的触觉和视觉才能获得时，他更接近准确。现代心理学的结论是，和触觉联系在一起的运动能力的感情是阻力，也是我们的广延知识的基本条件。我们很可能和汉密尔顿一样主张，通过感觉我们能够知觉到一个不可以完全被归结为感觉及 284
其可能性的物质世界，但是没有任何当今的思想家同意他的这个观点，即任何一种以及每一种感觉都足以自行向我们揭示物质的实在。

再者，如果运动的感觉对于我们的广延和阻力的知识真是必需的，那么就不可能接受汉密尔顿关于第一性质和第二-第一性质的区分。我们被他假设为认识首先作为身体有机体的属性的第一性质，然后，根据压力或阻力的暗示而将这些性质归因于超有机体的物质。但是，我们不可能认识广延的属性，或者任何包含它的第一性质，除了在压力这种场合。我们只有在获得其他物质事物的知识时才认识我们自己的身体；同样，我们关于有机物质和无机物质的知识依赖于我们的运动感觉，因为这些和其他的感觉联系在一起，它们都服从于空间、时间和一致性这个普遍的条件。

在他对第一性质的演绎中，除了对特殊空间的后天认知外，汉密尔顿还寻求空间的先天知识的帮助。这种立场避免了康德先天理论中的一些困难，这个理论假设心灵通过空间的纯粹形式来使在感

觉中被给予的异质性的物质局部化。无疑，汉密尔顿感觉到，具有一定大小和形状的对象真的被呈现给我们，并且是在某个特殊地
285 点，和以一种任何精神形式都不能解释的方式；然而，他承认了空间的必然性和普遍性。由于一方面受里德的影响，另一方面受康德的影响，汉密尔顿求助于这一假设，即在一个方面，空间是心灵的贡献，另一方面则是物质的贡献，它在知觉中被呈现给我们。承认这一点就够了，即通过感觉——主要是通过动能（motor energy）的感觉和触觉——广延被揭示给我们，因此我们必须把它看作对于物体来说是必然的，并且在各个方面伸展到无限。这是一个更为简单的真理，它可以从汉密尔顿对我们的空间知识的先天与后天起源的解释中摆脱出来。感觉和知觉因此分别是我们经验的偶然要素和普遍要素；任何一者都不能被归结为另一者。在经过了所有迄今所作的从感觉中推演出空间知识的尝试后，人们可能仍然主张——用汉密尔顿的话来说就是——其中每一种尝试都是一种隐藏着的窃取论题（*petitio principii*）。

汉密尔顿的相对性学说——它必然涉及的最后一点——与他在直觉的知觉学说（doctrine of presentative perception）中习惯性使用的表述明显相冲突。在这里，他告诉我们，我们直接意识到它们实际所是的第一性质，因此有权利断言，它们如我们知觉到它们的那样存在着——我们拥有关于非自我的知识，不是间接的或表象的，而是直接的和直觉的。在那里，他说，我们不知道事物本身实际之所是，我们所知道的一切都是未知物的现象，因此，由于不知道事物，我
286 们就被限制于对现象的沉思。注意到这些相冲突的陈述后，J. S. 密尔得出了这个结论，即汉密尔顿不是真的持相对性学说；他认为，在汉密尔顿哲学的两个方面中不可能存在绝对的矛盾，因此他把汉密尔顿的陈述解释为在公认的非自然意义上的知识的相对性。然而，汉密尔顿同时陈述了他的直觉知觉学说和相对性学说这个事实妨碍了我们以这种概括的方式来处理其中任何一个。它表明，他打算让他的知觉学说按照他的更为根本的相对性学说来被解读。他主张，第一性质是直接被认识的；它被认识为不同于心灵的变体；它证明了非自我的存在，因此他承认一种知觉的直觉学说。但是同时，他认为，这种第一性质只是一种现象——一种仅仅因为和我们的

知识官能相关，又为之调节而为我们所认识的现象，因此不能够揭示存在本身是什么。那些已经非常彻底地受汉密尔顿影响的人总是最重视他的相对性学说，但是我们有汉密尔顿小姐的证据可以证明，她的父亲“并不认为我们认识自在之物（thing-in-itself）”。因此，我们发现汉密尔顿毕竟主张，作为我们所认识的物质世界不可能被断言拥有一个独立于认识的心灵的存在。

这样一种知觉学说可以被公平地描述为是表象的（representative），而不是直觉的（presentative）。汉密尔顿对洛克这一类有前提
的实在论者（hypothetical realist）非常严厉，他们认为我们仅仅直接 287
认识到印象或观念，然而又试图经过这些而达到外部实在。“一旦假设在知觉中被认识的对象和存在的实在是不可转化的，”那么，他论证说，观念主义就不可能被否证。但是，现在，当我们按照他的相对性学说来解释他的知觉学说时，我们发现汉密尔顿本人也主张“在知觉中被认识的对象”与绝对的实在是“不可转化的”。他用来反对有前提的实在论者的论证因此也反过来作用于他本人。如果他们没有任何权利把知觉中直接被认识的对象看作是表象了一个超越的实在，以此类推，他们也没有任何权利从知识的相对的对象来断言一个被遮蔽、然而尚未被揭示的未知的实在。正如哈奇森·斯特林博士指出的那样，发现汉密尔顿将有前提的实在论者比作对盾牌上的暗影感到惊讶而不知道实在的伊利亚斯，以及发现他经常使用相同的例证来强化他自己的无知学说（doctrine of nescience）是哲学文献的奇事之一。反驳一个立场的论证同样可以用来反对另一个。错误就在于假设了，我们会永远被排除在关于实在的知识之外。汉密尔顿的哲学，就像康德的思辨哲学一样，使人想起了名为绝对的实在，或自在之物的没有结果的影子。抛弃这个影子，于是我们又重新回到为我们所知的实在的世界中，毫无疑问，和人生的任务一样，哲学的
任务也存在于其中。 288

我们最近大多数不可知论都可以归因于汉密尔顿的影响。曼塞尔（Mansel）在他著名的论宗教信念的局限性的班普顿讲演中就遵循了汉密尔顿在他的无条件者的哲学中的作法，断言设想无限者或绝对者的不可能性，除了以否定观念的形式。他试图表明，第一因、绝对和无限这些概念都是相互具有破坏性的；相对者和绝对者的共

存，或者有限者和无限者的共存导致了进一步的矛盾；说一个绝对和无限的人就是在使用没有任何一种人类的思维模式可以归之于它的语言。以此方式将绝对者和无限者降格为不可设想的和矛盾的悬而未决状态后，他却又主张把上帝看作是具有人格的，以及相信他是无限的，这是我们的义务。说也奇怪，在他看来，这个信仰声明，即在这些高级事务中，“人类的心灵不可避免地，以及由于其本质的构造，会发现自己处于矛盾之中”是公正地研究宗教的内在证据和外在证据的最好准备。当为了其利益而提出如此不一致的辩护时，宗教很可能祈祷从其朋友那里得到拯救。

赫尔伯特·斯宾塞先生在包含于他的《第一原则》(*First Principles*）中的不可知者的哲学（philosophy of the unknowable）中提出，“要把汉密尔顿和曼塞尔已经使之成形的学说再向前推进一步”。他
289 对这两位哲学家的引用就已经表明他受惠的范围了。他试图证明——比这两位当中的任何一个都要更细，但与其说是成功还不如说是别出心裁——我们终极的宗教观念和科学观念留给我们的“只是一个在完全相反的荒谬中的选择”。他因为曼塞尔对神的人格性的信念没有保证而将之抛弃，断言一个不可知的实在的存在，或所有有限事物都是其显现的能力的存在。通过赫尔伯特·斯宾塞先生，汉密尔顿哲学的根本原则有可能在未来相当长的时间内保持它们的生命力，虽然是以一种汉密尔顿没有预见到的和不会赞同的形式。

但是这种哲学的逻辑结论只有以一种彻底的现象论才可以达到。如果我们的一切知识都是相对的和有条件的，并且如果超越这些限制的尝试都使我们走向不可设想的领域或矛盾的领域，那么哲学就不能够肯定或否定任何期望超越的东西。一个不可知的实在在对有限和具体的实在的抽象中逐渐消逝了，而只有这个有限和具体的实在才是对我们有意义的。一个不可知的原因或能力在语词上是一个矛盾，因为原因和能力自身就是相对的。从这个观点来看，汉密尔顿的哲学强化了现象论，这种现象论产生于休谟，它假设了一种在像班恩和密尔这样的哲学家中的实证形式，并且进一步得到了来自于专门追寻事实和一致性的现代科学的进步的鼓舞。因此，赫胥黎在他死前几个月发表的一篇文章中告诉我们说，据他所知，汉
290 密尔顿论无条件者的哲学的论文是不可知论的最初源泉。于是，在

这里，思辨的车轮兜了一圈又转回到原处。里德设计用来防止怀疑 175
主义和观念主义的常识哲学经过汉密尔顿这样的变形之后又重新导
向了这个结论，即没有任何东西能够被认识，因此，除了飞逝的意
识现象之外没有任何东西可以被肯定或否定。 *291*

16

詹姆斯·弗雷德里克·费瑞尔（1808—1864）

费瑞尔明确地反对他的前人，所以一些人发现在民族哲学的发展中很难给他指定一个位置。但是哲学的进步既有追随者的作用也有反对者的作用。对费瑞尔的敏锐心灵来说，苏格兰学派的心理学方法已经显示了它的弱点；他反对它是由于他自己思想的自然作用，而不是由于他熟悉其他的思辨体系，不管是古代的还是现代的。对于那些说他的哲学源于国外的人，他答复道，无论其优点和缺点会是什么，它都是生于和长于苏格兰。他说，“我的哲学是彻头彻尾苏格兰的；它的每一根纤维，每一结构的表达都是这个民族的。它是旧苏格兰土壤的民族生长，没有从其他任何土地吸收任何养料。”

292 詹姆斯·弗雷德里克·费瑞尔（James Frederick Ferrier），1808年6月16日出生于爱丁堡，是一个律师的儿子。在邓弗里斯郡（Dumfriesshire）的路斯维尔（Ruthwell），他在受人尊敬的邓肯博士家接受了早期教育，然后被送到爱丁堡高级中学，后来又在格林威治的伯尼博士（Dr. Burney）的指导下学习。他在爱丁堡大学上了两个学期，随后去了牛津的迈格达伦学院（Magdalen College），1831年他在那里取得学位。1832年他成为一名律师。1834年，他在海德堡过了几个月，很可能是希望扩大他对德国哲学的认识。他的母亲是约翰·威尔逊教授（Professor John Wilson）的妹妹，1837年他成为威尔逊的女婿，他的婶婶是苏珊·费瑞尔（Susan Ferrier）——《婚姻》以及其他成功小说的作者。尤其是通过和他叔叔的联系，他有机会认识了那些在文学方面非常杰出的人士；他给《黑森林杂志》（*Blackwoods' Magazine*）的投稿便证明了他多方面的文化修养以及富于想象力的同情心。他成为威廉·汉密尔顿爵士的一个热情的崇拜者和亲密的朋友，而且他的这种崇拜并没有因为他们在哲学问题上日益增加的差异而减少。费瑞尔在形而上学领域中的第一篇论文是1838年和1839年投给《黑森林杂志》的“意识哲学导论”（An Introduction to the Philosophy of Consciousness）。在他的论“贝克莱和观念论”以及其他论文中，他极为明显地受惠于贝克莱而不同意里德。随着时间的流逝，他越来越全神贯注于哲学问题。1842年，他被任命为爱丁堡大学的公民史教授（Professor of Civil History），1845年，
他又接到圣安德鲁斯大学的道德哲学教授这个更为重要的任命。在 293
那里，他辛勤地致力于他的职责，仔细地写以及重写他的讲稿，因此获得了学生们的崇敬和爱戴。在他的讲课中，他非常注意希腊哲学史，他的形而上学体系的发展，而不是严格意义上的道德哲学。当时的逻辑学、修辞学和形而上学教授职位是由威廉·斯波尔丁（William Spalding）担任，他以《论意大利和意大利群岛》（*Italy and Italian Islands*）的著作以及论逻辑和文学的教科书而为人所知。从斯波尔丁那里，学习哲学的人接受到形式逻辑方面彻底的基础训练以及把里德看作是其创立者的那种哲学的明确知识；而在转到道德哲学课时，他又要受到各种相冲突的观点，以及费瑞尔的更大的原创性和冒险精神的刺激。在圣安德鲁斯大学，当时没有什么比哲学训练更好得到的了。

1854年，费瑞尔出版了《形而上学的基本原理》（*Institutes of Metaphysic*），这是对他的思想的最成熟的表述。作为爱丁堡大学哲学教授职位的候选人，他没有成功，不过，作为镇议会的礼物，他得以保留在圣安德鲁斯大学的职位直到去世。1861年，他得了心绞痛；虽然短暂康复了，但是疾病还是逼近了他，用卢星顿博士（Dr. Lushington）的话说，一直到他的“在敏锐的理智之光中的憔悴面容显示出为勇敢的忍耐力所抑制的剧烈痛苦”。1864年6月11日，他去世了。在社交上，他是最有魅力的人之一，文雅，有礼貌，和蔼可亲，并且
拥有一种少有的幽默才华。他的哲学著作集的遗编，除了先前出版 294
的《形而上学的基本原理》和一些文章外，还包含一系列值得称道

的论希腊哲学的讲演[1]。

费瑞尔强烈反对常识哲学的目标和方法。他主张，哲学的真正任务是纠正日常思维的粗疏。如果不是人类在他们的自发判断中容易陷入错误和困惑，哲学就没有任何存在的理由。如果人们已经，并且是不用努力就拥有了真理，那么这个职业早就消失了。他对里德及其追随者的根本反驳是，他们尽其所能来认可和体系化，而不是纠正日常思想的陈述。

> 人们不仅对真理，而且对赋予他们的更高的理性都很少赞美，他们假定后者服从于他们自己的常人观点的裁判，假定它毕竟会受到他们自己的日常判断的挑剔所影响，或者它由于和他们自己的习惯思维这种世俗的和短暂的流星之碰撞而能够被推出它不可改变的轨道，这些习惯思维是永远交叉的和模糊的，
> 295 但是决不会在空中偏移其巨大的行进路线。

苏格兰学派把哲学降低为一种心理学，或者人类心灵的科学，它已经成为"事后公众意见的煽动者和帮凶，"在它与大众思维分离的地方，由于把原始的错误和新的矛盾弄乱，它使情况变得更糟。因此，日常思想的二元论——即把心灵和物质看作是各别的存在，二者都能为我们所知——被这种心理学哲学变成了对一个独立的、但却是未知的实体，以及对一个同样未知的自我的断言。形而上学，对于费瑞尔来说，就是用理性的必然真理来代替大众意见的失察和心理学科学的错误。他的《形而上学的基本原理》的目标就是要规定哲学真理的合乎逻辑的体系。

他说，哲学应该同时是真的和逻辑上有效的。它应该自始至终都是一条清晰演证的连续不断的链条。它应该是逻辑上有效的，这比它是真的还要重要；因为一个不是建立在逻辑基础上的哲学不能够保证其真理性，而一个逻辑上有效的体系，即使它可能不是真

[1] E. L. 卢星顿教授为《论早期希腊哲学，以及其他哲学遗产》(*Lectures on the Early Greek Philosophy, and Other Philosophical Remains*) 所作的导言中给出了费瑞尔平凡一生的细节。在写作鲜明的著名苏格兰人系列之《詹姆斯 · 弗雷德里克 · 费瑞尔》卷中还画了一张费瑞尔和他的周围的引人注目的画像，这本书是由哈尔丹 (E. S. Haldane) 撰写的。

的，但是因为使用了达至真理的恰当手段，因此作为一门精神学科 179
而具有价值。哲学这种令人不满意的状态就是因为没有任何研究者找到过真正的开端这个事实。像所有其他的原则一样，哲学的原则虽然首先是按照自然的次序，但最后都是按照知识的次序；经过长期追求之后，它们最终还是见之于我们的脚下。哲学家必须在某些 296
必然真理中找到真正的出发点，一个演证的体系就是从中推出来的。那么，什么是必然真理的特征呢？“必然真理或理性法则就是真理或法则，其对立面是不可设想的、矛盾的、无意义的和不可能的。”因此，它的标准就是逻辑的“同一律或矛盾律。”

> 这个法则就是，一个事物必定是其所是。A 是 A。假设，所有必然真理的否认者，因此也是这个命题的否认者会说“不”；一个事物不一定是其所是；答复是，“那么，你的命题，即一个事物不一定是其所是，也不一定是**其**所是。”这可能是一个起到直接相反效果的陈述。那么，在这些陈述中是哪一个呢？是肯定一个事物不一定是其所是的命题，还是宣称刚好相反的那个命题？“这个命题是前面那个意思，”他说。“但是，我怎么能知道这一点呢？如果一个事物不一定是其所是，那么为什么你的命题（它当然也是某个事物）必定是其所是？为什么它不可以宣称一个事物是，而且必定是其所是呢？给我某种保证，即它不是后一个命题，否则，我不可能接受它。我不能知道它是什么意思，因为它可能有两种意义。”这个人会无话可说。他不能给我任何保证。当他提出他的命题时，他必定视此为当然，即它是，而且必定是其所是。这就是我想要的一切。矛盾论因此确证了自身。 297

这个法则，虽然就其自身而言是微不足道的，但却不仅是一个必然真理，而且还必须被当作是其他一切真理的标准。需要问及的唯一问题不是一个命题是否得到现成和普遍的接受，而是它是否能够在不违反矛盾时被否认。如果不能够，它就是必然真理。

于是，费瑞尔的哲学体系公开宣称是开始于一个单一命题，因此作为所有理性的必要原理（essential axiom）而得到了保证。这个原理必定是知识的基本法则或条件。询问何物存在的本体论提出了真的或绝对的存在这个问题。但是，为了可以获得真正的出发点，这个问题必定为这个答案所回避，即何物存在（what is）就是何物被认识（what is known）。这个答案反过来又提出这个问题，即何物是被认识的，以及什么是认识（what is knowing）。哲学是一门按最后的先来而自然地走近我们的学问，所以，“困难就是，把整个巨大的机器掉转过来，以使它的开端朝向我们。”因此，不是按照早期希腊思想家们的方式研究何物存在，或者什么是存在的必要条件，我们必须要从研究知识的条件开始。一切各不相同的知识的同一和不变的特征是什么，如果能够找到这样的特征的话？既然绝对的存在可能是我们所不知道的东西，那么我们接下来必须研究无知（ignorance）的本质和局限性。以此方式决定了什么是理智能够知道的东西，以及什么是理智不知道的东西之后，绝对存在的特征就可以通过演证
298 确定下来。因此，费瑞尔规定的哲学的三个部分就是，首先，认识论，或知识论；其次，无知的研究（agnoiology），或无知论（theory of ignorance）；其三，本体论，或存在论（theory of being）。

知识的基本条件在认识论的第一命题中给出如下：

> 作为其知识的根据或条件，伴随理智所认识的一切，它必定认识其自身。

除了自我（ego/self）之外，在我们的所有认知中没有任何共同的特征或同一的性质。自我的知识可能会由于熟悉而被遮蔽，它可能是微弱的或潜存的，但是作为在我们各不相同的知识中的不变的要素，它是存在的。这并不意味着我们同时拥有两个知识对象——认识的心灵和它认识的东西。相反，知识的整个对象总是包括在认识的自我（knowing self）中，如果这被称为与和它一起被认识的东西相对的主体，那么知识的整个对象就是“客体加主体——事物，或思想一起”。我们不是首先意识到某物，而后，在随后的反思中，意识到作为认识它的我们自己；这两个要素不可分离，客观的要素和主观的要素一起构成了知识的单元或最低限度。

虽然经验证实而不是反驳了这个命题，但是经验单独并不能使它变成接下来的那些证明的确定的基础。费瑞尔说，它必须被“作

为一个理性的必然真理——作为一条对理智普遍地有约束力的法 181
则——这样一个概念（其反面是矛盾的和荒谬的）”而确立起来。他 299
这样应用这个标准：

> 如果理智能够在任何一个时间接受知识而无需认识到这就是他的知识，那么他就能够在所有的时间做到这一点。所以一个理智的存在者可能具有知识，而在其存在的整个期间从不知道他拥有它。在那个假设中难得不包含着矛盾吗？但是，如果那个假设是一个矛盾，那么假设理智能够在任何一个时刻认识到他的知识而没有认识到它就是他的知识便同样是矛盾的。一个人拥有知识，并且认识到各种知觉，只有当他使自己认识到它们的时候。如果他认识不到它们是他的，那么他就根本认识不到它们。我能够认识，而不知道正是我在认识吗？当然不会。但是，如果一个人在认识任何事物时都必定总是知道他在认识它，那么他必定总是具有自我意识的。因此，理性把我们的第一命题确立为一个必然真理——一个公理，否认它便包含着矛盾，或者坦率地说，就是胡说（nonsense）。

贯穿于认识论的始终，这个根本的命题可以从各种不同的角度来看待，从而产生各种新命题。虽然我们知识中的两个因素是不可分离的，但是它们仍然是可区分的，就像一根棍子的两端，或者一个圆的周长和圆心。任何时候都不可能把我们的意识的任一对象看
作不是意识之物的对象（objects of no consciousness）。因此，物质自 300
身（matter per se）是绝对不可知的；我们可以为物质自身按响门铃，但出现的总是物质和知觉的心灵。物质是否单独存在，这不可能通过它自己而知道；正是因为物质主义者从未想到这种理性的法则，所以他毫不费劲地决定赞成一个独立的物质存在。在意识不存在时，物质就变得绝对不可认识，并且逐渐陷入矛盾的中间地带（limbo）。关于物质的性质也可以达到相似的结论；人们甚至并不知道那些第一性质是自身存在的，还是无需一个和它们一道被理解的自我；因此，试图通过我们关于这些或者任何其他性质的知识来达到物质世界的独立存在是没有用的。这里也是解决共相和殊相这个古老争议的关

键。在所有的认知中，必定存在着一个不变的和普遍的部分，以及另一个可变的、偶然的和特殊的部分；所有的知识都是对这两个因素的综合。共相是自我（self）；不断变化着的殊相则可能是一朵花、一个声音、一个情绪，或者任何东西。因此，自我（the ego）不可能被认识为物质的，因为作为知识的普遍要素，我们能够清楚地把它和特殊的物质事物区分开来，正如我们也能够把它和特殊的思想或情感区分开来。严格地说，自我自身和物质自身一样是不
301 可知的；它只是在某种特殊的状态下或者与某个和自身相对照的特殊要素结合在一起而为我们所知。在这里，费瑞尔谴责了这种学说，即认为人类的心灵可以认识到它是其主体的各种决定，但是却不知道自己的本质。他主张，心灵的本质就是关于所有最易于理解的东西。

> 心灵的本质就是**它拥有的关于自身的知识**，再加上它所认识的所有东西。凡是使一物成为它之所是的东西，就被恰当地称为它的本质。因此，自我意识就是心灵的本质，因为正是凭借自我意识，心灵才是心灵——一个人才是他自己。

因此，和心理学能够确立的任何基础相比，心灵的不朽本质——不是作为一个不确定的实在，而是在某个确定的条件中——被置于一个更加稳固的基础之上。

既然表象重复着，并且依赖于表象知识，所以由此可以得出结论，被规定的各种条件属于所有的表象。不可能思考不能认识的东西；因此，主体加客体的综合适用于思想，就像适用于直接知识一样。我们每个人可能会把宇宙看作是单独地独立于他自己，但是他只有通过在和某个其他的心灵或自我的综合中思考它时才可能做到这一点。因此我们确实认识实体，通过实体理解无论什么能够被认识的东西而不需要任何其他的东西必然和它一起被认识。或者，换句话说，我们认识绝对者，认识中的绝对者就是普遍要素或自我和
302 那些可能与之结合在一起的特殊要素的综合。对于我们来说，感觉的材料是必不可少的。然而，这些感觉只是知识的偶然要素，而其他的理智——假设它们存在——则可能以其他的方式理解事物。

无知被定义为一种理智的缺陷，或者知识的褫夺。据此可以得 183
出结论，“我们只可能不知道那可能被知道的东西”。在他的无知论中，费瑞尔把这个命题看作是最重要的，而且非常具有原创性。这个命题使他能够把他的主体加客体的公式应用于知识和无知。相似地，矛盾和荒谬从无知和知识的范围中除去；结果，就不可能存在对自我自身的任何无知，或者关于和心灵没有关系的对象的知识。通过这种无知学说，费瑞尔一下子就会摧毁我们绝对不认识的不可知的实在，或者不可知的能力这种断言。

通往本体论或者存在论的道路现在已经被打开了。绝对的存在不可能是矛盾的；因此，它必定要么是我们所认识的东西要么是我们所不认识的东西。在任何一种情形中，它都不可能是殊相自身或者共相自身。物质，即我们的一些认知的特殊要素，也不能被承认为我们的知觉的原因。“物质，或者外部事物，就是一个人的心灵的直接对象，正如他自己是他的心灵的直接对象一样，因为它是呈现在他前面的整个表象的重要组成部分。”因此，一种直觉知觉的学说
就被确立起来，条件是在认识物质时我们总是和它一起认识我们自 303
己。此外，我们不可能设想所有的理智会终结，因为事物的存在或不存在都不可以被设想为和理智没有关系。因此，“所有理性的最高而又最有约束力的法则就是，在任何情况下一个至高无上的心灵都不可能被设想为是从宇宙中抽象出来的。”不可能研究知识的原因，因为除了知识之外不可能设想任何存在。“存在的知识——对自我和其他事物的理解——单独就是真正的存在。”于是，绝对的存在就是主体和客体的综合，而且不管我们是否宣称拥有关于绝对存在的知识或者承认对绝对存在的无知，这都必定是真的。因此在所有本质的方面，被认识者（the known）和存在者（the existent）就是相等的或者被证明为一致的。每个人都可以直接认识的绝对存在限制于他自己，连同他周围的那些对象以及他借以被访问的那些思想和情感。但是这给他提供了一种类型（type），据此他可以设想绝对存在的其他情形。就我们通过感觉来理解事物而言，我们知识的偶然部分不可能被断言为每一个绝对存在的部分；在这方面，其他的理智可能和我们不同。但是每一个绝对的存在都必定包括主体和客体两个条件。在他的本体论的最后一个命题中，费瑞尔断言了一个具有

严格必然性的绝对存在的存在：

> 304 除了一个外，所有的绝对存在都是偶然的；换句话说，有一个，且只有一个具有严格必然性的绝对存在；那个存在是一个和所有事物综合的最高的、无限的和永恒的心灵。

为了把宇宙从矛盾中救赎出来，他主张，需要假设有而且是唯一的一个理智。除了一个之外的所有绝对存在的偶然性为这种考虑所证明，即有一个时间这个世界上没有人，而在其他的世界中甚至根本不存在任何有限的理智。但是如果没有上帝，这个宇宙可能早就不存在；因为如果没有心灵，时间和空间以及无论什么对象都是无意义的和矛盾的。当我们把任何事物都看作是存在于有限理智的不在场时，无论我们怎样意识不到其运作，我们也必定会想到上帝。因此，思想的必然性就会把一个有神论的结论强加给我们。

> 在这里，形而上学停止了；在这里，本体论融入神学之中。哲学完成了她最后的工作：通过严格的证明，她已经达到了所有理性的中心法则（也就是说，思考一个无限的和永恒的自我与所有事物相综合的必然性）；她把这条法则规定为所有宗教的基础。

旧学派的支持者们所持的对费瑞尔的《形而上学的基本原则》的最初反驳是，他错误地把他的哲学建立在连贯性这个逻辑要求之上。同一律（它告诉我们一个事物是其所是）和矛盾律（它在这一
305 陈述中体现了相同真理的另一面，即一个事物不是其所不是）可以被承认为必然的；但是它们决不会自然而然地向我们揭示一个事物所是的对象或者它所不是的东西。当它们向我们保证一个口头命题或者分析命题，诸如“所有的物体都是广延的”的真理性时，这是因为只是在口头上阐明了在我们的思想中所隐含的东西；在我们的判断假设了命题形式之前，我们的物体概念就已经包括了广延的属性。所以费瑞尔的涉及自我的所有知识的基本条件都能够通过逻辑法则来证实，当且仅当我们已经确定了我们所理解的知识具有这种

特性。如果不是这样的话，知识可能会是“无论什么东西”，而逻辑 185
法则就不可能阐明它。一致性性的纯粹形式法则把我们束缚在那些早已赢得我们赞成的判断之下；不止这一点，它也不能证实这些判断，或者保证超出它自身的任何理性法则的真理性。费瑞尔的论证——也就是，他的根本命题必须被认为是必然为真的，因为其反面是矛盾的和荒谬的——将此视为当然，即他已经认识知识的本质；他的知识观念包含着自我意识，因此如果不认识自我，他就不可能承认知识的可能性。同样的，他的无知论的起点是对无知的定义，而他的未获成功的证明只是用其他的词语来重新陈述他的定义。同一律和矛盾律，不管是各别陈述还是作为一条单一的法则，绝不是通往一个哲学体系的坦途：我们被迫依赖反思和批判的分析来确定我们的知识或我们的无知的本质。 306

我不得不同意这样一些人的观点，他们认为由于太过于依赖逻辑法则，费瑞尔在哲学的一开始处就弄错了。但是这并不会必然得出结论说，知识的基本法则经得起最全面的考察。他的一些最聪明的学生怀疑，但是他们仍然认为他的思想的核心部分还是合理的。自我意识这个要素对于我们的知识来说是至关重要的；当我们最忘我（self-forgetful）的时候，比如在白日梦中，或者当我们被裹挟着超出了我们自己以至于似乎沉浸于自然或艺术的某种景色中或者他人的命运中，我们在记忆中还是把我们的经验归于那个想象的或知觉的自我。物理科学以及甚至心理学科学可能都试图考虑从自我中抽象出来的各种事实，这些事实被呈现给自我。但是这个最高的范畴或知识的条件，因此也是作为被我们所认识的存在的条件，需要在哲学的进一步分析中得到承认。因此，从康德及其后继者们开始，“知识对象和认知心灵的相对性”，或者事物和自我意识的本质关系在近来的思辨中已经变得很常见。这就是费瑞尔试图传达的真理。任何深刻分享了他的哲学的人都决不会犯那个常人的错误，即把那个在认识的和意欲的自我降低到和知识的其他对象的水平。同时，他还避免了把自我虚构为一个未知的存在体的错误。

在许多方面，他的形而上学概念是对他的苏格兰前人们的推进。 307
他对心理学的攻击实际上就是对心理学哲学（psychological philosophy）的攻击，它混淆了根本原则或理性的要素理论（theory of fun-

186 damental principles or elements of reason）与精神现象的科学（science of mental phenomena）。没有任何东西比他对这种哲学错误的揭露更令人印象深刻，即把我们的知识局限于现象，然而又承认未知的实体或本体（noumena）的存在。在我看来，他有理由把人类的知识看作是所有知识的唯一线索。正是这种奇怪的迷恋之物，虚构了为人类的智力所永远不能理解的未知实体的存在，然后又做出一种双倍无用的事（double futility），即假设它们为一个我们对其行为不能形成任何概念的理智所知。难道还不清楚，当我们说到一种和我们所认识到的知识没有任何共同之处的或然性知识时，我们是在使用没有意义的词语吗？对于我们来说，我们的知识无论怎么不完美，都必定是那种所有其他知识的类型。如果物质自身，或者自我本身，不可能为我们所知，那么我们有什么权利断言它们的存在？当我们假设一个可以认识——以一种我们不可能做到的方式——那个假设的超越性实在的超越性理智（Transcendent Intelligence）时，我们会在空洞无物的领域中更加绝望地迷失自己。

308 费瑞尔和近代的思辨完全一致，不仅在于他把形而上学从心理学中分离出来，而且也在于把一种知识论放在其哲学的最重要处。但是他的最后一步，也是最重要的一步——从认识理论（theory of Knowing）到存在论（theory of Being）的转变——需要仔细地观察。他的理论的起点是个体自我和知识的偶然要素的综合。知识的全部对象是“事物或思想，一起。”这是每个个体所能直接认识到的极限。既然表象（representation）是建立在呈现（presentation）之上，所以费瑞尔就能够说，这条法则必定适用于每一个我们能够对之形成概念的理智。但是，至此，他人的心灵还是假设的；但是它们存在的证据在哪里？他没有在任何地方表明，按照他的假设，他有权转到有限的心灵的存在，除了他自己。他向一个最高和无限的理智与事物的综合的转变建立在这一假设上——因为没有别的——存在着一个独立于我们的有限心灵之外的宇宙。这些考虑——即有一个时间这个宇宙中没有人，可能存在着超越有限理智的知识范围的世界——假设了我们已经以某种方式超越了事物和有限心灵的综合；于是这个问题就产生了，即这决定性的一跃是如何被证明为正当的。如果我们假设一个无限的永恒的宇宙，超越有限的理智，那么，按照费

瑞尔的前提，我们有理由断言一个无限的和永恒的自我；而不是相 187
反。我们每个人都相信心灵世界和独立于他的有限意识的物质世界
的存在，这是非常对的；但是这种信念不可能通过这个保证，即每 309
个可能的理智都必须与那条主体和客体的法则相一致地进行认识，
而强加给我们。这个普遍的条件仍然没有确立他人心灵的存在。正
如费瑞尔告诉我们的那样，当对象等于虚无（nonentity），或者等于
我们完全不认识的知识中的殊相时，这个条件便得到了满足。伴随
着我们面前的这些可能性，我们可以看出在断言一个抽象的自我和
事物的综合时我们距离配得上其名的有神论有多远。即使我们同意
费瑞尔他的无限的知觉者和无限的被知觉者是同一个实在的不同方
面，这也并不能满足有神论的上帝概念。某种细微的讨论和结果就
是费瑞尔的最初命题这个狭窄纲领（narrow platform）不可避免的后
果。无论如何精巧，无论如何雄辩，他都似乎是在反复不断地说着
相同的东西。所以哲学领域之中的许多问题并没有被触及，“主体 +
客体”这个抽象的公式也最终被认为对于思辨或宗教的要求是不适
当的。

贯穿于费瑞尔思辨的始终，贝克莱的影响非常显著，他还可能
在很大程度上受惠于汉密尔顿的作为知识的必要条件的主体和客体
的关系理论。他似乎并没有完全认识到他受惠于德国哲学。然而，
当我们把他的哲学和康德的哲学进行比较时，我们会发现他们同样
突出知识论，同样把哲学和心理学分开，同样拒绝追随大众思想的 310
指导，甚至同样对人们的日常思想和学者或哲学家所得到的结果作
出哥白尼式的阐述。[①]因此，虽然费瑞尔对他的同时代人的直接影响
可能不是很大，但是他预见了欧洲大陆思辨的浪潮，它注定了要改
变那个世纪下半叶的苏格兰哲学的特征。近些年来的新康德主义思
辨重现了许多在费瑞尔的《形而上学的基本原则》中更简单地表达
过的东西。

在一个像现在这样的素描中，不可能传达出费瑞尔文体风格的魅力的恰当观念。例如，什么能比下面对柏拉图的描写更恰当的呢？

---

① “我们要假设，天体领域的实际旋转和它们的表面过程极为不同；而在人类的思想运动——比行星体系更强有力——中，相同的伟大法则并不进行统治，也不可能被找出来？”——《形而上学的基本原则》，导论，第 65 节。

188 然而，如果柏拉图在制作中（in execution）是困惑的和没有体系的，那么他的设计就很庞大，他的猜想就很宏伟。他的适应天赋（pliant genius）接近普遍的实在，就像海水适应陆地上所有的蜿蜒处（sinuosities）。没有一块思想的海岸（shore of thought）没有被他低语的嘴唇触碰过。深一步，浅一步，他继续向前，宽宏大量（broad），彬彬有礼（urbane），无忧无虑（unconcerned）。

311 而这只是那些幸福的样板，它遍布于他的著作之中。

17

美学理论

从哈奇森以降，苏格兰学派的哲学家们所支持的美学理论都具有一种强烈的家族相似性（family likeness）特征。他们几乎一致地采取了心理学的研究方法，讨论我们关于美的感情的特征，并且追问它是由什么性质或哪些性质所激起的。哈奇森的美的理论是他的哲学的一个非常重要的组成部分，所以它早已为人们所重视，而凯姆斯的理论也受到了人们的注意。我现在打算尽可能简要地概述其他思想家们所得出的结论。

美的理论通常也称为趣味理论（the theory of taste），这个名称表明美就像味觉的快乐一样除了感觉它的心灵外没有任何独立的存在。按照这种精神，休谟认为这一点是确定无疑的，即美和丑不是对象中的性质，而是完全属于情感。美的情感是由这样的一种秩序所引起，各个部分的结构适合于给予快乐，（它们）作为要么是我们的本性的基本构造，要么是由于习惯，要么是由于突发奇想。他认 312
为，我们所崇拜的美的极大一部分是来自于功利的观念。当不关切我们本人的利益时，为了它们注定的目的，对象的适宜性以及它们对其他人的功利就会产生一种同情的快乐。虽然把美归结为感情，但是他仍然认为美的标准是可以获得的，他的小品文“论趣味的标准”（Of the Standard of Taste）的主要目标就是要确证在多样性和个体感情的反复无常中存在这样一种标准的可能性。他重复道，在对象中存在着某些性质，它们在本性上就适合于产生这种美的感情。在发现这些性质方面，有些器官比其他器官更加精细，就像桑科故事中的鉴赏家们能够察觉酒中的铁和皮带的味道一样，后来在大桶的底部发现一个带有皮革带子的钥匙证实了他们的裁断。每一件艺术品都有一个目标（end）或目的（purpose），并且被认为或多或少是值得的，正如它或多或少是适合于获得的一样。在判断这样一件作品的时候，心灵应该足够地宽广以吸收其所有的部分，以及知觉整体的连贯性和一致性。他拒绝把趣味的平等性原则作为一个过分的悖论，依赖于人类的普遍裁断，艺术规则。他说，没有心灵的完
313 全平静和对对象的恰当注意我们将不可能判断“那种包罗万象的和普遍的美”，他详细论述了在领会艺术作品的卓越和缺点时实践的价值。他注意到，无论是个人的还是地方性的，偏见都可能会腐蚀美的情感，所以他诉诸作为战胜暂时偏差（temporary aberrations）的时间的检验。“正是激情和本性的表达不久一定能赢得他们会永远加以保持的公众的赞许。”至少就这个主题而论，通过断言美的永恒标准以及承认我们的美的判断要由被判断的对象中的性质的在场或不在场来检验，休谟超越了主观性的怀疑主义原则。

在他的《道德情感论》中，亚当·斯密沿袭休谟的这一观点，即功利是美的主要来源之一，通过暗示它所适合于促进的快乐，对象中的功利令人愉快。然而，他补充道，手段和目的的精确适应经常比从要获得的目的中获得的快乐给予更加生动的美感。我们在想象中混淆了被追求的满足以及通过它而产生的机械的和谐运动。因此，虽然被统治者的幸福是政府的目标，但是我们有时候重视手段胜过目标，以我们对艺术和发明的热爱来促进政府的形式为目的胜过对我们的同胞的考虑。在随后的一章中，他把联想说成是本身就能够激起美的情感。当想象获得一种轻易从一个对象转到另一个对
314 象的习惯时，我们就会在它们的分离中感觉到不适；而当在联合中存在一种自然的适宜性时，习惯就会增加我们对它的感觉。然而，他不可能认为，我们的美感完全建立在习惯之上，依靠他最喜爱的功利检验。他也说过，一些颜色在眼睛一看它们时就使之欣喜，联系着的多样性比没有联系的对象的集合更加令人愉快。在这些分散的评论中，区分美的东西（the beautiful）和其他形式的快乐的东西（the pleasurable）几乎不用费力。

1759年，亚历山大·杰拉德博士（Dr. Alexander Gerard）出版了《论趣味》（*An Essay on Taste*）。他先于贝蒂成为马里沙阿学院的哲学教授，后来他又成为神学教授。像哈奇森一样，杰拉德把对美

的洞察归之于一种内感觉，并且把其他的感觉，包括崇高、新颖与和谐这些感觉说成是有助于一种精致的趣味。在他看来，美具有不同的种类，可以见之于多样性和一致性的混合物之中，见之于对象和一个设计的目标之间的适应之中，或者见之于功利之中。他也认为，“在所有的情形中，美至少部分地可以归结为联想。”贝蒂沿袭着相同的方向，把新颖、崇高、美、模仿、和谐和嘲笑这些“第二感觉”（secondary sensations）以及同情阐述为构成通常被称为良好鉴赏力的东西（good taste）。非常巨大的事物、或者具有高度德行，具有天赋的事物、或者甚至是具有体力的事物使我们的心灵充满钦佩
和令人愉快的惊讶，因此被称为崇高的。可见事物的美部分地依赖 *315*
于它们所激起的生动或柔和的感觉，但是更多的仍然是依赖于它们传达给心灵的那些观念的愉快性。美因此极大地依赖于功利。一张好看的脸把一致性和多样性，比例和方便，以及颜色的微妙之处结合在一起，但是它的美主要产生于其聪慧的表达、善良的本性、快乐的性格、谦虚、与其他的道德的和理智的德行。良好的鉴赏力意味着生动的想象力、对事物的清楚的和明白的领会、容易以及愉快地为那些满足第二感觉的对象所影响的能力、使我们的心灵向情感（美术的目标就是要激发它们）敞开的同情、使我们能够理解模仿艺术的真实性的健全判断、艺术家提出的目的以及他对艺术规则的遵守。尽管贝蒂理论的感觉基础，他还是断言存在着一种趣味的标准，其原则是实在的和永恒的，“既不是产生于反复无常的念头，也不是产生于习惯，而就是产生于事物的本性。”

休·布莱尔博士（Dr. Hugh Blair）的 *Lectures on Rhetoric and Belles Lettres* 一书出版于1783年，得到大约30或40年的极大声誉，并且经常被重印。早期的演讲包含了一种美学理论，其中很容易追溯到他的前人的影响。他把趣味定义为“从自然或艺术中获得快乐的能力。”虽然建立在一种自然的感受能力（natural sensibility）之上，但是理性可以辅助和扩大它。在任何针对自然的相似性的地
方，在任何部分指涉整体的地方，或者手段指涉目的的地方，知性 *316*
必定总是扮演一个很大的角色。趣味因此可以作为一种自然的感受能力生长于微妙之中，或者通过其与知性的联系而成长于正确性之中。趣味的标准能够只见之于人的普遍情感中，而批评的原则必须

建立在那些被发现是令人愉快的东西的经验之上。虽然趣味可能会被偶然的情况和联想所歪曲，但是人性的真正感情最终会揭示其自身。在考察了崇高的情绪以及可能唤起它的各种不同的方式之后，他倾向于认为“强大的力量和能力”是崇高的根本性质。他没能在激起美的情绪的所有对象中发现任何共同的特性，于是说多样性中的一致性原则不适用于我们从颜色获得的最简单的快乐。他努力地把各种不同种类的对象加以分类，它们在自然中，在艺术中以及在人的心灵中通常都被认为是美的。他还注意到想象力的其他快乐，包括新颖的快乐、模仿的快乐、旋律与和谐的快乐、智慧的快乐、幽默的快乐以及嘲笑的快乐。

里德坚持美的客观实在性，在他看来，美存在于精神的卓越之中，无论是就其自身而言，还是通过自然的作品或艺术的作品而发光这一点来说。在包括于他的《论人的理智能力》著作的“论趣味”中，像他的前人所作的那样，他也区分了美的东西的令人愉快
317 的情绪以及引起它的对象的性质。但是依据日常语言和常识他拒绝这种观念，即归之于对象的美全部存在于知觉者的感情之中。在一些情形中，如在对美丽的颜色的知觉中，美的性质可能是难以理解的，但是我们关于美的判断在许多例子中却更具启发性，我们既感觉也判断这个事实暗示了一种趣味的标准。没有任何一种卓越，不管是自然的还是人为的，有识别力的眼睛发现不了它的美，我们的趣味就是当我们对那些最卓越的事物感到愉快的时候。他采取了艾迪生的做法，即把使一种良好的趣味感到愉快的性质还原为新颖（novelty）、壮丽（grandeur）和美（beauty），说新颖不是事物中的一种性质，而是一个事物与那个进行认识的心灵的关系。壮丽这种情感是由某种程度的卓越所激起的，这种卓越适合于激发我们的热情的崇敬。壮丽一般见之于心灵的这些性质，诸如能力、知识、智慧、德行、慷慨，它在表达这些性质的著作中通过比喻以及反思的方式而被洞察。一本伟大的著作就是一本为了某个重要的目的而设计良好的关于伟大的能力、智慧和善的著作，准确地说，我们归之于它的那种壮丽就内在于创造了它的那个心灵中。对于美而言也是一样，它是由程度小一点的卓越所构成。“构成崇敬的适当对象的东西是宏大（grand），构成爱和尊重的适当对象的东西是美。”源初的美见之

于心灵的各种性质，感觉对象的美来自于它们和心灵的某种关系，
如记号或某种愉快的精神品质的表达或聪明设计的结果。因此，和 318
艾肯塞德（Akenside）一样，里德认为：

> 心灵，唯有心灵可以作证，天和地！
> 生活的源泉本身就包含着美和崇高。

看不见的造物主的智慧、能力和仁慈印刻在他的作品上，人在科学和艺术中的作品必定带有他们的精神品质的印记，而他们的行为则必定表达了他们的善或恶的品质。产生于规则性和多样性之结合的美必定服从于产生于任何形式和其预定目的之适宜性的美，但是无论在哪一种情形中，我们所知觉到的美都是由于那种设计的表达。对于里德来说，这种荣誉至少是属于他的，即他比前人们更清楚地肯定了表达或意义的现代观念与自然美或艺术美不可分离。

在这个主题上，正如在所有其他的主题上一样，蒙博多勋爵的话都带有希腊思想的痕迹。他告诉我们说，对美的知觉不属于感觉，而是属于理智。无论心灵何时知觉到事物如此这般地联系着以形成一个整体，它都有关于某个体系的观念，因此便有关于美的观念。在任何艺术作品中这个体系越伟大，这种美就越伟大，如果它在一见之下就能被理解的话。因此，在美和真理之间就存在着一种紧密的联系。在二者中，都存在着对多中之一的知觉，细节的多样性因此服从于一个观念，而我们对知识的愉快则来源于它对体系之
美的揭示。也正是美使我们对德行感到愉快。美并不局限于物质对 319
象，而是也见之于品格与情感以及源于它们的各种活动。我们崇敬他人身上的德行，就像我们崇敬一副精美的画作或雕像一样，它们当中每一个的美都存在于它对高尚的和有道德的心灵的表达。关于我们自己，一个道德的行动必须适合于我们的本性的尊严以及我们在生活中的地位；关于他人，德行的体系必须包括最广泛的仁爱；关于上帝和自然，它必须和事物的整个体系相一致。蒙博多走得如此之远以至于说，美是爱和友谊的基础，是每一种德行的基础，也是宗教的基础，因为在我们的爱的对象中，如果没有美感那么就不可能有任何对上帝的爱或者对人的爱。美因此被确认为我们本性中

所有最伟大和最高尚的东西的原则。蒙博多不仅把真、美和善作为人的独特目标结合在一起，而且他走得更远，断言虽然美使人愉快因为它是美，但是我们从所有的艺术和科学中，以及从德行和宗教的基础上所得到的也正是快乐这个原因。这里他是言过其实了。应该承认的是，这些伟大的目标都是有密切关联的。对于一种理想的美、一种理想的真理以及一种理想的善的渴望不可能完全被分开。至此，蒙博多得到了一个重要的真理，柏拉图曾在他的《会饮篇》中让人印象深刻地谈到过它，而任何关于美的哲学也都不能对它视
320 而不见。艺术家构造了一个他自己的世界，它可以用它自己的方式为我们解释这个世界的意义，以及人生的意义和命运的意义。通过对与事物相和谐的思想的新组合，学者们试图追溯宇宙的实际秩序，而作为道德的存在者，我们应该努力把我们的生活以及我们的同胞们的生活提高到一种理想的和谐状态。在我们承认这些不同的活动所共有的东西之后，它们的差异仍然存在。一种美学理论必须清楚地阐明自然中的美和艺术中的美的特殊特征。我们必须区分美和道德上的善，虽然承认二者都是人的目的的一个因素。蒙博多分派给对美的热爱这个部分是一个崇高和高尚的部分，但是在他解决知识之爱以及把对善的爱变成对美的渴望时，他的热情使他走向了极端。

我们关于美和崇高的情感产生于观念的联想这种理论在阿奇博尔德·埃里森博士（Dr. Archibald Alison）出版于1790年的《论趣味的本质和原则》（*On the Nature and Principles of Taste*）中得到了最充分的发展。他把趣味定义为“我们借以知觉和享受自然作品或艺术作品中无论什么美的东西或崇高的东西的人类心灵的官能，”他又接着研究我们的趣味的各种情感的本质以及它们由之产生的原因。他认为，这些情感的简单性被草率地视为当然。他打算表明，它们包含着更简单的情感，另外还有对想象力的一种特殊的运用。美和崇高的情感无论在大众的语言中还是在哲学语言中都被归之于这种想象力。要产生它们，就需要一系列的印象。因此，随着想象力度
321 的呈现，它们在不同的心灵中也有差异，而且能够通过激发想象游戏的那些联系着的观念而得到增强。一个有名的战场因为我们的联想而变得崇高，旅行者在参观罗马时所感觉到的愉快产生于那些使

他的心灵充满崇高而庄严的精神影像的联想。然而，观念的联想就其自身来说并不足以激发这些情感。思想的系列必定不同于平常的系列，首先是在构成它们的观念的本质上，其次是在它们接续的法则上。每一个观念必定激起某个简单的情感，因此整个的系列就是由“情感的观念”（ideas of emotion）所构成。那些简单的情感可能是那些关于愉快（cheerfulness）、温柔（tenderness）、怜悯（pity）、忧郁（melancholy）、能力（power）、庄严（majesty）或恐怖（terror）的情感。这些自身并不是关于美或崇高的情感，但是它们是前提条件，因此趣味的情感不同于每一个个体的想象能力，也不同于情感的易感性（emotional susceptibility）。此外，情绪的系列必须为某种一般的联系原则所区分。自然的景色经常倾向于把想象力搞混乱，但总是可以寻求到特征或表达的统一性，这在美术中尤其需要。“在所
有的美术中”趣味的情感和简单快乐的情感之间的差异在于，在后 322
者中不需要任何思想的系列。在详细地讨论了声音、颜色、运动的形式、态度和姿势这些东西的美和崇高之后，埃里森断言物质对象自身并不是美的，而是从心灵的表达中获得它们的美。人类的艺术或设计的作品可以唤醒美的情感，因为它们表示那位艺术家的智慧、趣味或仁爱，虽然自然的作品揭示了那个神圣的艺术家的能力、智慧和仁慈。再者，就像人的嗓音中的音调或人的面容和形体一样，物质的性质可能是我们所爱的或者我们所同情的那些感情的记号。

埃里森发展的联想理论为杰弗里勋爵在他的《论美》（*Essay on Beauty*）中所接受，但有一个重要的不同之处。他同意埃里森的这种观点，即美的情感产生于情感观念的暗示。他认为，这些观念的连贯系列是不必要的。埃里森所坚持的观念系列“表示这样一种心灵状态，其中那些官能一半是主动，一半是被动——让位于一种幻想或沉思，它们可能离开知觉的直接对象太远了。”对对象的美的知觉，正如杰弗里指出的那样，几乎不可能依靠一系列各不相同的和不停变化的情感。然而，无论按照哪一种理论，这个困难都是要表明，情感观念的纯粹暗示如何能够想起诸如美或崇高这样新颖的要素。人们普遍地承认，简单情感单独并不能够产生这些感情；人
们也承认，观念的联想可能无需它而继续下去。然而，我们被要求相 323

信二者的结合是一个充分的解释。不幸的事情是，这个解释丝毫没有阐明需要被解释的东西。尽管存在这个明显的缺陷，但是埃里森的理论还是一度被人们广泛地接受，甚至里德在1790年写给埃里森的信中仍然认为它的原则是公正的。然而，里德尤其满意于《论美》中的这一部分，即主张物质世界从心灵的表达中获得它的美或崇高。但是里德又断言——埃里森并不——感觉对象的美从中而来的“理智事物”（things intellectual）拥有属于其自身的源初美。里德的信念是美有一种客观的实在性，虽然他也认为——用柯勒律治的话说——“我们只接受我们所给予的东西，自然只存在于我们的生活之中”，远离把美还原为一种主观的情感这种理论，这种情感以某种神秘的方式产生于自身并不拥有任何美的纯粹的观念联想。

杜阁尔德·斯图尔特在他的《哲学论文集》（*Philosophical Essays*）中相当详细地讨论了这个主题，他认为不可能确定使一个事物有资格获得美的名称的任何共同的性质。美表示给予心灵“某种精致的快乐感情”的东西，由于还有其他精致的快乐，它就限制于那些我们习惯把它们考虑为理智趣味的合适对象的事物。他努力表明，通过逐渐地转变，人们开始把极为不同的事物说成是一样的
324 美。在对它的最初接受中，他认为，美和视觉对象有关系。美的那些最初观念很可能来自于颜色，眼睛为灿烂的色彩所捕获并且感到愉快。从对颜色的赞赏开始，心灵继而发展到对形式和运动的赞赏，人体形式的优美运动的魅力主要产生于对其精神优美（mental elegance）的表达。颜色、形式和运动在给予旁观者以快乐这个方面都是一致的，因此都被称作是美的，但是它们之所以让人感到愉快却是依据那些本质上不同的原则。其结果是，颜色的美在很大程度上依赖于纯粹的机体印象（organic impression），除了对适宜性或功利的考虑之外，在其他的情形中它们也可能产生美的情感。他认为，美不可能是对美的各种现象的全部解释，因为“它绝不可能解释在种类上不同于我们所知道的所有其他快乐的一类快乐的起源。如果没有任何源初的或本质上令人愉快的或美的东西，那么联想原则将不会有它可以作用于其上的任何材料。”然而，非常奇怪的是，他同意埃里森关于美的大部分评论，称赞他理解这种反驳的全部力量，虽然正如我们看到的那样，埃里森的理论仅仅要求一系列联系着的

美的观念，这些观念就其自身而言没有一个会产生美的情感。联想原则被斯图尔特用来解释其他的快乐如何可能大部分加入可见世界的美之中，尤其是，我们对美的评价如何可能受到理智联想或道德联想的影响。虽然就其字面的意义来说，美表示呈现给视觉器官的 325
东西，但是这个名称又被联想转移到视觉诸事实可以表达的那些理智性质和道德性质。正是由于这种转变，美才被应用于秩序、适宜性、功利、对称，以及尤其是把多样性的魅力和简单性的魅力融合在一起的那种设计的统一性。按照相同的原则，想象的创造物——和他们将起源归之于其的那些实在相比，它们拥有更多迷人的魅力——并不局限于可见的事物。斯图尔特对崇高的讨论同样是主观性的。在这里，他也拒绝了这种观念，即在所有这个名称所应用的对象中存在着某种共同的性质。他的假设是，这个词最初是由于极大的高度和向上的运动所产生的令人愉快的惊讶之情而为人们所使用，而这个词的比喻性用法——应用于伟大的能力、道德的卓越和理智的卓越，尤其是上帝的属性——则是由于联想。趣味，或者从自然的美和艺术的美那里获得快乐的能力，是由注意我们自己的感情而形成的，尤其是被普通的观察者们所忽视的那些更细微的印象。最终总还是要诉诸我们自己的愉快或不快的情感，虽然以此方式所获得的结果可能会有益地与其他人的经验作比较，他们的习惯和联想和我们的不同。

托马斯·布朗（Thomas Brown）在他的论情感的各种讲座中继续对美和崇高作心理学的讨论。他的主要论点是，美的情感在本质上是令人愉快的，我们至少部分地把我们的注意力从感觉到的愉快转 326
移到激起它的那个对象上。他说，“美仅仅是在我们身上激起的某种愉快的感情的东西”。它并不独立于知觉它们的心灵而存在。因此，我们不必研究可以被称为美的东西的任何固定的本质，而是要研究那些转瞬即逝的感情的本质。它们彼此非常相似，所以我们把它们归在一起，虽然它们是由如此非常不同的原因诸如形式、颜色、声音以及理智和道德的卓越所产生。通过一种精神的反思，对象就代表了它们所激起的快乐。我们把感觉到的快乐扩散在它们身上，就像我们赋予外在的形式以颜色一样，这些颜色实际上是作为我们本人心灵的感情而存在的。在平衡各种可能性之后，他认为心灵具有从某些对象而不是其他对象那里获得美的印象的原始倾向，但是联想的能力非常大，以至于能够修改甚至整个地压倒那些最初的易感性（primary susceptibilities）。想象力的纯粹运用就其本身而言足以产生美的情感。感情越强烈，心灵从愉快的形式流逝的趋势就越小。联想增强了美的情感，不是通过附加的一系列观念，而是通过对它产生的快乐与我们称为美的对象的瞬间结合。“真实地处于我们之前的实在把实在性给予所有与它混合以及调和在一起的联系着的影像。”对于这样一种反驳，即美的评价可能依赖于奇怪的或变化莫测
327 的联想，布朗答复说我们的个人感情可以和其他人的感情相比较。心灵以此方式充实了各种不同的美的感情，能够形成关于各种程度的美的一般概念。相似地，崇高的感情被当作一种我们反思激起它的各种对象时的精神上的喜爱之情。像美一样，崇高是各种不同情感的名称，它们彼此之间有着某种相似性。美和崇高并不必然对立，从最微弱的美的情感到最势不可挡的崇高的感情可以追溯到一种有规律的发展。

威廉·汉密尔顿爵士在他的《论形而上学和逻辑学》中从亚里士多德的作为反射或没有阻碍的能量的伴随物的快乐这种学说来着手讨论美这个主题。“越完美，这种能量就越使人快乐；越不完美，就越让人痛苦。”秩序和对称促进想象力，如果这种官能得到充分的练习，那么就必定存在着和统一性结合在一起的多样性。因此，这就是我们断然命名为美的对象中的那种性质。知性发现相似性和相异性，从而把认知还原为科学形式；快乐来自于它对作为一个有机整体的成员的各个复杂部分的考察。但是这里想象力也开始起作用，它把统一性赋予每一个复杂的认知。所得到的结论是，产生于知性和幻想的共同能量的满足感主要就是那些美和崇高的感情，而
328 把一个对象宣称为崇高的、美的等等这些判断，用一句比喻的话来说，叫作“趣味的判断”。我们在美、崇高或生动中所感觉到的欣喜是纯粹沉思的，它产生于对那个对象的考虑，除了渴望或者满足于对它的占有外。一个美丽的对象所给予的快乐与提供给想象力和知性以运用它们各自的能量的机会成比例。在一个自由而全面的活动中，以及因此在一个令人愉快的活动中，任何被认为是美的东西都具有这些能力；但是以此方式得到充分和自由地使用的精神能量却

因自然的构造而异，以及因教化或练习而异。因此，正如亚里士多 199
德在伦理学中诉诸作为最高标准的好人的判断一样，汉密尔顿在文化人——他们能够搁置快乐的所有其他来源——中找到了美的判断和感情的最纯粹的表达。崇高的情感强于美的情感。虽然美提供了不掺杂的快乐，崇高——无论它是关于空间的，关于时间的，还是关于能力的——既激起快乐也激起痛苦——意识到更强的能量的快乐，意识到受限的和受挫的活动的痛苦。生动性被描述为从其多样性中获得的愉悦性，心灵放弃了把它还原为一种和谐的整体的尝试，但是却愉快地停留在细节的不规则性上。关于他的崇高理论和美的理论，汉密尔顿比他的任何一位苏格兰前人都要更多地受惠于康德。

在其他的作者当中，麦维卡博士（Dr. M'Vicar）——他的著
作《论美、生动和崇高》（*On the Beautiful*, *the Picturesque and the* 329
Sublime）出版于1837年——详细论述了美作为依赖于多样性中的统一性这种客观性质。费瑞尔在一篇有趣的论文中主张，不是人的心灵为自己制造美和崇高的观念，而是这些观念——它们就像对错的区分一样实在和不容置疑——塑造和构成了人的心灵。但是总的来说，苏格兰哲学，正如已经说过的那样，对这些问题的讨论是心理学的，它的起点是把美的情感承认为意识经验的一部分，下一步就是研究这种特别的情感的那个来源（the source）或各个来源（sources）。有人仍然把这看作是唯一的科学研究方法。在苏格兰思想家们的手里，至少，它并没有导致任何辉煌的成功。从心理学的观点看，我们对他们在刻画美的感情时的含糊不清而感到迷惑。毫无疑问，他们在把它描述为一种特殊种类的快乐、无私的感情方面是对的。但是这并没有使他们进一步去研究其原因。它甚至没有让他们摆脱美这个词的歧义性，有时候局限于对自然和艺术的应用中，有时候则扩展至心灵世界。他们幸运地偶然发现多样性中的统一性这个古老的概念以作为美的条件。但是直到人们开始感觉到德国哲学的影响，才有人试图来揭示这个条件与其结果之间的合理性联系。在缺
乏这样一种解释时，他们自然被引导着追问，美的情感是否可以为 330
各种外在的原因所激起，或是为观念的连续之流所解释。近来的美学理论设法通过对研究领域的更为精确的划界，把注意力更为具体地集中在美术上，从而克服这些困难。然而，这对于18世纪的苏格

200 兰哲学家们来说是不可能的。在苏格兰，艺术的缓慢发展充分地解
释了他们何以很少提及自然、历史、音乐杰作以及造型艺术。甚至
在文学中，那种喜欢柯奈（Corneille）和莱辛（Racine）胜过莎士比
亚的肤浅判断阻碍了他们承认艺术的普遍目是在最详尽和最深刻的
331 意义上对自然和人生进行解释。

18

最近的发展

随着岁月的流逝，苏格兰哲学和英格兰哲学越来越趋向于合而为一。汉密尔顿的哲学由曼塞尔和其他人引入英格兰的大学中，论“宗教思想的局限”的班普顿讲座以及汉密尔顿的无条件者学说促进了赫尔伯特·斯宾塞先生（Mr Herbert Spencer）的不可知理论。詹姆斯·密尔（James Mill）是一个苏格兰人，他从杜阁尔德·斯图尔特那里获得了心理学分析和哲学分析的最初冲动，但是他的作品是在伦敦完成的，而他的经验主义在很大程度上归功于哈特利把观念的联想用作复杂的心灵现象的普遍解决方法。J. S. 密尔的思想从未失去他在少年时代所得到的倾向，他死后出版的论文集重复着他从父亲那里学来的不可知论。他也和苏格兰哲学联系紧密，积极的方面体现在他的心理学中，消极的方面则体现在他对直觉信念或本能信念学 332
说的强烈反对上。因此，他把他的逻辑描述为相反学说的教科书，这个学说认为“所有的知识都来自于经验，所有的道德性质和理智性质主要来自于被给予联想的方向。”拜恩教授（Professor Bain）属于同一个学派，他的主观观念论把哲学最后还原为心理学分析，从而把我们带回到休谟的消极结果。虽然拜恩是一个是苏格兰人，（他在阿伯丁大学教了很多年，影响很大）但是与他的苏格兰哲学先驱相比，他的教学却和在英格兰流行的经验主义，尤其是和 J. S. 密尔及赫胥黎的现象论（phenomenalism）更密切地联系在一起。在这些情况下，要在苏格兰后期思想与英格兰后期思想之间保持任何有效的区分这个任务都是不切实际的。

虽然这两个国家间的藩篱被迅速的交流——它们导致了更大的思想交往和交换——所打破，但是二者的哲学都深刻地、同时地为日益增长的对德国思辨的熟悉所修正。在苏格兰，尤其是对经验主义的拒斥以及对必然性和普遍性作为基本真理的证据的强调为理智地思考康德的知识论铺平了道路。苏格兰的心灵和德国的更高级哲学一起拒
333 绝满足于考察现象及其法则，相信哲学和宗教必须在任何适当的宇宙理论中得到和解。汉密尔顿和费瑞尔的参考文献——更不用说柯勒律治和卡莱尔——早已激起了好奇心。人们感觉到，德国哲学把思辨的行进路线横置起来（lay athwart），要求在取得进步前被理解和讨论。因此，苏格兰哲学家们把注意力从英国哲学完全转移到了德国哲学。在这些哲学家当中尤其要指出的是哈奇森·斯特林博士（Dr. Hutchison Stirling），他的《黑格尔的秘密》（*Secret of Hegel*）可以追溯到1865年，在这之后是1881年他的《康德教科书》（*Textbook to Kant*），1900年是他的《什么是思想》（*What is Thought*）。爱德华·凯尔德博士（Dr. Edward Caird）在他的《伊曼努尔·康德的批判哲学》（*Critical Philosophy of Immanuel Kant*）中详细地论述了康德思想的起源和发展，以及他的三个《批判》之间的关系。但是这些著作并不能被认为是明显带有苏格兰性质的。它们是我们把格林的《伦理学导论》（*Prolegomena to Ethics*）或者马哈菲与华莱士教授论康德和黑格尔的著作归之于它的这同一个运动的结果。在整个英国，哲学承担着一个更为普遍的角色，因此在许多苏格兰的后期学说中，人们更多地听到柏拉图和亚里士多德，以及康德和黑格尔而不是早期的苏格兰思想家们。民族哲学的溪流已经和欧洲思想的更全面的潮流汇合在一起了。

毫无疑问，有一些人仍然坚持着苏格兰哲学的传统。已故的维奇教授在所有本质的方面都忠实于汉密尔顿的学说，试图尽力竖起
334 一道屏障来反对新康德主义的滚滚洪水。卡德伍德教授（Professor Calderwood）在他的《道德哲学手册》（*Handbook of Moral Philosophy*）中采取了心理学的方法，主张一种伦理原则的直觉理论。麦考什教授（Professor M'Cosh）把他对“首要的和根本的真理”的常识信念带到了美国，他的《苏格兰哲学》（*Scottish Philosophy*）出版于1875年，是对直至汉密尔顿时代以来的心理学讨论以及形而上学讨论的回顾。

还有一些人，他们虽然熟悉思想的更新近的发展，并且钦佩它

们的价值，然而却想要尽可能充分地利用苏格兰思想家们对哲学的阐述。坎贝尔·弗雷泽教授（Professor Campbell Fraser）在他的论贝克莱以及论洛克的著作中并不是纯粹在过去的编年史中摸索，他也注意到了今天的问题。他把不可知论看作是哲学基础不稳固而搁置一边，他同样也拒绝诺斯替教（Gnosticism）的各种理论，它们用一个单一的原则来解释宇宙，因而通过从我们的经验中排除掉神秘性，而把哲学变成了科学。因此，他依赖于一种由批判的反思加以调和了的信仰哲学，它单独便能够与我们的理智经验和道德经验的所有事实相协调。因此，他会折中地联合那些可以从苏格兰的学说以及德国的学说收集来的各种结果。“一种建立在信仰之上的哲学”，就像他说的那样，“是里德及其后继者们——尤其是苏格兰的汉密尔顿——的
最高训诫。”同样的是，在他的论有神论的吉福德讲座（Gifford Lec- 335
tures）中——有价值的和高尚的结果——弗雷泽教授说，“没有任何证据能够如此地明白和确定，以至于可以作为理性的普遍和必然的原则，”但是“理性——在这个词的更宽泛的意义上——在宇宙的有限经验中最终成为信仰，而它自己的最后构成——主要是人身上的潜在的或模糊的意识——可以被看作是真正的神的或超自然的启示。”S. 洛瑞教授[“Scotus Novanticus”（斯科特斯·诺万提库斯）]在他的《新旧形而上学：重返二元论》（*Metaphysica Nova et Vetusta*：*A Return to Dualism*）中也试图调和苏格兰思想与德国思想，承认在我们的知识中产生于理性的要素，但是同时断言在认识的心灵和自然的外在性之间存在着一种根本的二元论。这本著作实际上就是意欲通过一种新哲学的道路重返常识的自然实在论的众多迹象之一，但是又为一种更精确和更明确的陈述，即所有思维着的东西以及所有思想的所有对象都依赖于一个神圣的心灵，所修正。无需说，这样一种哲学在精神上与里德及其后继者们的哲学信仰相符合。近来苏格兰思想的双重态度也为普林格尔·帕蒂森教授（Professor Pringle Pattison）论“苏格兰哲学”（Scottish Philosophy）的那些令人崇敬的讲座所例证，在那里他比较了里德和康德对休谟的怀疑主义的回答，在“黑
格尔主义与人格性”（Hegelianism and Personality）中他敏锐但也同情 336
地批评了把人和神圣的意识同一在一个单一的自我中的作法，虽然自我意识仍然被看作是哲学解释的终极原则。

至少由于苏格兰更古老的哲学，在这个产生它的国家里人们应该知道它，其中好的东西和持久的东西应该被传授和得到承认。几乎不可怀疑的是，在苏格兰，更高级的哲学将会找到一个适意的故乡。她的那些大学，因为它们可能正当地被指责为不适当地忽略了实验心理学。但是即使提供了这个缺陷，它们也很少有陷入这种幻觉的危险，即宇宙的秘密可能会在实验室里得到解决。它们不可能抛弃对哲学的那些更高级问题的研究，包括构成所有科学知识基础的原则或假设，这一点现在比以往任何时候都看得更清楚。如果我们可以从民族性格方面来判断，那么人们就可以自信地期待，苏格兰思想家们对哲学的贡献——虽然展示了更清楚的洞见——仍将为这
337 种崇敬的精神所指明，这种精神区分出过去的苏格兰哲学的进程。

索　　引[①]

① 索引所注页码为原书页码，即本书边码。——编者注

G

H

I

J

K

L

M

N

O

P

R

S

T

U

V

W

图书在版编目（CIP）数据

民族发展中的苏格兰哲学/（澳）洛瑞著；管月飞译．
—杭州：浙江大学出版社，2014.6
（启蒙运动研究译丛）
ISBN 978-7-308-13074-5

Ⅰ.①民… Ⅱ.①洛…②管… Ⅲ.①哲学-研究-苏格兰-18世纪 Ⅳ.①B561.2

中国版本图书馆CIP数据核字（2014）第067824号

民族发展中的苏格兰哲学
［澳］亨利·洛瑞 著 管月飞 译

责任编辑 杨苏晓
营销编辑 李嘉慧
装帧设计 王小阳
出版发行 浙江大学出版社
（杭州天目山路148号 邮政编码310007）
（网址：http://www.zjupress.com）
排　　版 北京京鲁创业科贸有限公司
印　　刷 北京天宇万达印刷有限公司
开　　本 635mm×965mm 1/16
印　　张 14
字　　数 168千
版 印 次 2014年6月第1版 2014年6月第1次印刷
书　　号 ISBN 978-7-308-13074-5
定　　价 36.00元

浙江大学出版社发行部联系方式：（0571）88925591；http://zjdxcbs.tmall.com

SCOTTISH PHILOSOPHY IN ITS NATIONAL DEVELOPMENT
by Henry Laurie, LL. D.
Published by JAMES MACLEHOSE AND SONS, GLASGOW, 1902